I0837502

فاضل قەرەداغی

بیری ئوسوولیی ئیسلامی
لەنێوان خوێندنەوە و نە خوێنەواری

نەزانی و نە پاراستنی ئەمانەتی زانستی لە کتێبی
بیری ئوسوولیی ئیسلامیی
فوئاد مەجید میسری

بیری ئوسوولیی ئیسلامی

لەنێوان خوێندنەوە و نەخوێنەواری

نەزانی و نە پاراستنی ئەمانەتی زانستی لە کتێبی
بیری ئوسوولیی ئیسلامیی

فوئاد مەجید میسری

فاضل قەرەداغی

چاپی ئەمازۆن

٢٠١٨

ناوی کتێب: بیری ئوسوولّیی ئیسلامی لەنێوان خوێندنەوەو نەخوێنـەواری.. نـەزانیـو نەپاراستنی ئەمانەتی زانستی لە کتێبی بیری ئوسوولّیی ئیسـلامیی فوئـاد مـەجیـد میسری

نووسینی: فاضل قەرەداغی

زانیارییەکانی چاپی یەکەم:

ژمارەی سپاردن: ژمارە (١٦٤٧) سالّی (٢٠٠٩)

نۆرەی چاپ: یەکەم

سالّی چاپ: ٢٠٠٩

نەخشەسازیی بەرگو ناوەوە: فاضل قەرەداغی

لە بلاوکراوەکانی: پرۆژەی (تیشك)، ژمارە (٥٣)

ئەمە چاپی ئەمازۆنە:

https://www.amazon.com/dp/1727125363
ISBN-13: 978-1727125368
ISBN-10: 1727125363

کتێبەکە لە پێگەی ئینتەرنێتی نووسەر:

www.zagros.org

نووسەر خاوەنی مافەکانی ئەم کتێبەیە

ئەم وەڵامە پێویستە؟

پێداچوونەوەی کارو فیکری ئیسلامی، هەروەها کەلتووری ئیسلامی لەڕووی فیکرو مومارەسەوە، پرۆژەیەکی پێویستە، لەوەش پێویستتر پێداچوونەوەکە کەسانێك بیکەن سەر بەو تەوژمە بن چونکە ئەوان لەناو مالەکەنن دەزانن چی لەپشت دەرگاوە هەیە، مەبەستی ئەوانیش، کە بنیاتنانە نەك تەشهیرکردنو دۆزینەوەی عەیب، دەچێتە پاڵ ئەو توانایە، بێگومان هەموو ئەمە ئەگەر توێژەرەوەی ئیسلامی بەئینساف بێت بەتایبەت بەرامبەر بەو ئیسلامییانەی تر کە هاوفیکر یان هاوئینتیمای حزبیی ئەو نین.

لەبەردەم پرۆژەیەکی گرنگی وەك پێداچوونەوە کارو فیکری ئیسلامیش کارێکی وەك وەلامدانەوەی ئەو نووسینانەی ڕەخنەی نابەجێ لە ڕەوتی ئیسلامی دەگرن دەبێتە کارێکی لاوەکی، بەلام وەك چۆن لە ئابووری یاسایەك یان دیاردەیەك هەیە دەلێت دراوی خراپ دراوی باش لە بازاڕ دەردەکات، وەهاش ئەو ڕەخنە نابەجێیانە بەش بەحالی خۆیان ڕێگر دەبن لەبەردەم پرۆژەی جیددی.

کتێبەکەی میسری (بیری ئوسووڵیی ئیسلامی، خوێندنەوەیەکی سوسیۆلۆژی ڕەخنەیی)[1] نموونەیەکە لە سەدان نووسینی لەو جۆرە، لەبەر ئەوەش کە لە ولاتێکی وەکو کوردستان کەسانێکی وەکو میسری پەیدا دەبن سوود لە نەشارەزایی خوێنەران وەردەگرنو نووسینی پڕ لە هەڵەو پڕ لە خیانەت لە ئەمانەتی زانستی، پڕیش لە نەزانیو تێنەگەیشتن لەو شتانەی

---

[1] چاپی یەکەم سالی ٢٠٠٣، بە یارمەتیی وەزارەتی ڕۆشنبیری (سلێمانی) لەچاپدراوە، چاپی دووەم سالی ٢٠٠٥.

باسیان دەکەن، بڵاودەکەنەوەو بەهۆی ئەو نەشارەزاییەی خوێنەرەوە دەبنە پسپۆر. بۆیە بەر لە ئەنجامدانی ڕەخنەیەکی جیددی لە ڕەوتی ئیسلامی، یان بەلای کەمەوە لەهەمان کات، بێگومان لەسەر دەستی کەسانی ئەو تەوژمە، ئاشکراکردنی ئەزاحەتەکانی ئەو جۆرە نووسینانە پێویست دەبێت.

کتێبەکــەی میســری بەرهـــەمێکی ڕەخنـــەیی نییـــە بـــەڵکو لیســتێکی تاوانبارکردنە (لائحة اتهام)، بەڵام هێندە بەنەشارەزایی ئامادەکراوە ناچاری کردین لە هەندێك شوێن گاڵتەجاڕی بەکاربهێنین، کەسێکیش گاڵتە بە عەقڵی خوێنەر دەکاتو دەیەوێت خۆی وەکو شارەزاو پسپۆڕ پیشانی ئەو خوێنەرە بدات ئەوەی شایەنە.

ئەم کتێبەمان دوو کاری سەرەکیی گرتۆتە خۆ:

یەکەم: ئاشکراکردنی ئەو خیانەتەی لە ئەمانەتی زانستی کراوە کە پڕی کتێبەکەی میسرییە.

دووەم: ئاشکراکردنی تێگەیشتنی هەڵە و وەرگێڕانی هەڵە و هەڵگێڕانەوەی ڕاستییەکانو هەڵبژاردنی زانیارییەکانو نەشارەزایی لە زانستە ئیسلامییەکانو لە مێژوو.. تاد کە دیسان پڕی کتێبەکەن.

هەموو کتێبەکەی میسریشمان نەخستۆتە بەر نەشتەرگەریی ڕەخنە بەڵام هێشتا ئەم کتێبەمان بەم قەبارەیە دەرچووە، ئەی ئەگەر ڕەخنەکە پەڕپ بەپەڕەو دێڕ بەدێڕ بوایە؟ لەڕاستیش لەکاتی کارکردن لە کتێبێکی وا مرۆڤ دەگاتە قۆناغێك کە پێویستە تا زووە دەست لەو کتێبە هەڵبگرێت چونکە ڕەخنەکان هێندە کەڵەکە دەبن کتێبەکە بەرەو قەبارەیەك دەبەن لە ئەندازەی مەعقوول دەردەچێت. من دەستم لە ڕەخنەی زۆر هەڵگرت.. کەواتە زۆرم بۆ ڕەخنەگری تر جێهێشتووە.

مەنهەجو مەبەستی کتێبەکە

دەتوانین لەمیانەی باس لە پێشەکیی چاپی یەکەمو پێشەکیی چاپی دووەمی کتێبەکەی میسری باس لە مەبەستی میسری لە نووسینەوە ئەو کتێبە، هەروەها باس لەو مەنهەجەی پەیرەویی کردووە بۆ نووسینەوە، بکەین. بەدرێژایی کتێبەکەش ئەو مەبەستو ئەو مەنهەجە دەبینینو لەم خاڵانەی خوارەوە کورت دەبنەوە:

مەنهەجەکەی میسری، کە مەنهەجی چەندین کەسانی تریشە، دوو کاری سەرەکیی لەخۆ گرتووە: یەکەمیان نەپاراستنی ئەمانەتی زانستییە بەو واتایەی کە ژمارەیەکی زۆری سەرچاوە رِیز دەکات تا قورسایی بە کتێبەکەی بدات لەکاتێک ئەو تەنها بەشێکی کەمی ئەو کتێبانەی بینیوە، ناو و ناواخنی بەشە زۆرەکەی سەرچاوەکانیشی لەو بەشە کەمە ((بردووە)). دووەم کاری سەرەکیی مەنهەجی میسریو هاوشێوەکانی بریتییە لەو گیانو عەقڵیەتەی ئەو کتێبەی پێ نووسراوەتەوە. لەخوارەوەش وردکارییەکانی ئەو مەنهەجییەتە دەخەمەرِوو ئەگەرچیش بەکورتی بێت:

یەکەم: ((بردن))و نەپاراستنی ئەمانەتی نووسین

نەپاراستنی ئەمانەتی زانستی لەو کتێبە بەم جۆرەی خوارەوەیە:

١-زۆریەی کات موناقەشەکە هی نووسەری ترە بەڵام ئەو دەیکات بە هی خۆی گوایە خۆی پرسیار دەکاتو موناقەشەی شتەکان دەکاتو بەدوایان دەچێت، کاتێکیش خۆی خاوەنی رِاستەقینەی موناقەشەکە بێت دەبینین جار

وایە شتەکان بە هەڵە تێدەگات و زۆر جار موناقەشەی سادە دەکات، جاریش هەیە بە سادەییەکەی دەتخاتە پێکەنین.

٢—وەکو زۆر نووسەری لای خۆمان ئەو کارە دەکات کە لەبەر پاراستنی ئەدەبی گفتوگۆ ناوم ناوە ((بردن)). ئەو نووسەرانە لەبەر بێبەهرەیی و تەمبەڵی و حەزکردن بە زووگەیشتن بە ئامانج، دەستکەوی ماددیش بچێتە پاڵ ئەوانەوە، دەستکەوتنی ناوبانگیش پێش هەموو ئەوانە.. دەڵێم ئەو نووسەرانە بۆ ئەو مەبەستانە رێگە کورتە ئاسانەکە دەگرنەبەر کە دزینی سەرچاوەیە، ئێستاش بەدوورودرێژی لەسەری دەرۆم:

بەرلەهەموو شتێک با ئەو راستییە بزانین کە ژمارەی زۆری سەرچاوەی بەکارهێنراو بۆ نووسینی لێکۆڵینەوە نیشانەی بەهێزیی ئەو لێکۆڵینەوەیە نییە. گریمان نووسەرەکە بەراستی ئەو هەموو سەرچاوەیەی بەکارهێنابێت و گریمان هەر هەموویان سەرچاوەی سەرەکیی بابەتەکەن و شتی لاوەکیی کەمیان تیایە و گریمان شتە دووبارەکراوەکانیان کەمن بەڵام هێشتا لەوە گرنگتر دەمێنێتەوە ئەویش عەقڵی ئەو نووسەرە؛ پێویستە نووسەرەکە توانایەکی فیکریی وای هەبێت زانیارییەکان پێکەوە گرێبدات و بگاتە ئەنجامی تایبەتی خۆی نەک ئیشەکەی تەنها کۆکردنەوە زانیارییەکان بێت. باشە ئەی ئەگەر ئەو نووسەرە نەک تەنها عەقڵێکی چالاکی نییە بەڵکو بەشێکی ئەو سەرچاوانەی ناویان دەبات ئەو مەرجانەی سەرەوەیان تیا نەبێت؟ با بزانین نووسەرە بێبەهرەکانمان، کە لەهەموو جیهان وێنەیان هەیە، چی دەکەن:

ئەوانە چەند سەرچاوەیەک دەهێنن و زانیارییەکانیان نەقڵ دەکەن بەڵام ئەوان دەزانن کە کتێبەکەی خۆیان ئەو بەهێزە نییە لەبەرچاوی خوێنەر چونکە ناوی چەند سەرچاوەیەکی کەمی تیایە، چارەسەرەکەش زیادکردنی

ژمارەی سەرچاوەکانە. هەر ئەو زیادکردنە بۆ خۆی سوودی نییە ئەگەر زۆری سەرچاوەکان لاوەکی بن یان ئەو زانیارییانەی لێیان وەرگیراون زانراون یان سادەن، یان کتێبەکە بەشێوەیەکی لاوەکی باسی ئەو زانیارییەی کردبێت، یان هەمان زانیاری لەو سەرچاوانە دووبارە دەبنەوە. بەکارهێنانی ئەو جۆرە سەرچاوانە لێکۆڵینەوەکە بەهێز ناکات، ئەی ئەگەر نووسەرەکە ئەسڵەن سەرچاوەکانی نەبینیبێت؟

زۆر لە نووسەرەکانمان ئەم کارەی تر دەکەن: نووسەرەکەمان سوود، بۆ نموونە، لە پێنج سەرچاوە وەردەگرێت بەڵام نایەوێت ناوی تەنها ئەو پێنجە بەرێت بۆیە کاتێک زانیارییەکان نەقڵ دەکات هەموو جارێک ناڵێت: بڕوانە کتێبی (س)، بەڵکو دەچێت ناوی ئەو کتێبە دەنووسێت کە کتێبی (س) بۆ ئەو زانیارییە ئاماژەی بۆ کردووە، بەم جۆرە ژمارەی سەرچاوەکانی دەبێتە شەش؛ پێنجیانی بینیوەو بەکارهێناوەو شەشەمیانی دزیوە، ئینجا بەردەوام دەبێت تا لێکۆڵینەوەکەی خۆی پڕ دەکات لە ناوی سەرچاوەو ئەو پێنج کتێبە دەکاتە سەد کتێب. پاش ئەوەش خوێنەری ڕواڵەتخوێن بەو کاری جەردەییە دەڵێت: ((کتێبەکە بە دەیان سەرچاوە دەوڵەمەند کراوە)).

ڕەخنەگرتنو ئاشکراکردنی ئەو دزییانە کارێکی گران نییەو پێویستی بە دوو شتە: دەستکەوتنی ئەو سەرچاوانەی کە نووسەر ناوییهێناون لەگەڵ تاقەتێکی باش. بۆیەش ئەو کارە زەحمەت نییە چونکە کەسێک لێکۆڵینەوە بەو شێوەیە بنووسێت نووسینەکەی پڕ لە خاڵی لاواز دەبێتو لەدوای خۆی شوێنەواری دزییەکە جێدەهێڵێت. ئەو کە بەو جۆرە مامەڵە لەگەڵ سەرچاوە دەکات (تەنها پێنج یان دە سەرچاوە دەخوێنێتەوەو دەیانکاتە سەدو دوو سەد) نابێتە شارەزا لەو بوارەی لەبارەیەوە دەنووسێت بۆیە نەك تەنها

بەئاسانی هەڵەی سەرچاوەکانی بەسەری تێدەپەڕێت بەڵکو هەڵەی منداڵانەش
دەکاتو ڕەخنەگر درەفەتی زۆری لەبەردەم دەبێت بۆ ئەوەی پێبکەنێتو
خوێنەر بخاتە پێکەنین.

لەگەڵ ئەو هەموو جەردەییەی نووسەران پێویستە ڕەخنە بەپێی
مەنهەجییەتێکی زانستی بێتو بەحەزەرەوە ئاماژە بۆ زانیارییەکانو
سەرچاوەکان وەکو زانیاریو سەرچاوەی دزراو بکرێت، ئەوەش زیاتر لە
بەرهەمی ئەدەبیی وەک شیعرو چیرۆک کە ئیحتیمال زۆرە نووسەر شتێک بڵێت
کە بەڕاستی خۆی خاوەنی بێت بەڵام ئەو شتە پێشتر وتراوە. بێگومان هێشتا
زۆر بۆ دزیی ئەدەبی دەمێنێتەوە. ئەوەی لە بازاڕی ئەدەبیی کوردیش
بینیومانە نموونەی دزیی زەقی تیایە، هەرچەندە هەندێ جار کە باس لە دزیی
ئەدەبی دەکرێت بەڵگەکان لاوانن یان هەر هەڵەن.

ئاشکراکردنی دزیی ئەدەبی لە لێکۆڵینەوە ئاسانترە چونکە ناکرێت
زانیارییەکانو ئەنجامەکانو ناوی سەرچاوەکان بەو ئەندازەیە لەیەک بچن،
بەڵام دیسانەوە دەڵێم کە لێرەش حەزەرکردن هەر پێویستە.

ئەگەر باسی میسرییەکەی کوردستانو کتێبەکەی بکەم پێویستە بڵێم کە
ئەوە کتێب نییە بەڵکو جەوالە؛ جەواڵێک کەلوپەلی ماڵی خەڵکی تیایە.
میسری دەیان سەرچاوە ڕیز دەکات گوایە بەکاریهێناون، بەڵام ڕاستییەکەی
ئەوەیە ئەو سەرچاوانەی بەڕاستی بینیونیو بەکاریهێناون زۆر لەوە کەمترن.
بۆ خۆم بەشێک لەو کتێبانەم لایە کە ناویان لەو کتێبەی میسری هاتووە،
بۆیە کارەکەم لەو ئاستە دەوەستێتو کارکردن لەسەر ئەو کتێبانەی دەستم
نەکەوتوون جێدەهێڵم بۆ ڕەخنەگرانی تر. کتێبەکەی میسری لەو جۆرەیە کە
ناوم ناوە ((بەهەشتی ڕەخنەگران)).

((بردن)) لای میسری بە ((بردن))ی زانیاریو ناوی سەرچاوە ناوەستێت بەلکو ئەو تەنانەت بەهەمان تەرتیب زانیارییەکان ((دەبات))، واتەو وەک نموونە نووسەری کتێبی (س) زانیاریی (أ) دەنووسێت، پاشان زانیاریی (ب) ئینجا (ج)، دوایی (د). میسریش، کە تەنها زانیاریی (أ)ی لە کتێبی (س) وەرگرتووە، بە ((بردنی))ی زانیارییەکان (ب)و (ج)و (د)و بە کردنی ئەو کتێبانەی ئەو زانیارییانەیان وتووەو ناوەکانیان لە کتێبی (أ) هاتوون بە حەلالّی خۆی ناوەستێت بەلکو بەهەمان تەرتیب ئەو زانیارییانە ڕیز دەکات، دەشبینین لە چەندین شوێنی کتێبەکەی بە یەک جار چەند لاپەرەیەک ((دەبات))و بەهەمان تەرتیب ڕیزیان دەکات.

دووەم : گیانو عەقلّیەتی پشت ئەو جۆرە نووسینانه

کتێبەکەی میسری نموونەیەکە لەسەر جۆرێکی نووسینی باو. ئەمانەی خوارەوە تایبەتیی دیاری ئەو جۆرە نووسینانەن:

یەکەم: ئەو جۆرە نووسینانە بە گیانی ڕیشەکێشکردن لەگەلّ نەیار دەجوولّێنەوە. ئەوانە جیاوازی لەنێوان بالّەکانی ڕەوتی ئیسلامی ناکەنو لای ئەوان ئەوانەی کە بە خۆیان دەلّێن ((میانڕەو)) وەکو ڕەرگیرەکان پەرگیرنو توندرەونو پێویستە هەر دوو جۆر ڕیشەکێش بکرێن. ئەو ڕەوتی ڕیشەکێشکردنەش لەهەموو جیهان هەیه.

دووەم: ئەوانە دژ بە ڕەوتی تەکفیر قسە دەکەن بەلّام هەر خۆیان جۆرە تەکفیرێکی عەلمانی پیادە دەکەن.

سێیەم: ڕەخنەیەکی ئەوانە لە ڕەوتە ئاینییەکان ئەوێیە ڕەوتی ئاینی بەناوی حەقیقەتەوە قسە دەکات، ئاگاشیان لەوە نییە کە خۆشیان هەروەەها

بەناوی ئەو حەقیقەتەوە قسە دەكەن.

چوارەم: ئەوانە ناڕێكیی زۆر لەخۆیان كۆدەكەنەوە، ڕەخنەش لە بەرامبەر دەگرنو نازانن ئەگەر ناوی كەسەكانو گرووپەكان لەو ڕەخنەیە لاببرێن دەبێتە ڕەخنەیەكی گشتی كە خۆشیان دەگرێتەوە.

پێنجەم: ڕەفتارێكی تایبەت بە كوردستان بریتییە لە تۆمەتی خزمەتكردنی عەرەبو ناوزڕاندنی ئیسلامییەكانی كوردستان بەو تۆمەتە كە ڕێگەیەكی ئاسانە بۆ خۆدزینەوە لە وتووێژێكی جیددی.[2]

شەشەم: هەندێ جاریش لەبەرئەوەی مەبەستی سەرەكی دژایەتیكردنو ناوزڕاندنە مەسەلەكان تێكەڵ دەكرێن، ئەویش چونكە ((ڕەخنەگ)) چیی دەكەوێتە بەردەست دەیهێنێتو بەكاریدەهێنێت با ئەو شتە لەگەڵ ڕەوتی موناقەشەكەش نەگونجێت.

حەوتەم: زۆر پەنا بۆ موبالغە دەبەن بەتایبەتیش لە پێشكەشكردنی

---

[2] لە كوردستان بۆتە باو ئەوانەی پەیوەندییان بە بەعسەوە هەبووە گەورەترین لافی كوردایەتی لێبدەن، گەورەترین موزایەدەی كوردایەتیش بكەن، بەتایبەتیش كاتێك هێرش دەكەنە سەر ئیسلامییەكان. نموونەش زۆرن لەسەر ئەو كۆنە بەعسییانەی پاش ڕاپەڕین ڕەنگی پێستی خۆیان گۆڕیوە. بەشێكی ئەوانە بۆ ڕازیكردنی دەسەڵات، كە ئیسلامییەكان بە موئافسی خۆی دەزانێتو بۆ ئەوەی بە حسابی خۆیان ڕابوردووی خۆیان پاكبكەنەوە هێرش دەكەنە سەر ئیسلامییەكان گوایە كوردایەتی ناكەن، بەڵكو دژی كوردایەتیشن. میسری ئەندامێكی كۆنی كۆمەڵەی ڕەنجدەران بوو بەڵام زوو تەسلیم بە ڕژێم ببوو، بڕوانە یادداشتەكانی (ئاوات قارەمانی) بەناوی (ڕێگا باریكەكان، ڕووداوەكانی ١٩٦٣–١٩٩٩، چاپی دووەم، خانەی ڕەهەند، ٢٠٠٩، ل٣٢–٣٣). بابەتێكی (جەمال حەسەن كەریم)یش بەناوونیشانی (نەبەز گۆڕانو فۆئاد مەجید میسری) لە ١٠–٣–٢٠٠٧، نووسراوەو لە ٤– ٤–٢٠٠٧ لە سایتی كوردستان نێت بڵاوكراوەتەوەو باسێكی دووردوورێژترە لەبارەی ڕابوردووی میسری.

١٤

وێنەیەکی ناشیرین بۆ ئیسلامییەکان.

هەشتەم: قسەی زۆری بێبەلگەش دەوترێن.

نۆیەم: هەلّبژاردنڕەوی (انتقائیە)، واتە ئەو کەسە بەپێی بەرژەوەندی شت هەلّدەبژێرێتو شت پشتگوێ دەخات.

دەیەم: زۆر لەو کەسانە دەبینین ناتوانن لە مەسەلەکان قوولّ ببنەوەو گیانی (سطحیة) بەسەریان زالّە.

یانزەیەم: زۆریشیان بێئەوەی لە مەسەلەکان شارەزا بن لە قسەیان لەسەر دەکەن.

سیانزەیەم: میسری، هەروەکو زۆری تری وەکو ئەو، لە چەندین شوێن لەو دەقە تێناگات کە نەقلّی کردووە.

جگە لەوانەی سەرەوە میسری ئەم کتێبەو کتێبەکەی پێش ئەو، واتە (کۆمەلّگا لە سایەی دەولّەتی خەلافەتدا)، بۆ دەستکەوتی ماددی نووسیوە، کورترین رێگەش رێگەی دەسەلاتە، لەحالّەتی ئێستاشمان هێرشکردنە سەر دیاردەی ((ئیسلامی سیاسی))، هەندێ جاریش کردنی ئیسلام بە نیشانەی تیربارانەکە رێگەیەکی کورتی ترە. بێگومان پێویستە هەموو رێگەکان کورت بن، بۆیە تەنها نووسینەوەی کتێبەکە دەمێنێتەوە، ئەویش ئاسانەو نووسەر ئەوەندەی بەسە رەچەتەکەی سەرەوە بەکاربهێنێت. هەولّی میسریش بێبەرهەم نەبوو و دەزگای چاپو پەخشی (حەمدی)ی بۆ دامەزرێنراو چووە پالّ دەزگا سستەکانی تر، هەقیشە وابیّت چونکە بەردی بناغەی ئەو جۆرە دەزگایانە خۆبەخۆو کردنە، بەهەرحالّیش شەرپی بچووك لە بەتالّیی گەورە

باشتره. ٣

هەڵبەت ئەوانەی سەرەوە شێوازی بیرکردنەوەی تەنها عەلمانییەکان نییە (مەبەستم لە عەلمانییە پەرگیرەکان نەک هەموو عەلمانییەکان) بەڵکو ئیسلامییەکان کەم تا زۆر ئەو عەیبانەیان تیایە مەگەر کەسێک بزانێت قسەکردن بەئینسافەوە نیشانەیەکی پابەندبوونە بە ئاین، پاشان بەپێی ئەو زانینە ڕەفتار بکاتو ئەو هەڵانە دووبارە نەکاتەوە. ئیسلامییەکانیش هێندەی عەلمانییەکان گیریان خواردووه بەدەست ئەو کەسە بێئینسافانەی ناو ڕەوتی ئیسلامی کە زۆر جار چەکی ڕەخنەی کوێرانەو عەیب دۆزینەوە بەرووی ئیسلامییەکانی تر هەڵدەگرن، هەروەك چۆن عەلمانییەکان گیریان بەدەست عەلمانییە پەرگیرەکان خواردووه.

لەخوارەوە دووردێژتر باس لەو بەشەی مەنهەجییەتەی میسری دەکەم ئەویش ئەوەی پەیوەندیی بە مەبەستو گیانو عەقلیەتی نووسینەکەییەوە هەیە، سەبارەت بە نەپاراستنی ئەمانەتی زانستیو کاری ((بردن))یش ئەوە لە ناواخنی ئەم کتێبەمان باس دەکرێت.

ریشەکێشکردن

مەبەست لە ریشەکێشکردن ئەوەیە خاوەنی ئەو ڕەوتە هەبوونی

---

٣ میسری دەنووسێت کە بەرپەرچدانەوەی ئەو میتۆدە فیکرییەی تیژز بەرهەمدەهێنێت دەچێتە خانەی ئەمنی قەومیو پێویستە لێکۆڵینەوەی زانستیی بۆ بکرێ تا دەگاتە تەرخانکردنی دەزگاو سەنتەری تایبەت(ل٨). ئەمە گاڵتەجارییە: ((لێکۆڵینەوە))کەی میسری کام جۆرەیە؟ میسری پاش ئەو کتێبە گەیشت بە ئاواتی خۆیو دەزگایەکی بۆ دانرا بەڵام بەرهەمی ئەو دەزگایە چی بووه جگەلە بەخێوکردنی خاوەنەکەی؟ ئەو دەزگایە نەک تەنها نەیتوانیوە زانستی بێت بەڵکو خۆشی تەرخان نەکردووه بۆ دیاردەکە.

بەرامبەرەکەی قبوولّ ناکاتو داوای نەمانی دەکات، لەو ڕووەش کە باس لە ئیسلامییەکان دەکرێت ڕیشەکێشکردن بریتییە لە ئامادەنەبوون بۆ حیوار یان بەشداریکردن لە دەسەلاتو چارەسەری ڕەوتی ئیسلامی قەدەغەکردنی چالاکیو ڕاونانو گرتنو لەناوبردنە. تایبەتمەندییەکی ڕەوتی ڕیشەکێشکردن ئەوەیە جیاناکاتەوە لەنێوان میانڕەوو پەرگیر، ئەوەش چاوەڕێکراوە چونکە ڕەوتی ڕیشەکێشکردن لە حالّەتێکی عەقلّیو ئەخلاقیی ئاسایی نائی بۆیە ئەو ڕەوتە ناتوانێت ئەوە بە مێشکی خۆی بهێنێت کە دەکرێت ڕۆژێك لە ڕۆژان دەستی هاوڕێتی بۆ بەشێکی ئەو ڕەوتە ڕابکێشرێت.

ڕیشەکێشکردن لەناو ڕەوتی ئیسلامیش هەیەو خاوەنەکانی ئەو بیرکردنەوەیە جیاناکەنەوە لەنێوان عەلمانییەکی میانڕەوو پەرگیر، لەنێوان عەلمانییەك ئامادەی حیوارەو عەلمانییەك تاکە چارەسەر لای ئەو بەندیخانەو پەتی قەنارەیە، لەنێوان عەلمانییەك ڕێز لە ئاین دەگرێتو عەلمانییەك داوای نەمانی ئاین دەکات.

ئەو چاوەی بەردەمەکەی ڕەشهەلّگەڕاو دەبینێت بەخۆی نازانێت کە چاوێکی نەخۆشە، ئەو نەزانییەش بۆیە هەیە چونکە خۆی بە خاوەنی ڕاستی دەزانێت، واش دەزانێت ڕاستی یەك ڕاستییەو بەش ناکرێت، ناشکرێت لە بەشێك لە بۆچوونەکانی هەلّە بێت.. ئەو ئەسلّان بیرکردنەوەی خۆی بە بۆچوون نازانێت.. بیرکردنەوەی خۆی ئەو ڕاستییەیە کە پێویستە هەموو ئەوانی تر ملکەچی بن. بەکورتی تێکەلّکردنی ئەوەی بەشێکی جەوهەرییە لە ئاین بەوەی ئاین نییەو زانینی هەمووی بە ئاین، ئیتر ئاسمانی بێت یان عەلمانی.

ئەوانەی خوارەوە هەلّبژاردەیەکن لە دەرکەوتەکانی نەخۆشیی

ڕیشەکێشکردن لای میسری، بەهۆی ئەو نەخۆشییەشەوە دەیسەلمێنێت کە
کەسی شیاو نییە بۆ قسەکردن لەسەر دیاردەی ئیسلامی، وەك باسیشم کرد
دواتر دەزانین کە بەپاڵ تێڕوانینی پڕ لە نەخۆشیی کینە ئەمانەتی زانستیشی
نەپاراستووە، هەروەها بە نەشارەزایی قسەی کردووو زانیارییەکانی پڕ
هەڵەن، بۆیە زیاتر دەیسەلمێنێت کە ئەو کەسە شیاوە نییە بۆ قسە کردن لە
ڕەوتی ئیسلامی.

کتێبەکەی میسری ئاسۆیەکی داخراوی هەیەو بەیەك چاو تەماشای
ئوسوولییەتی ئیسلامی دەکات: یەکەم: وەکو کێشەیەك دووم وەکو
کێشەیەك پێویستی بە ڕیشەکێشکردن هەیە . ئەم ڕەوتی ڕیشەکێشکردنەش
لەناو جیهانی ئیسلامی هەیە بەڵام بەتایبەتی لەناو جیهانی عەرەبی (ڕەنگە
ئەمە سەیر بێت بەڵام ڕاستیشە)و تەعبیر لە بۆچوونی حکومەتەکانی جیهانی
ئیسلام (بەتایبەتی عەرەبی)، یان لە باشترین حاڵەت بۆچوونی باڵێکی ناو ئەو
حکومەتانە، دەکات. باشترین حاڵەتیش بریتییە لە هەوڵی حکومەت بۆ
سنووردانان بۆ ئەو ڕەوتە چونکە ڕیشەکێشکردن دەست نادات.

کتێبێکیش بەو گیانە نووسرابێتەوە (ڕاستتر کۆکرابێتەوە) وێنەیەکی
دروستمان ناداتیٚ هەروەك ئەو کتێبانەی تەنها بە شانوباڵی ڕەوتی ئیسلامی
هەڵدەدەنو باس لە هەڵەکانی ناکەن.

میسری جیاناکاتەوە لەنێوان دوو وتاری میانڕەو پەرگیرو جیاوازییەکان
لای ئەو یەك خاڵی ڕووکەشییە ئەویش کاتی بەرکارهێنانی توندوتیژییە کە
ئەوانەی گوایە میانڕەون دەڵێن هێشتا کاتی توندوتیژی نەهاتووە(ل٥) ئەوەش
یەکێکە لە پێکهاتەکان ڕەوتی ڕیشەکێشکردن کە پاساوێك لەو جۆرە بۆ
لەناوبردنی ئیسلامییەکان دەهێنێتەوە کە هەمان پاساوی ڕیشەکێشکردنی

ئیسلامییە کە عەلمانییەکان بەیەك چاو تەماشا دەكات.

میسری رەخنەش لە دەسەلّاتی كوردی دەگرێت كە دەرفەتی بۆ ئیسلامییەكان رەخساندووە ((لەكاتێك هیچ دەسەلّاتێكی عەلمانی رێگا بە پێكهێنانو دامەزراندنی حزبی ئایینی نادا)) ل٩.

ئەوانەی باوەریان بە رپێشەكێشی هەیە نازانن كە لەوە ئەهوەنتر هەیە ئەویش بێبەشكردنە كە بەشێكی گەورەی گوناهی دروستكردنی توندوتیژی لە جیهان هەلّدەگرێت. بێبەشكردن دەروازەی ناڕەزاییە، ئەو ناڕەزاییەی یەكێك لە رێگەكان بۆ توندوتیژی.

تەكفیری عەلمانی

تەكفیر هەر تەكفیری ئایینی نییە بەلّكو جۆرێكی دیكەی هەیە، ئەگەر چی بەشێوە لەو ناچێت، ئەویش تەكفیری عەلمانی. نموونەیەكی ئەو تەكفیرە قسەكەی میسرییە كە لەناو كەسانی عەلمانیی عەرەب باوەو دیارە لەوانی وەرگرتووە. ئەو هانی دەسەلّاتی كوردی دەدات بۆ رپێشەكێشكردنی ئیسلامییەكانو حوكمێكی تەكفیرییان بۆ دەردەكات: ((تێكڕای ئیسلامی سیاسی دژ بە پێشكەوتنی كۆمەلّایەتیو سیستەمی دیموكراسیو كۆمەلگەی سیڤیلن)) ل٨. ئەوەش بچێتە ئەولاوە كە ئەو دەسەلّاتە، هەروەها دەسەلّاتەكانی ولّاتە عەرەبییەكان، چەند پابەندی دیموكراسینو چەند بۆ پێشكەوتن قازانج یان زیانیان هەیە.

دژی قۆرخكردنی حەقیقەت.. بەناوی حەقیقەتەوە

میسریو هاوشێوەكانی رەخنە لە ئوسوولّییەتی ئیسلامی دەگرن كە حەقیقەتەكانی ئاین بە رەها دەزانن بەلّام بێنەوەی ئاگایان لە خۆیان بێت شتەكانی خۆیان وەكو حەقیقەت باس دەكەن. ئەوە لە سەرجەم بیركردنەوەو

قسەکردنیان هەیە، یەکەم حەقیقەتیش کە باوەڕیان پێیەتی ئەوەی بەرامبەر، زیاتر بەرامبەری ئیسلامی، هەڵەیەو ئەوان ڕاستن. نقدریش لە بۆچوونەکانیان وەکو ڕاستی دەخەنە ڕوو، بێگومان لەبیریشان ناچێت جاروبار بڵێن کە ئەوەی دەیڵێن تەنها بۆچوونە. چەند نموونەیەك لە کتێبەکەی میسری هەن کە چۆن ئەو باوەڕە بە حەقیقەت لە هەندێ هەڵوێست بەرجەستە دەبێت:

میسری دەڵێت مرۆڤی تیۆریست ئامادە نییە گوێ لە ڕای بەرامبەرەکەی بگرێ (ل٧) یەکسەریش دوای ئەوە دەڵێت: ئامادە نییە حەقیقەتەکان بسەلمێنێ.. بەڵام کام حەقیقەت؟ ئەوەی میسری ڕاستییەو دەبێت مرۆڤ باوەڕی پێ بهێنێت بەڵام ئەوەی ئەو مرۆڤە بە حەقیقەتی دەزانین جێگەی ڕەخنەیەو باوەڕهێنانیش پێی جێگەی ڕەخنەیە.

میسری سڵ لە وشەی (حەقیقەت) ناکاتەوە، بۆ نموونە باس لە چاکسازیی ئاینی لەسەدەی نۆزدەیەمو گوایە جەمالوددینی ئەفغانی ((لەهەموو کەس زیاتر)) باوەڕی بە تیرۆر هەبووە.. ئینجا ئەو ((حەقیقەتە مێژوویانە))، کە تەنها دوو نموونەی لێ هێناوەتەوە، دەکاتە بەلگە لەسەر ئەوەی جیاوازی لەنێوان میانڕەو توندڕەو جیاوازییەکی مەنهەجی نییە (ل٧).

فرێدانی قسەی بێسەروبن

قسەی بێسەروبن لەو کتێبەکە وەکو شارا هەڵدراوەتەوە، لەخوارەوەشو لەم بەشە لاوەکییە تەنها دوو نموونە دەخەینە ڕوو، باقی نموونەکان لە ناواخنی باسەکانی ئەم کتێبەمان هەن:

١-باسی مامۆستای قوتابخانە دەکات کە بەپێی ئاین نەك بەپێی زانست وانەکەی باس دەکات گوایە لەجیاتی ئەوەی پێیان بڵێت هەورە بروسکە شەپۆڵێکی کارەباییە دەڵێت فریشتەیەکەو لە ئاسمان قامچی

دەوەشێنێت(ل٦) بەردەوامیش دەبێتو دەڵێت: دەستەدەستە قوتابیی سەرەتاییو منداڵانی گەڕەك بۆ گۆڕستان دەباتو بە سزای قەبرو قیامەت دەیانتۆقێنێ(ل٦) گوایە ئەم کارەش مرۆڤێک بەرھەمدەهێنێت ئامادەیە لەپێناوی سەرخستنی بیروباوەڕەکەی توندوتیژی بەرەوا بزانێتو بەکردەوەش بیکات(ل٦).

نەمازانیوە لەکوێی ئەم سەرزەوییە مامۆستای قوتابخانە دەڵێت ھەورە بروسکه قامچیی فریشتەکانە، دەشبێت بڵێین ئەم قسەیە لەکام گیرفان هێنراوەتە دەرەوە. نەك تەنها مامۆستای قوتابخانە وا دەڵێت بەڵکو ئاینیش وا باسی ھەورەبروسکە ناکات. بردنی منداڵانیش بۆ گۆڕستان ئەگەر ھەبێت لە سنوورێکی تەسك تەسك هەیەو بەش بە حاڵی خۆم نە لە کوردستانو نە لە دەرەوەی کوردستان شتی وام نەبیستووە، قسەکەی دواتریش لە ھەمووی توڕەهاتتره چونکه پەروەردەی بیرخستنەوە گۆڕو قیامەت مرۆڤ فێری زوهدو دووركەوتن لە هەڵپەی ژیان دەکات، بەڵکو لە توندوتیژیش دووریدەخاتەوە. شتێکی زانراویشە کە لە مێژووی ئیسلام زۆر لە زاهیدەکانو موتەسەووفەکان پێچەوبوون لە یادی مردنو قیامەت تا وایان لێ هات ھەموو جۆره کۆششێکیان بە زیادەو زیانبەخش دەزانیو ئەوانە کەمترین بەشدارییان لە جیهاد دەکرد.

٢-گوایە ئوسوڵییەت ڕێگه لە ھەر ھەوڵێکی نوێ دەگرێت بنەماکانی شەریعەت لەگەڵ واقیعی نوێ بگونجێنێت(ل٢٠) لەکاتێك ئەم گونجاندنە یەکێك لە کارەکانی ئوسوڵییەت بەڵام بەو مەرجەی حەرامکردنی حەلاڵو حەلاڵکردنی حەرامی تیا نەبێت.

میسریش که دڵی بەو تاوانە خۆش بوو و پێش ئەوەی ساغیبکاتەوە

دەچێتە ئەنجامێك كە ئەم دژایەتیكردنەی گونجاندن بۆ ئەوەیە عەقڵ ئیفلیج بكاتو بۆ ئەوەی ئەفسانەو سیحرو خورافە بێنێتەوە مەیدان(ل٢٠-٢١) بێئەوەی ئەو میسرییە بزانێت كە نەك تەنها ئوسوولییەت بەڵكو فەقیهەكانی زەمانی زووش چۆن دەیانڕوانییە ئەفسانەو جادوو (كە لای هەندێك مەزهەب سزای جادووگەر كوشتنە)و خورافە. میسری كە بە زمانی دەیان ساڵی پێش ئێستا قسە دەكاتو تەنانەت ناشزانێت كە پێش دوو لاپەڕە باسی هەڵوێستی ئوسوولییەت لە شارستانیی ڕۆژئاوا كردووەو كە ئەو شتانەی پەیوەندییان بە بەرهەمهێنانی سامانی ماددییەوە هەیە پەسەندیان دەكات(ل١٩) كەچی لێرە دەڵێت ئەو ئوسوولییەتە دەیەوێت مرۆڤی سەردەم كۆیلە بكاتو نەتوانێت سوود لەو هەموو دەستكەوتانەی مرۆڤایەتی وەربگرێت (ل٢١)... زانیمان سەرچاوەی ئەو ناڕێكییە چییە.

بەئاسانیش لەوێوە ئەنجامێكی تری دەستدەكەوێت ئەویش ئەگەر نییە ئوسوولییەت ئەدەبییاتێك بەرهەم بهێنێت دەقاودەق لەگەڵ میتۆدەكەی بگونجێتو باس لە كتێبەكانی (بووكو زاوای ئیسلامی)و (ژیانی جنۆكە)و (ڕەوشتی چوونە سەر ئاودەست)، (پزۆشاكو حیجابی ئیسلامی) دەكات(ل٢١).

دیارە تەنها ئەو ناونیشانانە لە ئەدەبییاتی ئیسلامی دەزانێت كەچی بۆ خۆی بەڕەوا دەزانێت قسە لەسەر ئوسوولییەت بكات. بڕوانە كە هەرخۆی ناوی چەندین سەرچاوەی ئیسلامی بردووە كە ناوی یەك جنۆكەیان تیا نییە: كتێبو وتارەكانی حەسەن ئەلبەننا، دادپەروەریی كۆمەڵایەتی لە ئیسلام (سەید قوتب)، دوو كتێبی تری سەید قوتب، قورئانو دەسەڵات (فەهمی هوەیدی)، سۆشیالیزمی ئیسلامی (مستەفا ئەلسباعی)، چەند كتێبێكی (محمد عمارە)، ڕابوونی ئیسلامی... (قەڕەزاوی)..تاد، ئیتر میسری هیچ نادۆزێتەوە

بیکاتە رەخنە (ژیانی جنۆکە)و (رەوشتی چوونە سەر ئاودەست) نەبێت کە
ئەگەر سەدان کتێبی لەو جۆرەش هەبن (راستتر ئەو جۆرە نووسینانە
ناميلکەن) ناتوانین بیانکەینە ئەدەبییاتی ئوسوولّییەت نەك تەنها لەبەرئەوەی
ئەوانە بەشێکی کەمن لە بەرهەمەکان بەلکو لەبەرئەوەی ئوسوولّییەت کەمتر
بایەخ بەو جۆرە بابەتانە دەداتو زیاتر بایەخ بە بابەتی فیکریو سیاسی
دەدات تا ئەو رادەیەی هەندێك موسلّمان رەخنەی لێ دەگرێت کە بابەتە
ئیمانییەکانو بابەتە فیقهییەکانی فەرامۆش کردووە.

ناڕێکی

شێوەیەکی ناڕێکیی میسری هەیە کە لای زۆربەی خەلك هەیە ئەویش بەو
واتایەی کە کەسێك رەخنە دەگرێت بەلّام ئەو رەخنەیە لە خۆشی هەیە.
میسری چەند رەخنەیەك لە ئوسوولّییەت دەگرێت کە خۆی یان کەسانی تری
غەیری ئیسلامی دەگرنەوە، جاری واشە ئەوە رەخنە نییە بەلّام لەبەرئەوەی
باس لە ئوسوولّییەتی ئیسلامی دەکرێت خالّی باسکراو دەبێتە رەخنە.
ئەمانەی خوارەوە نموونەن لەسەر ئەو جۆرە ناڕێکییە:

<u>یەکەم</u>: لای میسریو هاوشێوەکانی رەوتی ئیسلامی سیاسی هەمیشە روو
لەو جێگایانە دەکات کە هەژارنو لەرووی رۆشنبیرییەوە دواکەوتوون(ل۱۳—
۱٤).

ئەگەر ئەمەش عەیب بێت پێویستە بۆ چەپیش عەیب بێت چونکە چەپیش
بەهەمان شێوە رووی لەو جێگایانە کردبوو، بەلّام دیارە ئەوە عەیب نییە، نە
بۆ رەوتی ئیسلامەو نە بۆ رەوتی چەپ چونکە ئەو رووتێکردنەو ئەو
بەدەمەوەچوونەی خەلّك بۆ ئەو دوو رەوتە نیشانەی ئەوەن کە ئەو دوو رەوتە
توانیبوویان بەدەم خواستەکانی هەژارانەوە بچنو بەرەکەی تر، بەرەی

حکومەتو دەوڵەمەندانو قەڵەمبەدەستانی هاوشێوەی میسری لە خەمەکانی هەژاران دووریوون.

پێشەکیی چاپی دووەم تەواو دەبێتو میسری مارکسیەتی خۆی لەیاد دەچێت بەڵام ئێمە زوڵم لە مارکسیەت ناکەینو دەڵێین ئەوە مارکسیەتێکی ساختەیە.

<u>دووەم</u>– لەمیانەی باسی میانڕەوەکان کە گوایە میانڕەو نین باسی بەننا دەکات لە نامەکەی: هەر نەتەوەیەك نەیتوانی مەرگ بچێنێو نەزانێ چۆن بەشەرەفەوە بمرێ نەتەوە نییە، ئەوەش کە ئێمەی زەلیل کردووە ئەوەیە ژیانمان زۆر خۆش دەوێو رقمان لە مردنە(ل٧). ئەم دەقە بخەرە سەر کاغەزێکی جیا نازانێ کێ نووسیویەتی: کەسێکی ئیسلامی یان چەپڕەوێکی چەکداری ئەمریکای لاتین یان پێشمەرگەیەکی کورد!

ئاشکراشە ئەوە بانگەوازی خۆبەختکردنە نەك کوشتنی بەرامبەر، بانگەوازی کوشتنی بەرامبەر زیاتر توندڕەوەکان دەیکەن.

<u>سێیەم</u>– زەروورەتی هەبوونی حزبی ئیسلامی

میسری بەڵگەیەك دەهێنێتەوە کە حزبی ئیسلامی زەروور نییە، ئەمەش بەڵگەکەیە: زۆربەی زۆری مرۆڤەکان موسڵماننو پەیرەوی ڕێوڕەسمی ئاینیی خۆیان دەکەن ئیتر چ پێویست دەکات حزبی ئاینیی هەبێ؟(ل٥)، بەڵام هەمان بەڵگە پەیڕەوی حزبە قەومییەکان دەبێتەوە: خۆ هەموومان کوردین کەواتە چ پێویست دەکات حزبی قەومی هەبن؟

پێویستیی هەبوونی حزبی ئیسلامی هەر لەو قسەیە دەردەکەوێت: خەڵك موسڵماننو پەیڕەویی ڕێوڕەسمی خۆیان دەکەن بەڵام عەلمانیەت دەڵێت ئەو ڕێوڕەسمانە پەیوەندییان بە دەوڵەتەوە نییە، ئاسمان بۆ ئێوەو زەوی بۆ

ئێمە، لەکۆتاییش هیچ شتێک لەو دەولّەتە لەگەلّ ئاین ناگونجێتو لەوەبەدوا دابڕانی کۆمەلّگە لە ئاین هێندە گەورە دەبێت دەرگای ئاسمانیش بەڕووی دادەخرێت. عەلمانیەت بەرنامەی خۆی جێبەجیّ دەکات بۆیە پێویستە حزبی ئیسلامی هەبێت بۆ بەدیهێنانی بەرنامەی خۆی، بەرنامەکەش پەیوەندیی بە پێگەی ئاین لە هەردوو دەولّەتو کۆمەلّگەوە هەیە. ئەوەی دواییش، واتە پێگەی ئاین لە کۆمەلّگە زەڕوورەتێکی تری هەبوونی حزبی ئیسلامییە چونکە بەهۆی سەردەمانی دواکەوتنو شێواندنی ئاینو بەهۆی سەردەمانی خۆسەپاندنی دەولّەتی دوور لە ئاین بەسەر کۆمەلّگە موسلّمانەکان ئەو کۆمەلّگانە کەم تا زۆر لە تێگەیشتنی دروستی ئاینو لە مومارەسەی ڕاستی ئاین دوورکەوتوونەتەوە. بێگومان کاتێک حزبی ئیسلامی لە دەسەلّات بێت توانایەکی گەورەتری دەبێت بۆ گەڕاندنەوە کۆمەلّگە بۆ تێگەیشتنو مومارەسەی دروستی ئاین، وەك پێچەوانەکەش هەروا ڕاستە، واتە دەسەلّاتێکی دوور لە ئاین دەبێتە هۆی دوورکەوتنەوەی زیاتری کۆمەلّگە لەو ئاینە.

چوارەم: ڕەگەکانی تیرۆر: میسری دەنووسێت: تیرۆر تەنها کوشتنو غافلکوژی ناگرێتەوە.. بەلکو کوشتنو غافلکوژی بەشێکن لە تیرۆر، تیرۆریزم ئیلغاکردنی بەرامبەرە بەشێوەیەکی فیزیکی بێت یان فیکری. تیرۆرزم فیکرە باوەڕی بە ململانەی سیاسیو دیالۆگو ئازادیی بیرو ململانەی کۆمەلّایەتی نییەو لەهەمان کات دەرەنجامی گۆشەگیریو دابڕانە، کاتێکیش هێزێکی سیاسی ناتوانێت پرۆژە سیاسییەکەی خۆی بەشێوەیەکی سروشتی پیادە بکاتو هەست بکات لە بازنەیەك گیری خواردووە هەولّ دەدات بەشێوەیەکی تر بوونی خۆی بسەلمێنێت تا ئەو ئاستەی ترسو تۆقاندنو خۆسەپاندن

دەكاتە سەرمەشقی كاروكردەوەی خۆی(ل٣).

ئـەم چەندە دێڕەی بـەكورتی هێنامن بۆ كۆمەڵە پەرگیرەكان (چەپو ڕاستو ئیسلامی) ڕاستن هـەروەك چۆن بۆ حكومەتـەكانیش هـەر ڕاستن، كۆمەڵەكانی دەرەوەی دەسەڵات كە باوەڕیان بە حیوارو ئازادیی بیوڕا نەبێتو كە لە گۆشەیەك گیر دەخۆن پەنا بۆ كاری توندوتیژی دەبەن (هەشیانە بە پووكانەوە ڕانی دەبن)، حكومەتەكانیش بەهەمان شێوە كە باوەڕیان بە حیوارو ئازادیی بیوڕا نەبێتو بەرامبەر گەڵو موعارەزە لـە گۆشەیەك گیردەخۆن پەنا بۆ توندوتیژیو تۆقاندنو خۆسەپاندن دەبەن. بەڵام بۆچی میسریو هاوشێوەكانی ئەوە بەسەر تەنها كۆمەڵە ئاینییەكان دادەبڕن؟ چونكە میسریو هاوشێوەكانی پشتی دەسەڵات دەگرن.

پیاوانی دەسەڵات ئەو قسانە دەكەن بەڵام واقیع قسەیەكی تـری هەیە: حكومەتـەكان گەمـەی تۆقاندنو خۆسەپاندن دەست پێدەكەن، پزیشكی ئەوانەش نەك تـەنها بـەر ئەوانـە دەكەوێت كە بە پـەرگیر ناودەبرێن بەڵكو ئەوانـەش پێـوەی گیرۆده دەبـن كە كـەس گومـانی لـەوە نییـە میانڕەوون، گوناهەكەشیان ئەوەیە موعارەزەن، گوناهەكەشیان گەورەتر دەبێت ئەگەر موعارەزەیەكی بەهێز بنو هەڕەشەیەكی جیددی بن لەسەر هەیمەنەتی تاقمی دەسەڵاتدار.

خۆسەپاندنی كەمایەتییەكی سەربازی یان دەرەبەگ یان بنەماڵەو ڕەفزی نەیارەكانو توندكردنی چنگ لـە جەستەی دەوڵەتو گیانی هاوڵاتییـان، لەبەرامبەرشی نەیارەكان ڕێگەی توندوتیژی دەگرنەبەر، بە ئەندازەی زەبری حكومەتیش بیری توندڕەو پاساوەكانی خۆی دەدۆزێتەوە.

نموونە: توندوتیژیی ئێخوانی میسـر كاتی پادشایەتی كـەمتر بـوو لەچاو

توندوتیژیی ئیسلامیی سەردەمی ئەنوەر ئەلسادات چونکە لە سەردەمی پادشایەتی گەمەیەکی سیاسی هەبووە، بەڵام کاتی عەبدولناصر بەدواوە تەنها گەمەی دەسەڵات مایەوە، تەنانەت توندوتیژیی ئێخوان هی خودی ئەوان نەبوو بەڵکو بەشێك بوو لە کەشوهەوای گشتیی میسرو جیهان. بیروڕای شۆڕشگێر بەچەپو ڕاستەوە (فاشییەتیش جۆرێك بوو لە شۆڕش) جیهانی داگیرکردبوو، وڵاتی میسریش لەوە بێبەش نەبوو، جگە لەوەش دەسەڵات بەشی خۆی توندوتیژ بوو ئەگەرچی توندوتیژییەکەی لەچاو وەحشیگەرییەکەی سەردەمی عەبدولناصر یاریی منداڵان بوو.

میسریی خۆمانو هاوشێوەکانی کە ئەو جۆرە شتانە دەڵێن ناگەنە ئەنجامە مەنتقییەکە کە بریتییە لەوەی ستەمو دیکتاتۆریەتی فەرمانڕەوا یەکەم دروستکەری کەشوهەوای گوجاون بۆ توندرەوی، ئەوان ناگەنە ئەو ئەنجامە چونکە مەبەستیان تەنیا تاوانبارکردنی ڕەوتی ئیسلامییە، ئەو مەبەستەش زۆربەی کات دەیانخاتە ناو باوەشی دەسەڵات، هەرچەندە چەپڕەوەییەکەی میسریش چەپڕەوەییەکی ((عەشایەری))یە بەڵام خەڵکی ترمان بینیوە چەپڕەوێکی ساغتره کەچی پاڵیداوەتە بەر دەسەڵات (بەڵام مەبەستمان نییە هەموو چەپەکان ئەوەیان کردووەو مەبەستمان لە چەند نموونەیەکە)، بەهۆی ئەمەشەوە باسێك لەو شێوەی میسری نرخێکی وای نییە چونکە یەك لای مەسەلەکە وەردەگرێت ئەویش بەسەقەتی، چۆنیش نرخی دەبێت کاتێك دەبینین شتی لەم جۆرە نووسراوە: ((هەموو ئاینەکان لەسەر هەر زەمینەیەكو لەهەر دەورو زەمانێك هەستیان بە مەترسیی بەرامبەرکەیان کردبیّ دەستیان لەکاری تێرۆریزمی نەپاراستوە))(ل٣). دەزانین ئەمە تایبەت نییە بە ئاینەکان بەڵکو زۆربەی هەرە زۆری گەمەکارانی ناو کۆمەڵگە

دەیکەن: حکومەت بەشێوەیەکی سەرەکی، چەپڕەوەکان، ڕاستڕەوەکان..

توندڕەوی لەناو نابرێت بەڵام دەتوانرێت سنووری بۆ دابنرێت ئەوەش بەوەی ئازادیی بیرو‌ڕا بۆ نەیارەکان بە قەدەغە نەزانرێت، بەڵام ئازادییەك نا لەو جۆرەی میسری کە تەنها ئازادی لەوە دەبینێت عەلمانیەت بەرنامەی خۆی جێبەجیّ بکاتو ئەوانی تر سەرکوت بکرێن بەبیانووی ئەوەی مەترسییەکی موحتەمەلی دواپۆێن، بەڵام تەنها ئازادیی بیرو‌ڕا بەس نییه چونکه ئەو ئازادییه ڕووکەشییە ئەگەر هەبێت بەڵام کەس نەتوانێت وەزعی دەسەڵات بکرێت.

<u>پێنجەم: ئوسوولییەتو عەقڵانیەت</u>

ڕەخنەکە تەنها بۆ ڕەخنە بێت وەکو قسەکەی میسریی لیّ دێت کە ئیبداعی ئەوی تیا نییه بەڵکو قسەی کەسانی پێش ئەوه کە ئوسوولییەت هەڵوێستێکی پراگماتیی لەمەر سوودوەرگرتن لەشارستانیی ڕۆژئاوا هەیه چونکه هەرچییەك پەیوەندیی بە بەرهەمی سامانی ماددییەوه هەیه پەسەندی دەکاو ئەوانەیش پەیوەندییان بە بواری فیکرو ڕۆشنبیرییەوه هەیه حەرامیان دەکات(ل ١٩).

جارێ ئەمە هەنگاوێکه بۆ دواوه چونکه لای میسری ئوسوولییەت ناعەقڵانییەو دواکەوتنەو هەوڵی دواخستنی مرۆڤ دەدات، بەڵام لێره پێشکەوتنی ماددیی ڕۆژئاوای لا پەسەنده، واشی بۆ دەچم میسری باسی ئەم هەڵوێستەی ئوسوولییەت له سەرچاوەکەیەوه وەرگرتووەو قسەکانی تر کە ئوسوولییەت هەوڵی دواکەوتن دەدات له سەرچاوەیەکی تر وەرگرتووه (رەنگه ئەمەیان قسەی خۆی بێت)و وەکو هەموو نووسەره جەواڵ لەشانەکان ئەو دوانەی تەنیشت یەك داناوه بێئەوەی لەیەکیان بداتو بزانێت چەند لەگەڵ یەکتر نارێکو ناتەبان.

شەشەم: ئوسوولّییەتو ئیراده

بیری ئوسوولّی بەهۆی بیروباوەڕی غەیبییەوە ڕۆلّی مێژوویی ئادەمیزاد دەکاته بوونەوەرێکی بێ ئیراده(!)و دەیەوێت له موسلّمان بگەیەنیّ هەرچی شتێک زانستو تەکنۆلۆجیا بەرهەمیهێناون ئیرادەی خوای لەسەریووه. بەم لێکدانەوه نەهلیستییه مەبەستیّتی پرۆژه سیاسییەکەی تیۆریزه بکاتو ڕایبگەیەنیّت مادام هەموو شتەکان بەندن بە ئیرادەی خوداوه له ئایندەیەکی نزیک سیستەمی ئیسلامی سەرتاسەری دونیا کۆنتڕۆل دەکات(ل٢٣).

میسری نازانیّت چی دەلّیّت، لەلایەکەوه بیری ئوسوولّی بە بێئیرادەکردنی مرۆڤ تاوانبار دەکات بەپیّی وتەی: هەموو شتێك ئیرادەی خوای لەسەریووه، بەلّام یەکسەر دوای ئەوه شتێك دەخاته پالّ ئەو بیره که کاری ئەو کەسانه نییه که مرۆڤ بیّئیراده دەکەن، بەلّی بیری ئوسوولّی دەلّیّت ئیسلام سەرکەوتنی گەوره بەدەستدەهیّنیّت بەلّام ئەوه وزه بە موسلّمانان دەداتو پیّیان دەلّیّت گوێ مەدەنه شکستو دواکەوتوویی ئیّستاو مەڕووخیّن. میسری ڕەخنەی کۆنی سەردەمی مارکسیەت له ئاینی پڕکراو له خورافەمان بۆ دەهیّنیّتەوه له سەردەمیّك که ئوسوولّییەت خاوەنی ئەوپەڕی ئیرادەیه، ئیرادەیەك وای لیّکردووه بەرامبەر هیّزه گەورەکانیش بوەستیّتەوه.

ڕەنگه پیّویسته ڕەخنەكه ئەوه بیّت که ئامانجەكانی ئوسوولّییەت هیّنده گەورەن لەگەلّ تواناكانی ناگونجیّن بەلّام ئوسوولّییەت وەلّامی ئەوەشی پیّیه: ئوسوولّییەت دەلّیّت ئیرادەی پۆلّاین بەربەستەكان دەشكیّنیّت بەلّام ئەوەیان ئیرادەی خودی خۆمان نییه بەلّكو پشتیوانی خودایەو ئەو بەلّیّنانەی خوداو پیّغەمبەر داویانه. بەواتایەكی تر کیّشەكه، ئەگەر ئەسلّەن ئەوه کیّشه بیّت، زیاده ئیراده نەك بیّئیرادەكردنی مرۆڤ وەکو میسری خاوەن عەقلّی پیّش

چلو پەنجا ساڵ دەڵێت... ئاشكراشە چونكە ئەو عەقڵە كۆنەی هەیە كە لەگەڵ واقعی نوێ ناگونجێت قسەكانی دژ بەیەكن... بەوە دەزانێت یان نازانێت؟ ئەوە كێشەی ئەو نییە، كێشەی ئەو شكاندنی بەرامبەرو رەزامەندیی دەسەڵاتەو بەس.

<h2 style="text-align:center">هەڵبژاردن لە رەخنە</h2>

میسری رەخنەی ئەوەی دەگرێت كە ئەگەر باوەر یەك باوەرەو شەریعەت یەك شەریعەتە ئیتر بۆچی چەند حزبو رێكخراو بۆ ئەو مەبەستە هەن(ل١٦).

ئەمەش نەك تەنها بەو پرسیارە وەڵام دەدرێتەوە ئەگەر نەتەوە یەك نەتەوە بێت بۆچی چەند حزبێكی قەومی هەن بەڵكو هەروەها ئاگاداریشمان لە رەخنەیەكی پێچەوانە دەكاتەوە كە ئەوان لە شوێنی تر دەڵێن بۆچی ئاین یەك ئاینە كەچی مەزهەبەكان زۆرن؟ ئەو هەمەجۆرەییەش كە لەكاتی تر داوای دەكەنو لێرە رەفزی دەكەن، لە حاڵەتی ئێستای میسری حیساب بۆ ئەو هەمەجۆرییەش ناكرێت.

تایبەتییەكی تری ئەو جۆرە كەسانە ئەوەیە بانگەشە بۆ رەخنە دەكەن بەڵام رەخنەكە بەفعلی تەنها ئاراستەی توێژێكی یان رەوتێك یان دیاردەیەكی دیاریكراو دەكەن. میسری داوا دەكات جەماوەر فێر بكرێت كە هەموو دیاردەیەك بابەتی رەخنەیەو هیچ شتێك بڵە نییە(ل٨)، ئەوەش لەمیانەی هاندانی دەسەڵات دژی ئیسلامییەكان دەڵێت، واتە ئەو توخنی رەخنە لە دەسەڵات ناكەوێت تەنها لە یەك كات نەبێت ئەویش حاڵەتی نەرمیی دەسەڵات (ئەگەر نەرمی بنوێنێت) بەرامبەر بە ئیسلامییەكان كەچی داوا دەكات جەماوەر فێر بكرێت گیانی رەخنەی هەبێت.

ناوزراندن بە عەرەبایەتی

هەولّدان بۆ ناشیرینکردنی دیاردەی ئیسلامی لەرێگەی لکاندنی سیفەتی نەتەوەپەرستیی عەرەبی شێوەی سەیر وەردەگرێت. میسری باسی ئەوە دەکات چۆن ئوسوولّییەکان دەبینین شارستانیی ڕۆژئاوا کۆمەلگەی ئیسلامیی تێپەڕاندووه بۆیه تێزێکی تر بەرهەمدەهێنن گوایه هەرچییەکی شارستانیی ڕۆژئاوا له شارستانیی ئیسلامی وەرگیراوه بۆیه موسلّمان مافی خۆیانه کەلکی لێوەربگرن(ل۱۹).

تا ئێره قسەیەکه ئەگەر لەگەلیش نەبین ناتوانین بلێین ئەوەلّی لەگەلّ ئاخری ناڕێکه بەلّام ڕستەیەك هەیه له قسەی میسری پەڕاندووەمانه.

ئەمەش کورتەی هەموو قسەیەکه بەو ڕستەیەوه: ئوسوولّییەکان دەبینن شارستانیی ڕۆژئاوا کۆمەلگەی ئیسلامیی تێپەڕاندووه بۆیه تێزێکی تر بەرهەمدەهێنن گوایه هەرچییەکی شارستانیی ڕۆژئاوا لەشارستانیی ئیسلامییەوه وەرگیراوه، <u>ئیسلامیش دیاریی عەرەبه بۆ گشت مرۆڤایەتی</u>، بۆیه موسلّمانان مافی خۆیانه کەلکی لێ وەربگرن.

بزانه چۆن ڕستەی (ئیسلام دیاریی عەرەبه بۆ گشت مرۆڤایەتی) هیچ پەیوەندییەکی بەسەرو قنگی پاراگرافەکەوه نییه بەلّام خراوەتە ناوییەوه تەنها بۆ ئەوەی ناوی عەرەب بخرێته ناو باسەوەو بۆ ئەوەی ئەو قسەیه دووباره بکرێتەوه که ئیسلام هی تەنها عەرەبه. بەلّام هۆیەکی تر هەیه بۆ ئەم تێخنینه:

ئەو ویستوویەتی ڕەبتێک دروست بکات لەنێوان ئەو پاراگرافەو پاراگرافەکانی دوای ئەوه که باسی هەلّوێست له شارستانیی ڕۆژئاوا دەکەن لەلایەكو پاراگرافەکەی پێشوو که باس له بەکارهێنانی ئاین بۆ سەروەریی

عەرەب، لەم ڕێگەیەش سەقەتتری نەدۆزییەوە، واتە تێخنینی ڕستەیەك کە پەیوەندیی بە پاراگراف پێشووەوە هەیە، بەڵام هیچ پەیوەندییەکی بەم پاراگرافەوە نییە.

میسری لە کۆتایی پێشەکییەکەی دەگەڕێتەوە سەر خاڵێك کە بەبڕوای خۆی گونجاوە بۆ دوورخستنەوەی خوێنەر لە ڕەوتی ئیسلامی ئەویش گوایە ناوەڕۆکی وتارەکە لەپێناو ژیاندنەوەی ڕۆڵی نەتەوەی عەرەبەو لەمە هاوبەشە لەگەڵ نیزامە شۆڤێنییە عەرەبەکان پاشان باسی پشتگیریکردنی ڕژێمی بەعس لەرێکخراوەی (ئەلقاعیدە)— شتێك کە ئەمەریکا بۆ گرتنی عیراق کردبوویە بیانوو بەڵام دوایی هەر خۆی بەدرۆیخستەوە— لەکۆتاییش دەڵێت ئوسوۆڵییەتی ئیسلامیی سوننە بەرئەنجامی شکستی بزوتنەوەی قەومیی عەرەبەو ئەمجارە دەیەوێت لەبەرگی ئاینی خۆی دووبارەبکاتەوە، کە ئەمە ڕێك پێچەوانەی واقعە لەبەرئەوەی ڕەوتی ئیسلامی لەگەڵ ڕەوتی قەومی هەبووەو گەورەترین زەبر بەریکەوتبێت بەدەستی ڕەوتە قەومییەکانەوە بوو (عەبدولناصر، ئەلئەسەد، صەددام).

جگەلەوەش ئەوەی شارەزاییەکی کەمی لە ڕەوتە ئیسلامییەکان هەیە دەزانێت کە ئێستا کەمێك عەرەبایەتی تێکەڵ بە فیکری هەندێ لە حزبە ئیسلامییەکان بووە، چەندیش ئەو حزبە بەرەو میانڕەوی و دیموکراسی و نزیکبوونەوە لە عەلمانییەت دەچێت هێندە عەرەبایەتی تێکەڵ بە فیکری بووە، چەندیش ئەو حزبە لەو شتانەوە دوور بێت (پەرگیرەکان و ئەوانەش کە پابەندی ئیسلامن بەڵام پەرگیر نین) ئەوەندە لە فیکری قەومیی عەرەبییەوە دوورە تا لای هەندێکیان دەگاتە ڕادەی تەکفیرکردن، ئەوەی سەیر نییە و پەیوەندیی بە کوردەوە هەیە ئەوەیە عەرەبە ئیسلامییە میانڕەوەکان خۆیان

لەناوی (کوردستان) دەپارێزن لەکاتێک ئەلقاعیدە و ڕێکخراوە وابەستەکانی بەشێوەیەکی ئاسایی ئەو ناوە بەکاردەهێنن، لە (بن لان)یشەوە بەرەو خوار ناوی کوردستان بێ هیچ ئیحراجییەک دەبەن، ناشلێن کوردستانی عیراق، خۆ ئەگەر میانڕەوێک بوایە دەیوت باکووری عیراق یان چینێک ئارەقی دەردەکرد ئینجا دەیوت کوردستان.

میسری کە بەئارەزووی خۆی مێژوو دادەپێژێت دەلێت ئایدیۆلۆجیای بۆرجوازی شۆڕێنییەکی عەرەبییە و ئیسلام بە بەشێک لە کەلتووری نەتەوەی خۆی دەزانیّ و لەدوای سەربەخۆییەوە بە دوو ئاراستەی جیا پیادەی کردووە؛ بەرامبەر کرێکاران و توێژە هەژارە عەرەبەکان مۆرکێکی نەتەوەیی بەو کەلتووره دەداو ((تۆمەتی دژایەتیکردنی سەروەریی عەرەب شوێن هەر هێزێکی کۆمەلایەتی دەخا کە سیستەمی عەلمانی بکاتە ئامانج))(ل١٣).

سەرلەبەری قسەکەش نەشارەزاییە ئەگەر نەلێین تەزویرە چونکە ڕاستە عەرەبچێتی ئیسلام بە کەلتووری خۆی دەزانی بەلام هەرگیز وەک مەرجەعێکی فیکری و سیاسیی خۆی نەدەزانی، عەرەبچێتی تا سەر ئێسقان عەلمانی بووە و ئەدەبییاتی دوو ڕەوتی گەورەی عەرەبچێتی (ناصریەت و بەعسیەت) لەبەردەست هەن و هەموو کەس دەتوانێت بەئاسانی حەزنەکردنی ئەو دوو ڕەوتە بە تێکەلکردنی ئاین بە دەولەت ببینێت، میسری جگەلەوەی بەو تەزویرە دەیەوێت ڕەوی عەلمانییەتی عەرەبی سپی بکات پەنا دەباتە بەر موبالەغە و دەلێت ئەو شۆڕێنییەتە عەرەبییە بۆ هێشتنەوەی نەتەوەکانی غەیری عەرەب لەژێر دەستی دروشمی یەکێتیی نەتەوەیی موسلمان بەرزدەکاتەوە(ل١٣) ڕاستییەکەش ئەوەیە گەشەسەندنی ڕەوتی عەرەبچێتی یەکێتیی ئوممەتی موسلمانی لەگۆڕناو هەموو کێشەکان کرانە کێشەی

ئەتەوەیی‌و هەندێك حزب‌و وڵات خۆیان لە بەرەی سوشیالست نزیك كردەوە نەك جیهانی ئیسلامی.

میسری (ل۱۹ پەراوێز) لەبەرئەوەی شارەزای ئیسلامییەكانی كوردستان نییە‌و لەدوورەوە تەماشایان دەكات تەنها بۆ ناشیرین كردنیان چیی بەمێشك دێت دەیلێت گوایە دامودەزگاكان بەناوی عەرەبی دەنێن، برەو بە كەلتووری عەرەب‌و پۆشاكی عەرەب دەدەن، بەرنامەی پەروەردە‌و فێركردن بەو مەرجە قبووڵ دەكەن عەرەبی بن، تەنانەت كە باس لە خواردن‌و میوانداری دەكەن مەبەستیان لە خۆراك‌و میوانداری لە شێوەی عەرەبە، ئاشكراشە ئەمانە هەموو خەیاڵی میسرین‌و تەنها یەك شت ڕاستە ئەویش بەكارهێنانی ناوی عەرەبی بۆ منداڵ بەڵام دیسان ئەوەش بەو ڕەهاییە نییە؛ ئەوەتا ئیسلامییەكان لەبەردەستدان‌و دەتوانرێت بزانرێت ڕێژەی ناوی عەرەبی كە لە منداڵەكانیان دەنرێن چەندە؟ هەروەها مەبەست هەر ناوێكی عەرەبی نییە بەڵكو بایەخ تەنها بەو ناوانەی كە ئیسلامییەتیان پێوە دیارە واتە كەس لەو ئیسلامییانە لەبەر عەرەبایەتی ئەو ناوانە هەڵنابژێرێت، ئەمەش شایەتیی كەسێكە لەناویان دەژی نەك قسەی كەسێكی وەكو میسری كە تەنها لە دوورەوە ئیسلامییەكانی بینیوە كەچی ئیدیعای ئەوە دەكات لە فیكریان دەكۆڵێتەوە، حاڵیش هەرچۆنێك بێت میسری دوایەمین كەسە بۆی هەبێت باسی كوردایەتی بكات.

موبالەغە

میسری لە خەیاڵ دەژی‌و دەڵێت ئیسلامییەكان هێندەی لە ڕۆشنبیران دەترسن هێندە لە هێزە سیاسییەكان ناترسن چونكە ڕۆشنبیران بەتایبەت ئەوانەی تەفاعول لەگەڵ مەسەلە جەوهەرییەكانی ژیان دەكەن خاوەنی

پرۆژەیەکی پرّشنگەرین(ل٩) دیاره لە هەسارەیەکی تر دەژی چونکە وردبوونەوەیەکی نزّدی لە گۆرەپانی پرّشنبیریی کوردیی ناوێت تا بزانرێت کە جگە لە کەسانێکی کەمی خاوەن دیدی جیددی پرّشنبیریی کورد چەند لەدواوەیە.

موبالەغەو تۆمەتبارکردن بەروونی لەو کتێبە دیاره، ئەوەتا میسری بۆ تۆمەتبارکردنی ئیسلامییەکان دەلّێت: لەپێناو کەلّەکردنی زیاتر سەرمایەی مالّی دەیان فەتواو حوکمی شەرعی دەردەهێننو سوود (الربا) حەلّالّ دەکەن (ل٢١) تەنها مەنتقی موبالغەشە ژمارە زیاده دەکات چونکە چ پێویست بە(دەیان) فەتوا بۆ ئەوە دەکات؟

نیازی هاوشێوەکانی میسری پالّیان پێوەدەنێت بۆ بەکارهێنانی بەردەوامی وشەکانی (هەموو)، (دەیان)، (سەدان)، (تێکرای)و خوشکو براکانی تری ئەو جۆره وشانه.

میسری دەرفەتێک لە پێشەکییەکەی دەدۆزێتەوە بۆ ئەوەی چەند قسەیەکی دووروودرێژی بێسەروبنی (فەرج فوودە)ی میسری نەقلّ بکات. ناوبراو دوژمنایەتیی سەرسەختی ئیسلامییەکانی دەکردو نووسینەکانی پر لە تانەوتەشەرو تۆمەتبارکردنو سووکایەتی پێکردن.

قسەکان بەوه دەستپێدەکەن: قورئان سووی حەرام کردووەو ئوسوولّییەت حەلّالّی دەکات، بەلّام گەشتوگوزار لە خەلك حەرام دەکەن، ئەویش گوایە لەبەرئەوەی موسلّمانان تێکەلّ بەخەلّکی ولّاتانی تر دەبنو لە شارستانییەکەیان بەهرەمەند دەبن.

ئەم قسەیە ئاساییە بۆ نووسەرێك کەسانێکی کەم بکاتە نموونەی دیاردەیەك، ئەوانە بەدوای نموونەی سەیر دەگەرێن بۆ ئەوەی بەسەر زۆرینە

بیسەپێنن.

ئینجا گوایە فەرەج فوودە قسەکانی کەسێکی ئوسوولی دەهێنێتەوە کە ئاوای وتووە:

گەشتیارەکان شارستانییەك دەهێنن ئیسلام قەدەغەی کردووە. دراوێك دەهێنن کە لەئاینی ئێمه نەبووە چونکە ئیسلام جگە لەدرهەمو دینار هیچ دراوێکی تری قبوولَ نییە. باشتر لە گەشتوگوزار ئەوەیە مرۆڤ بچێتە گۆڕستانو کەمێك لەوێ بیربکاتەوە... کەی پیاوچاکانمان ئاودەستیان بەکارهێناوە؟ دەبێت لەپێناوی ئاودەست دەولَەت بە ملیار پارە بۆ زێرابو ئاوەڕۆ خەرج بکات لەکاتێك دەتوانین لەجیاتی ئەوە بۆ سەرئاوکردن بچینه دەروودەشت ئیتر هەم پارەیەکی زۆر بۆ دەولَەت دەگەڕێتەوە هەم بۆ موسلَمانانیش گەشتوگوزارە. (بەکورتی، ل٢٢-٢٣).

ئەو قسانەی فوودە بۆنی زێرابیان لێ دێتو میسری ئەو بۆنەی پێ خۆشە بۆیە بەدرێژایی زیاتر لاپەڕەو نیوێك نەقلیان دەکات گوایە قسەی کەسێکی ئوسوولَین.

ناوی ئەو کەسە نەبراوە، قسەکانیش جێگەی گومانن بەلَام گریمان وترابن فوودە قسەی لەو جۆرە هەلَدەبژێرێت بۆ باسی دیاردەیەکی فراوانو گەورەو جیهانیی وەك ئەوەی ئوسوولَییەتی ئیسلامی، ئایا دروستە ئیسلامییەك نموونەیەکی وا سەقەت هەلَبژێرێتو بیکاتە نموونە لەسەر عەلمانیەت؟[٤]

___

[٤] بەپالَ سووکایەتی پێکردنو هێرشی کوێرانەی (فوودە) لەسەر ئیسلامییەکان ئەو جۆرە کەسانه دەچنه ڕیزی دەولَەت دژ بەو ئیسلامییانه، دەولَەتی موخابەراتو سیخورو ئەشکەنجەو گرتنی هەرەمەکی. (فوودە) بەم شێوەیه لە سەنگەری دەسەلاَتداری سەرکوتکەر بوو لەگەلَ ئەوەش کوشتنی هەلَه بوو. ڕاستەکەشی وەك چۆن ئەگەر حساب بۆ

تێخنینی مەسەلەکان

نموونەیەکی تـر لەسـەر تێخنینی زانیاری لەشوێنی نـەگونجاو ئـەوەی لاپەڕە(٢٠) کە تیا باس لە هەوڵەکانی ئوسوولّییەت سەبارەت بەئیسلامیکردنی زانستەکان (أسلمة العلوم) کراوه کە دەیەوێت دەستکەوتەکانی زانستی بـە باوەڕی ئاینی لێکبداتـەوەو هەرچییەك لەگەڵ بنـەماکانی ئاین ناگونجێت لاییاتو بۆ گەیشتنیش بۆ ئەم مەبەستە زاراوەی دوو لانە (مصطلحات ثنائیة) دووباره دەکاتەوه(ل.٢٠).

با خوێنەر هەوڵبدات بزانێت ئەو زاراوانە چین کە بۆ وەرگرتنو قبووڵکردنی دەستکەوتەکانی زانست بـەپێی باوەڕی ئاینی بـەکاردێن، دڵنیام خوێنـەر ناتوانێت ئەو زاراوانە بدۆزێتەوه، ئەو کاره بۆ میسریش زەحمەتـه هـەر بۆیه دەبینین ئەم زاراوانە دەنووسێت: ڕزگاربوونو لەناوچوون (الخلاصو الهـلاك)و ملکەچبوونو یاخیبوون (الطاعة والمعصیة) حەڕامو حەلاڵ، باوەڕو بێباوەڕی، کۆنو نوێ، ئیسلامیو عەلمانی، حزبی ئیسلامیو حزبی شـەیتان، خواکردو مرۆڤکرد(ل.٢٠).

خوێنـەر ئێسـتا هەقیـەتی ئـەو پرسـیاره بکـات: ئـەم زاراوانـە چ پەیوەندییـەکیان هەیـه بـە بەئیسلامیکردنی زانستەکانو قبووڵکردن یان

عەقڵ بکەین ئیسلامیی عاقڵمان هـەن سوود بـە ئیسلام دەگەیـەنن لەگـەڵ ئیسلامیی بێعەقڵ کە زیانیان بۆ ئیسلام زیاتره بەهەمان شێوه عەلمانیی عاقـڵو عەلمانیی بێعەقڵ هەن کە بەبڕوای خۆم پێویسته ژیانی هـەردووکیان، عاقڵەکـەو بێعەقڵەکـه، بپارێزرێت، یەکەمیان لەبەرئەوەی سوود لەعەقڵەکەی وەردەگرینو دووەمیان لەبەرئەوەی کوشتنی لە نوکتەکانی بێبەشمان دەکات جگەلەوەی کوشتنی شـەرەفێکی پێدەبەخشـێت کە شایەنی نییه.

ڕەفزکردنی دەستکەوتەکانی زانست؟ بەڵام تەنانەت میسریش ئەوەی نەزانیوە چونکە ئەوەی لە شوێنێک بینیوەو بەسەقەتی ((بردوویەتی)).

بۆیە یەکسەر دوای ئەوە قسەی پێش دێڕێکی لەبیر دەچێتو دەڵێت کە هەر یەک لەو زاراوانە کە لەسەر بناغەی دوو جەمسەری دژ بەیەک بنیات نراوە بۆ ئەوەی هەر کەس پشتیوانی لێنەکرد بخەنە سەنگەری دوژمنەوەو تۆمەتی دژایەتیکردنی شوێن بخەن. کوا بەئیسلامیکردنی زانستەکان؟ میسری ئەمجارەش ڕەبتەکەی لەدەستداوە، میسری لەکۆتایی ڕەبتێکی لاوازتر دەدوزێتەوە کە ئوسوولییەت هەموو حەقیقەتەکان لە ئاین دەبینێتەوە ئیتر مرۆڤ پێویستی بە سەرچاوەیەکی تری مەعریفە نییە. ئەمە بەڵگەیە کە میسری شتەکانی کۆکردۆتەوە بەڵام نەیزانیوە بەباشی بەیەکەوە بیانبەستێتەوەو بیانخاتە کار.

<h3 style="text-align:center">نەشارەزایی لە ئوسوولییەتو لە مێژوو</h3>

هەرچەندە کتێبەکە یەک پارچە نەشارەزاییە بەڵام بەباشترم زانی ئەم بەشە تایبەت بکەم بۆ نەشارەزایی میسری لە ئوسوولییەتو مێژووی وڵاتانی ئیسلام بەهەموو قۆناغەکانییەوە. ئەو نەزانییە نووسەری خستبووە ناو گێمی هەڵەوە، ئێنجا حەزو ئارەزووو هەڵوێستی ئامادەی دژایەتیکردنی ڕەوتی ئیسلامی دەچێتە پاڵ ئەو نەشارەزاییە بۆ ئەوەی پێکەوە بەرهەمێکی پڕ لە هەڵە پێشکەش بکەن.

میسری دەیسەلمێنێت کە سەرچاوەکانی ((ئوسوولییەتی)) ئیسلامیی نەخوێندۆتەوە چونکە دەڵێت تیۆریستەکانی ڕەوتی ئیسلامی دەزانن کە ناواوەی ئوسوولی زاراوەیەکی ڕێژئاواییە کەچی پەسەندیشی دەکەن(ل۱٦). ڕاستەکەش ئەوەیە کە ئەو ئوسوولییانەی باسیان دەکات دان بەو زاراوەیە

ئانانێنو بۆ وەسفی خۆیان بەکارینامێنن، میسری کە ئەوەی نەزانیوە نەشێزانیوە کە تەفسیری بەکارهێنانی وشەی ئوسوولّی هەلّەیه.

ئەو دەلّێت: ئوسوولّی به کەسێک دەوتریت که بتوانێت لەسەر بنەمایەکی تیۆری حوکمەکانی باوەڕ بەرجەسته بکات(ل١٦)

ئەمەش پێناسەیەکی ((گیرفانە)) چونکە ئەمە ئەگەر ئوسوولّی بێت کەواته موتەسەووفەکانیش ئوسوولّین چونکە ئەوانیش دەیانەوێت حوکمەکانی باوەڕ بەرجەسته بکەن، تەنانەت کەسێکی دینداری ئاساییش هەر ئوسوولّییه، خۆ ئەگەر مەبەست له بەرجەستەکردنی حوکمەکانی باوەڕ له ئاست سەرجەم کۆمەلّگەو بەتایبەت فەرمانڕەواییو ئەگەر بزانین که ئوسوولّییەت سەرەتا بۆ ڕەوتێکی مەسیحی بەکار دەهات دەزانین که ئوسوولّییەتی مەسیحی بەو جۆره پێناسه نەکراوه.

ئینجا گوایه ((ئوسوولّییه)) ئیسلامییەکان لەوەش زیاتر به زاراوەی ئوسوولّییەت دەبەخشن کاتێک ئوسوولّی ئەکەنە ئەو کەسەی له باوەڕو شەریعەت (العقیده و الشریعه) تێگەیشتووەو کاری بۆ بکات(ل١٦)، دیسانیش ئەوه ئوسوولّییەت نییه چونکه پێویسته تێکڕای موسلّمانان، نەک تەنها ئوسوولّییەکان، له عەقیدەو شەریعەت تێبگەن چونکه ئەو دوو شته خالّی هاوبەشیانه، کارکردنیش بۆ عەقیدەو شەریعەت تایبەت به ئوسوولّییەکان نەبووەو کەسانی زۆر هەبوون پێش سەرهەلّدانی ئوسوولّییەت کاریان بۆ کردوونو هێشتا هەن کاریان بۆ دەکەن بێنەوەی بتوانین به ئوسوولّییان بزانین.

میسری تەنانەت ناشزانێت عەقیده چییه چونکه وشەی (باوەڕ)ی بۆ بەکاردەهێنێت له کاتێک باوەڕ بریتییه له (ئیمان) که هەردوو لایەنی فیکریو

پێحی دەگرێتەوە، لەکاتێک عەقیدە بریتییە لە چەند بنەمایەکی فیکریی پەیوەست بە ئیمان وەکو هەبوونو وەحدانیەتی خوداو سیفاتەکانیو قەدەرو مەرجەکانی ئیمانبوونو هۆکانی کافربوون... تاد نەزانینی ئەو زاراوەیەش چاوەڕێ کراوە لە کەسێک شتی لەچەند سەرچاوەیەکەوە وەرگرتووە بێئەوەی لەو مەسەلانە بکۆلێتەوە.

دواین هەڵەی میسری لەو شەش دێرە، کە هۆکەی بۆ نەشارەزایی دەگەڕێتەوە، ئەوەیە کە گوایە ئوسوولییەکان دەیانەوێت ئوسوولییەت بکەنە زاراوەیەک بەرامبەر عەلمانیەت کە حەقیقەت بە بەرهەمی عەقڵانییەت دەزانیێ(ل١٦) کە لەو ڕستەیە چوار هەڵە هەن: یەکەمیان ئوسوولییەکان ئایانەوێت زاراوەکە بکەنە بەرامبەری عەلمانیەت چونکە ئەسڵەن ئەو زاراوەیە بۆ خۆیان بەکارناهێنن، دووەمیش عەلمانیەت ناڵێت حەقیقەت بەرهەمی عەقڵانییەتە بەڵکو عەلمانیەت باس لە شتی تر دەکات، سێیەم عەلمانیەت باسی حەقیقەت ناکات بەڵکو باسی پەیوەندیی نێوان ئاینو دەوڵەت، هەروەها نێوان ئاینو کۆمەڵگە دەکات... بڕوانە کە میسری بەردەوام باسی حەقیقەت دەکاتو عەلمانییەکانی ئەمڕۆ شەرم لە ناوبردنی حەقیقەت دەکەن چونکە ئەو باسە بەهی مارکسییەکانو ئاینرەکان دەزانن.

چوارەم هەڵەش پەیوەستکردنی عەلمانییەتە بە عەقڵانییەت کە ئەمە هەڵەیەکە کەسانی تریش دەیکەن، هۆی هەڵەکەش ئەوەیە عەلمانییەتو عەقڵانییەت دوو بواری جیان لەیەک، ئەمەش زیاتر لە بواری ئابووری دەردەکەوێت.

میسری لەخۆیەوە قسە دەکات کاتێک دەڵێت ئوسوولییەتی ئیسلامی دەیەوێت خوڕافەو بێئیرادەکردنی مرۆڤ بژێنێتەوە(ل١٧). ئەمەش وێنەیەکی

كۆنی چەپە كۆنەكانە سەبارەت بە ئاین بەگشتی كاتێك دەیانوت ئاین مرۆڤ
فێری خورافەت دەكاتو ئەو مرۆڤە بێئیراده دەكات، بۆیەش وێنەیەكی كۆنە
چونكە باوەڕی عەلمانیی كۆن سەبارەت بە ئاین ئەوە بوو ئاین باوەڕێكی
سلبییەو مرۆڤ بۆ گۆڕانكاری هان نادات، بۆیەش بەزۆر فیكری چەپە كۆنەكان
بوو چونكە ئەوان هەولّیان دەدا لەمیانەی دژایەتیی ئیستعمارو تویژی
فەرمانرەوا كۆمەلّگە بگۆڕنو دەیانبینی پیاوانی ئاینو خەلكی دیندار
(بێنەوەی ئەو چەپانە بپرسن ئەو جۆرە دیندارییە تا چەند لەگەلّ خودی ئاین
گونجاوە) بەرامبەر بە گۆڕان سلبینو زۆر جار دژ بەو گۆڕانەن، لەڕووی
عەقلیشەوە نوقمی خورافەت بوون، بەلّام ئەم ئەم وەسفە بۆ ((ئوسوولّییەتی))
ئیسلامی نەك هەر نەگونجاوە بەلكو هەلایەكی گەورەیە لەبەرئەوەی
ئوسوولّییەت نەك تەنها خورافەت ناژێنێتەوە بەلكو دژ بە خورافەتە كە
لەچەند بیروباوەڕو موماره‌سەیەكی ناو كۆمەلّگە موسلّمانەكان بەرجەستە ببوو
وەك: باوەڕ بە فالّچێتیو زانینی دواڕۆژ، باوەڕی كۆن سەبارەت بە دیاردەكان
وەك ڕۆژگیرانو مانگگیرانو باران، هەموو ئەو چیرۆكانەی جیهانی غەیب كە لە
قورئانو فەرموودەی سەحیح نەهاتوون وەك چیرۆككە سەیرەكانی شاخی گاو
خێوەكانی شەوانی كۆڕستانو دێوو درنجو نیشانە خراپەكانی خوێندنی
بایەقووشو كوندەپەپوو و شوومێتیی ڕۆژو مانگی دیاریكراوی سالّ... تاد،
لەهەمووش گرنگتر باوەڕی ڕۆڕباوی ناو جەماوەری موسلّمان بە توانای
شێخەكان، مردووو زیندوو و هانا بردن بۆ شێخە مردووەكانو گۆڕەكانیان.

ئوسوولّییەت باوەڕی بە جیهانی غەیب هەیە كە قورئانو فەرمووده باسیان
كردووه بەلّام تەنها لە سنووری قورئانو فەرمووده بێ ئاوەڕدانەوە لە
فەرمووده هەلّبەستراوەكان یان چیرۆككە سەیرەكان.. بێگومان جۆرێكی تری

خورافەت هەیە کە بریتییە لەو باوەڕە ماددییە کە غەیری جیهانی بینراو باوەڕی بە هیچ جیهانێکی تر نییە بەڵام ئەمەیان خورافەتێک لە بەرگی زانست.

ئوسووڵییەت هەروەها دژ بە بێئیرادەکردنی مرۆڤە چونکە بەرنامەی ئوسووڵییەت بەرنامەی کارکردنی لە کۆمەڵگەو لە کایەی سیاسی، بەلای کەمیشەوە کارکردنە لە کۆمەڵگە بێئەوەی توخنی سیاسەت بکەوێت وەک لە هەندێ ڕەوتی ئیسلامی هەیە، واتە هەوڵێک بۆ گۆڕینی کۆمەڵگەو تا دەگاتە ڕادەی دەستگرتن بەسەر دەسەڵات، ئەوەش وێنەیەکی کاریکاتێرییە کە میسری پیشانمانی دەدات: هەموو ئەوانە کە ئامانجەکەیان پێویستی بە ئیرادەی گەورەیە: کەسانێک لەڕێگەی مەوعیزە هەوڵی گۆڕینی کۆمەڵگە دەدەن، کەسانێک لەڕێگەی کاری سیاسییەوە هەوڵی گۆڕینی کۆمەڵگەو نیزامی حوکم دەدەن، کەسانێک چەکیان هەڵگرتووەو لەڕێگەی جیهادەوە ئەو هەوڵە دەدەنو بە چەکە سووکەکانی دەستیان بەرامبەر هێزە گەورەکانی جیهان دەوەستن.. هەموو ئەمانە لای میسری کار بۆ بێئیرادەکردنی مرۆڤ دەکەن!

میسری ڕەوتی ((ئوسووڵی)) بەوە تاوانبار دەکات کە ئامادە نییە بە چاوی ڕەخنە ئاوڕ لە مێژووی پانزە سەدەی ڕابوردوو بداتەوە کە مێژووناسانی ئیسلام پەردەیان لەسەر دەیان دیاردەی دزێو هەڵماڵیوە، ئوسووڵییەتیش لایەنە ئیجابییەکانی ئەو مێژووە دەکاتە قوربانیی لایەنە تاریکەکانیو هەر ئەم لایەنە بە مێژووی حەقیقی دەزانێت(ل۱۷).

ئەمە نیشانەیەکی ترە کە میسری خۆشی نازانێت چیی نووسیوە. ئایا کام لایەنی تاریکییە کە ئوسووڵییەت بایەخی پێداوەو بە مێژووی حەقیقەت زانیوە؟

ئاشکرایە ئوسوولّییەت سەردەمی پێغەمبەر (صلی الله علیه وسلم)و خەلیفە
ڕاشیدەکان دەکاتە مەرجـەع بۆ فیکری خۆیو تـەنها لـەڕوی زانسـتییەوە
دەگەڕێتەوە بۆ سـەردەمی ئەمـەویو عەبباسی ئەوەش کە پەیوەندیی بـە
دەولّەتەوە نییە بەلّکو پەیوەندیی بە کۆمەلگـەوە هەیە کە پێویسـتی بـەو
زانسـتە هـەبووە. سـەردەمی ئەمـەویو عەبباسـی کە لادان لـە دوو ئامـانجی
سەرەکیی ئیسلام تێیان ڕووی دا، پاکیی بیروباوەڕو ئیسلامییەتی ڕەفتار
لەلایەکو عەدالەتی ئابووریو سیاسی لەلایەکی تر، ئەو دوو سەردەمەش وەکو
فەرمانڕەواییو سەروەری بەزۆری نزۆردار لەلایەن ڕەوتی قەومیی عەرەببییەوە
شکۆمەند کراون، سەردەمی پێغەمبەرایەتیو خەلیفە ڕاشیدەکان بەشە هـەر
ڕووناکەکەی مێژووی ئیسلامەو ((ئوسوولّییەکان)) بۆ ئەو بەشە دەگەڕێنـەوەو
دەیکەنە یەکێک لە مەرجەعەکانیان.

کەسێک ئەو ڕاستییە سادەیە نـەزانێت دیارە ئـەوەش نازانێت کە نابێت
مێژووی ئیسلامی کە مێژووناسانی موسلّمان نووسیویانە بـێ قەیدو شـەرت
وەربگیریت بەلّکو پێویستە بخرێتە ژێر تیشکی ڕەخنـەی زانسـتی کە بەشی
هەرە گەورەی ئەو ڕەخنەیە بریتییە لە ڕەخنە لەو سەنەدانەی ئەو مێژووەی
پـێ گێڕدراوەتەوە، واتـە حالّی ئـەو کەسـانەی ئـەو مێژووەیان گێڕاوەتـەوە،
ئەویش بەپێی بنەماکانی زانستی فەرمووده.

ئەو کارەشە کە ڕابوونی ئیسلامی بایەخی پێداوە، مەبەستم لـە ڕابوون
حالّەتە ئیسلامییەکەیە بەگشتی کە تیا ئەوەی تـەنها خـەریکی کاری زانسـتە
ئیسلامییەکانە (قورئان، فـەرمووده، مێژوو)و ئەوانـەش کە خـەریکی کاری
سیاسین، بەلّام ئەوە بێئاگاییەکی گەورەیە مرۆڤ پێی وا بێت بۆ شارەزابوون
لـە مێژووی ئیسلامی خوێندنەوەی کتێبەکانی مێژوو بەسن، هەموویشیان

جێگەی قبوڵ بن.

میسری چەند وشەیەك دووباره دەكاتەوه مەگەر تەنها خۆی بزانێت لەكوێی بیستوون. ئەو دەڵێت مێژوو له میتۆدی ئوسوولییەت مێژووی مرۆڤ نییه بەڵكو مێژووی ئاینەو دەبێت تەقدیس بكرێت(ل۱۸). یانی چی مێژووی ئاین؟ یانی چی مێژووی مرۆڤ؟ مێژوو لەكوێ بووه؟ لەسەر زەوی؟ لە ئاسمان؟ ئاین لەناو كێ كاری كردووه؟ هەر لەناو مرۆڤ كاری نەكردووه؟ وەك وتم میسری تەنها چەند وشەیەك دووباره دەكاتەوه بێئەوەی بزانێت واتەكانیان چییه.

میسری بۆ جاری چەندەم دەیسەلمێنێت كه نەشارەزایه لە ((ئوسوولییەتی)) ئیسلامی بەوەی دەڵێت ئەو وتاره بریارو حوكمی موجتەهیدانی پێشوو دەكاته چەند دەقێكی چەسپاو و نەگۆڕ(ل۱۸).

((ئوسوولییەتی)) ئیسلامی دژ به تەقدیسكردنی موجتەهیدانی كۆنه، بەلای كەمیشەوه له مەسەلەی موجتەهیدان بێدەنگه، هەندێ ڕەوتی ئیسلامی لەو مەسەلانه ناكۆڵنەوه چونكه له بواری كاركردنی ئەوان نییه یان نایانەوێت مەسەلەی موجتەهیدەكان بوروەوژێنن، هەندێكی تریش قسەیان لەسەر دەكەنو هەوڵدەدەن ئەو موجتەهیدانه وەكو بوونەوەرێكی پیرۆز تەماشا نەكرێن، زۆریش لەو لایەنه ئیسلامییانه حوكمێكی ئیسلامیی دروست بەسەر موجتەهیدان دەدەن كه مرۆڤنو قسەیان وەردەگیرێتو قسەیان ڕەتدەكرێتەوه. قسەكەی میسریش نموونەیەكی تره لەسەر ئەوەی كه ئەو شتێكی بیستووەو دووبارەی دەكاتەوه.

میسری دەڵێت ئەو كەلتووره‌ی ئوسوولییەت پەسەندی دەكات كەلتوورێكه بەدرێژایی مێژووی ئیسلام له خزمەتی بەرژەوەندییەكانی دەسەڵات

بووە(ل١٩)، ئەوەش یەکێک ترە لە قسە بازاڕییەکان چونکە بەشی هەرە گەورەی ڕەوتی ((ئوسوولّی)) لەسەر پێگەی وتەی گۆڕانکاری ڕاوەستاوە، ئەو ڕەوتەش دەزانێت کە سەردەمی ئەمەوی و عەبباسی، کە تێیان ئاین بۆ خزمەتی دەسەلّات خرایە گەڕ، بریتی بوو لەو گۆڕانکارییە تراجیدییەی بەسەر دەسەلّاتی خیلافەتی ڕاشیدی هات بۆیە وتارەکەی ناگەڕێتەوە بۆ کەلتووری ئاوێتەبوو لەگەلّ دەسەلّات، ئەوەش زیاتر لە کۆمەلّە جیهادییەکان ڕەنگیداوەتەوە هەرچەندە لای زۆربەی کۆمەلّەکانی تریش ئامادەیە. میسری بەدوای عەیبێک گەڕاوەو لێرە عەیبی کارکردن بۆ بەرژەوەندیی دەسەلّاتی خستۆتە پالّ ئوسوولّییەتو نەدەبوایە لای میسری، کە خزمەت بە دەسەلّات دەکات، ئەوەی بە عەیب بزانیایە.

نەشارەزایی لە فیقه

میسری تاوانی ئەوە دەخاتە ئەستۆی بیری ئوسوولّی کە فیقهی ئیسلامی، کە دەستکردو داهێنانی مرۆڤە، دەکاتە هاوشانی قورئانو ڕوالّەتێکی موقەددەسی پێدەبەخشێو دەیکاتە بەشێک لەباوەڕ (العقیده)(ل٢٠).

ئەمە ڕستەیەکی درێژی پڕ لە هەلّەیە؛ یەکەم: بیری ئوسوولّی نییه کە ئەو قودسیەتەی بە فیقه بەخشیوە بەلّکو ئەوە عەقلّییەتی سەردەمەکانی داڕووخانە کە ئوسوولّییەت بۆ ڕزگارکردنی موسلّمان لەو عەقلّییەتە هاتووه، دووەم: هەموو فیقه کاری مرۆڤ نییه چونکە بەشێکی فیقه بریتییە لە ئایەتەکانی (احکام) کە لە قورئان هاتوون هەروەها فەرموودەکان. سێیەم: نەئوسوولّییەتو نەهیچ کەسێک لە سەردەمەکانی دواکەوتنو داڕووخان فیقهی نەکردووەتە بەشێک لە (عەقیده) لەبەرئەوەی بواری عەقیده جیایە لە فیقه، چوارەمیش: میسری دیسانەوە وشەی باوەڕ (ئیمان) بۆ عەقیده

بەكاردەهێنێت.

نەشارەزایی لە فەلسەفە

نیشانەیەكی تر كە میسری نازانێت باس لەچی دەكات ئەوەیە كە دەڵێت ئوسووڵییەتی ئیسلامی وەكو كەنیسەی سەدەكانی ناوەڕست دژ بەهەموو دەستكەوتێكی زانستییە، باسی دژایەتیكردنی دارووینو فیكرو فەلسەفەی زانستیش دەكات تا دەگاتە ((قوناغەكانی پەرەسەندی مێژووی مرۆڤایەتیو دیالكتیكی سروشت)) كە ئوسووڵییەتی ئیسلامی ئەم دوانە بە فیكرو فەلسەفەی جوولەكە دەزانێت(ل١٨).

یەكەم هەڵە ئەوەیە باسی كەنیسەی سەدەكانی ناوەڕست دەكات كە دژ بە هەموو دەستكەوتێكی زانستی بووە... ئەوە ڕاستەو نموونە لەسەر ئەوە هەیە بەڵام لەسەر ئاستێكی زۆر بچووك چونكە سەدەكانی ناوەڕاست پێشكەوتنی زانستیی گەورەیان بەخۆوە نەبینیبوو، سەرەتای ئەو پێشكەوتنە دوای سەدەكانی ناوەڕاست بوو بەڵام زمانی میسری وەك زۆر كەسی تر بە چەند زاراوەیەكو قسەیەك ڕاهاتووە.

دووەم: میسری بۆچوونێكی نازانستیی ماركسیەت دەخاتە ناو باسەكانەوە، ئەو باس لە دارووینو گەشەكردنی بوونەوەر دەكات دواییش (دیالێكتیكی سروشت)مان بۆ باس دەكات. سەرچاوەی ئەو دیالێكتیكەی سروشتە دەگەڕێتەوە بۆ (هێگل)و لە بەشی دووەمی فەلسەفەی هێگل، كە فەلسەفەی سروشتە، خۆی دەبینێتەوە. بەهۆی نازانستیی ئەو بەشەی فەلسەفەی هێگلیشەوە ئەو بووە یەكەم بەش بمرێتو پشتگوێ بخرێت، ماركسیەتیش، پێبەپێی هێگل، دیالێكیتكی كرده یاسایەكی (یان پرۆسەیەكی) گەردوونی كە لە سروشت هەیە (ئەوەش زیاتر كاری ئێنگلز بوو)و بەهۆی

ئەوەوە تووشی ڕەخنەی زۆر بوو... مەبەست ئەوەیە میسری تۆمەتی دژایەتیی زانست دەخاتە پاڵ ئوسوولّییەتی ئیسلامیو ناوی دیالێكیتكی سروشت دەبات كە هەر نوو زانرابوو زانست نییە.

نەشارەزایی لە موفەككیرانی ئیسلامی

كەسێك نەزانێت (فی ظلال القرآن) چییە چۆن چاوەڕێ بكەین حوكمی ڕەوا بەسەر (سەید قوتب) بدات؟ میسری دەلّێت هەركەس ئاوڕێكی خێرا لە تێزەكانی (سەید قوتب)و (ئەبولئەعلا ئەلمەودوودی)و (موستەفا شوكری)و (عەبدولسەلام مەحەمەد فەرج)و (حەسەن ئەلبەننا)و (محمد ڕشید ڕەزا)و نووتر (شافعی) بداتەوە دەگاتە ئەوەی تەعبیر لە فیكری ناسیۆنالی شۆڤێنزمی عەرەب دەكات بەلّام لەژێر پەردەی ئاینەوە(ل١٩).

دیارە میسری كە دەیەوێت بەخێرایی بگاتە ئەو ئەنجامە هەر بەخێرایی ناوی بەرهەمێكی سەید قوتبی بینیوەو لەبارەیەوە نووسیویەتی: قوتب بابەتێكی هەیە بەناوی (فی ظلال القرآن)! بابەت! ئەو كتێبەی كە چاپێكی شەش بەرگی قەبارە گەورەیەو چاپی تری هەشت بەرگەو بریتییە لە تەفسیری هەموو قورئان لەگەڵ بۆچوونو تەنزیری سەید لە هەندێ مەسەلەو بڕێكی زۆر وردكردنی ماناكانو دیمەنەكان.. هەموو ئەمە لای میسری دەبێتە ((بابەتێك))[°]، بەلّام نەك تەنها ئەو ((بابەتە)) بەلكو دیارە كتێبە گرنگەكەی تری سەیدیشی نەخوێندۆتەوە(معالم فی الطریق) هەرچەندە چەندین جار ناوی

___

[°] نەزانییەكی تریش دەخاتە پاڵ نەزانییە كۆلەكەبووەكانی كاتێك دەلّێت سەید لەو ((بابەت))ــە ((لە هێلە گشتییەكانی تەكفیری كۆمەلّگە دواوە))(ل٣٧٣)، وەك چۆن كتێبێكی هەشت بەرگی هاوشێوەی تەفسیرەكانی قورئان بۆ تەنها تەكفیری كۆمەلّگە تەرخان كرابێت.

وەکو سەرچاوە بردووە، یەکەم لەبەرئەوەی سەید لە پێشەکیی (مەعالم) دەڵێت چوار بەشی ئەو کتێبە لە کتێبی (في ظلال القرآن) وەرگیراون[6]، دووەمیش لەبەرئەوەی سەید لەو کتێبەی بەئاشکرایی موفاصەلەی لەگەڵ فیکری قەومی کردووە، بڕوانە کە سەید دەڵێت: ڕەنگە بوترێت کە موحەممەد دەیتوانی لەجیاتی ئەو ناڕەحەتییە زۆرەی بەدەستی بانگەوازی (لا اله الا الله) چەشتبووی بەناوی عروبەتەوە عەرەبی لەدەوری خۆی کۆبکردایەتەوە ئەویش دژی ڕۆمو فارس کە لەڕێگەی عەرەبە وابەستەکانی خۆیانەوە بەشێکی وڵاتی عەرەبییان حوکم دەکرد بەڵام خودا دەیزانی ڕێگەکە ئەوە نییە زەوی لە دەستی تاغووتێکی فارسی یان ڕۆمی ڕزگاری ببێت بۆ ئەوەی بکەوێتە دەست تاغووتێکی عەرەبی چونکە تاغووت هەر تاغووتە، ڕێگەش ئەوە نییە خەڵکی لەدەستی تاغووتێکی فارسی یان ڕۆمی ڕزگاریان ببێت بۆ ئەوەی بکەونە دەستی تاغووتێکی عەرەبی.[7]

سەید نموونەی ئەوپەڕی پوختی عەقیدەیە بەتایبەتیش لەڕووی نەتەوایەتییەوە. کەسێکی قەومیی عەرەببیشە کە ڕەخنە لە سەید دەگرێت چونکە هیچ نرخێکی بۆ فیکرەی قەومی (پێش هەمووشیان عەرەبی) نەهێشتووەو بە جاهیلیەتی زانیوە.

جگەلە بێئاگایی لە سەید، میسری ناوی (ئەلمەودوودی)ی پاکستانیش دەهێنێت وەک یەکێک لەوانەی لەژێر پەردەی ئاینەوە تەعبیر لە فیکری قەومیی شۆڤێنیی عەرەب دەکات، ئەم قسەیەش نەک تەنها شایەنی پێکەنینە لەبەرئەوەی ئەلمەودوودی عەرەب نییە چجای ئەوەی عەرەبی شۆڤێنی بێت

---

[6] سید قطب، معالم في الطريق، ل١٢.
[7] معالم في الطريق، ل٢٨.

بەلکو هەروەها لەبەرئەوەی فیکری ئەلمەودوودی تەعبیر لە قەومییەتی خۆشی ناکات. ئەوەی لەهەمووی خۆشتره ئەوەیه میسری لێره (لاپەڕە ۱۹) نازانێت دواتر (لاپەڕە ۳۵۷ بەدواوه) بەدووردرێژی باسی مەودوودی دەکاتو لەو باسه خوێنەر دەزانێت کابرا خەلکی هیندستان بوو (پێش جیابوونەوەی پاکستان)و تەنانەت قسەکەی مەودوودیش نەقلّ دەکات کە دەلێت عەرەب ئاینی ئیسلامیان له سەردەمێک بڵاوکردەوه که هێشتا دامانیان به ئامانجی نەتەوایەتی گلاونەکردبوو(ل،۳٦۰). [8]

جگه له مەودوودی، نووسەرێک (حەسەن ئەلبەننا) به دەریڕی شۆڤێنیەتی عەرەبی بزانێت دەیسەلمێنێت که ئاگای لە نووسینەکانی (ئەلبەننا) نییە. نووسینەکانی ئەوانەی تریشم لەبەردەست نییه بەلّام گومانم نییه که میسری لەخۆیەوه هەمان شتیان بۆ دەلێت، شۆڤێنییەتی شافیعیش قسەیەک وەکو ئەوانی تر.

تێنەگەیشتن له نووسینەکان

میسری چەندین نموونەمان پێشکەش دەکات بۆ تێنەگەیشتن لەو شتانەی دەیانخوێنێتەوه، ئەمەش یەکێکه لە نموونەکان، لە بەشەکانی داهاتووش

---

[8] بڕوانه نامیلکەکەی ئەلمەودوودی، الجهاد فی سبیل الله، ل،٤۱. میسری ئەم نامیلکەکەی لە سەرچاوەیەکی تر ((بردووه)). میسری قسەی مەودوودی لەبارەی جیهادەوه دەهێنێتەوەو دوایی گوایه مەودوودی دەلێت دوای بەئیسلامکردنی کۆمەلگەو دامەزراندنی دەولّەتی تیۆکراتی دەبێت بەپێی نەخشەو پلانی...تاد(میسری، ل ۳٦۰)، بەلّام مەودوودی باسی دەولّەتی تیۆکراتی (دەولّەتی پیاوانی ئاینی)ی نەکردووەو دیاره ئەوه قسەو تەفسیری سەرچاوه ئەسلّییەکەی میسرییه که زانیارییەکانی نامیلکەکەی مەودوودیی لێ ((بردووه)). سەرباری ئەوه میسری دەلێت مەودووی شیعە مەزهەبە(ل ۳۷۰)، ئەوەش سەیر نییه بۆ کەسێک لەملاو شت لەولا لەبارەی کەسانەوه وەربگرێت.

زۆرتر دەبینین:

میسری (لاپەڕە ۱۵۱) باسی نووسینێکی ئەفغانی دەکات لەبارەی کۆمیونی پاریس. میسری دەڵێت: لەبارەی پراکتیکیشەوە دوو فاقییەك لـه هەڵوێستی بەدی دەکرێ. لەکاتێك کە دروشمی یەکسانیی ئینسانەکان بەرزدەکاتـەوە دژ بە بزووتنەوەیەکی شۆڕشگێڕانە دەوەستێ کە ئامانجی دابینکردن یەکسانیی راستەقینە بوو. بەهەموو تواناوە دوژمنایەتیی کرێکارانی (کۆمۆنی پاریس) دەکات، هەر خۆیشی دان بەوە دەنێ کە رێبەرانی (کۆمۆن) (بەرگرییان لـه خەڵکی هەژارو رووت دەکرد)، بەڵام ئەم بۆیە دژیان دەوەستێ چونکە (داوایان دەکرد ئیمتیازی تایبەتی نەمێنێو خەڵکی یەکسان بژین)و باوەڕیشیان وا بوو (ئینسان دەستکردی سروشتەو بەپێی یاسایەکی سروشتی پەرەی سەندووە)، بۆیە بەپێویستی دەزانێ (تەفروتونا بکرێن).

ئەمـە دەقـی قسـەکەی میسرییەو بۆ هـەر یـەك لـەو چـوار قسـەیەی نـاو کەوانەکان ناوی کتێبەکەی دوکتـۆر عـەلی ئـەلوەردی (لمحات اجتماعیـة مـن تاریخ العراق الحدیث)[1] وەك سەرچاوە نووسیوە. بـەڵام ئـەلوەردی راستـەکەی شتێکی تـر دەڵێت. ئـەلوەردی دەقـی قسـەکەی ئـەفغانی دەهێنێتـەوە کە رەخنەی ئەم، واتە ئەفغانیی تیایە لە کۆمۆنیستەکانو سۆشیالیستەکان کە لەپێناوی نەهێشتنی ئیمتیازەکانو حەلالکردنی هـەموو شتێك بۆ هـەمووانو بەشداریکردنی هەموان لە هەموو شتێك خوێنی زۆریان رشتو وێرانیی زۆریان بەرپا کرد...تاد. ئەفغانی دانی بەوە نەناوە کە ئەوانە ((بەرگری لە هەژارەکان دەکەن)) بەڵکو ئەوەی وەکو ئیدیعایەك باس کردووە.

---

[1] علي الوردي، لمحات اجتماعية من تاریخ العراق الحدیث، ج۳ ل ۲۸۵ و ۲۸٦.

بەھەرحاڵ ئەمە گرنگ نییەو لەوە گرنگتر ئەوەیە ئەفغانی لەو دەقە داوای
نەکردوە کۆمیونی پاریس لەناوببرێت بەڵکو نوسیویەتی کە ھەموو
کۆمۆنیستەکان لەسەر ئەو ڕێکن ئەو شتانەی مرۆڤ حەزیان لێدەکات
بەخششێکی سروشتنو زیندەوەران وەکو یەك بەھرەمەند بن، ئەوەش
بیدعەیە لە یاسای سروشت کە کەسێك بەتەنیا لێیان سوودمەندد بێتو ئەمە
خراپەیەکە پێویستە نەھێڵێریتو خەڵکی لێ ڕزگار بکرێت: ((وجميعهم على
اتفاق في ان جميع المشتهيات الموجودة على سطح الارض منحة من الطبيعة و
فيض من فيوضها والاحياء في التمتع بها سواء، واختصاص فرد من من
الانسان بشيء منها دون سائر الافراد بدعة في شرع الطبيعة، سيئة يجب محوها
والاراحة منها)).

بەم جۆرە ئەفغانی قسەی ئەوانە دەگێڕێتەوە کە ئەو شتانە نابێت بمێنن
بەڵام میسری واتێدەگات ئەفغانی داوای کردوە کۆمیونەکە نەمێنێت ئەمەش
بەمەرجێك دەقی قسەکە ڕوونو ئاشکرایە. میسری بەوەش ناوەستێتو پاش
ئەوە بەحەماسەتەوە باسی ئەفغانیو یەکسانیو کۆمیونو دەوڵەتی فەرەنسی
دەکات: ((با لەوە گەرێین کە ئەفغانی بەکردەوە لەگەڵ یەکسانی نییەو
بەدەمی خۆی ھاوار دەکا ئەوەی بیەوێ ئیمتیازی تایبەتی نەھێڵێ دەبیّ
تەفروتونا بکرێ!! خۆیشی دەھاوێتە سەنگەری جەللادەکانی کۆمۆنەوە..
جارێکی تریش دەیسەلمێنێ کە ھاوپەیمانی راستەقینەی فەرەنسایە. ئەو
فەرەنسایە لەو کاتە یەکێك بووە لە دەوڵەتانی کۆلۆنیست..)) تادوای ئەو
حەوت ھەشت دێڕەی دوای ئەوە.

رەچەڵەکەکانی بیری ((ئوسوولی))

فەرمووده‌، فیقه و ئوسوولە‌که‌ی، سوننه‌ت، چه‌ند بابه‌تێکی تر..
تێنه‌گه‌یشتن له بابه‌ته‌کانو سه‌قه‌تکردنیان..
ته‌نانه‌ت که وه‌ك مارکسییه‌ك قسه ده‌کات
مارکسیه‌ت سه‌قه‌ت ده‌کات

میسری کتێبه‌که‌ی کردووه به شه‌ش به‌ش، دابه‌شکردنێکه شێوازێکی زانستیی له خۆ نه‌گرتووه‌. بۆ نموونه بەشی دووه‌می بۆ کۆمه‌ڵه‌ی ئیخوان داناوه‌و به‌شه‌که‌ی کردووه به دوو به‌شی لاوه‌کی یه‌که‌میان به‌ناوی (ئیخوان ئه‌لموسلیمون: میراتگری بیری ئوسوولیه‌تی ئیسلامی) له‌کاتێك ئه‌وه‌ی تریان بازێکه بۆ ده‌زگایه‌کی ناو ئیخوان (سیسته‌می تایبه‌ت-به‌فاشیبوونی ئیخوان).

میسری ٩٢ لاپه‌ڕه (ل٢٠١-٢٩٢ چاپی دووه‌م) بۆ ئه‌مه داده‌نێت، دوای ئه‌وه‌ش به‌شی سێیه‌م دێت به‌ناوی (میسر لانكه‌ی بیری ئوسوولی) که ته‌نها ٢٠ لاپه‌ڕه‌یه (ل٢٩٣-٣١٢) که گوایه باسی هه‌لومه‌رجی ئابووری‌و سیاسی‌و کۆمه‌لایه‌تیی پشت ژیانه‌وه‌ی فیکری ئوسوولییه له میسر، ئینجا باز ده‌دات بۆ بابه‌تی تری په‌یوه‌ست به ته‌کفیر، ئینجا له به‌شه‌که‌ی دوای ئه‌وه ده‌گه‌ڕێته‌وه سه‌ر ئیخوان، ئه‌مجاره سه‌باره‌ت به ئیخوان‌و تیۆری ده‌سه‌لات‌و یه‌كێتیی نه‌ته‌وه‌ی ئیسلام.. تا ده‌گاته دوایه‌مین به‌ش به ناوونیشانی (چه‌مکی ده‌سه‌لات له تیۆری حاکمیه‌ت-جاهلیه‌ت). به‌م شێوه‌یه جۆرێك له نارێکیی رێکخستن‌و تێکه‌لوپێکه‌لی له کتێبه‌که هه‌یه هه‌روه‌ها ته‌رکیز کردن له‌سه‌ر

هەندێ بابەت، بەشی یەکەمیش کە ئاماژەم بۆ نەکرد دیسان ئەو تێکەلّییەی
پێوە دیارە.

ئەوانەی خوارەوە هەلّبژاردەن لە بەشی یەکەمی کتێبەکەی میسری، بەشی
زۆریان پەیوەندییان هەیه به مێژووی ئیسلامو فیقهو فەرمووده... بابەتی
تریشیان تیایه کە دەکرا لە بەشێکی تر باس بکرانایه، بەلّام لەبەرئەوەی لەو
بەشەی کتێبەکەی میسری هاتوون لێرە هێشتمنەوە.

سەلەفییەتو مەزهەبییەت.. هەلّەی دووبارەکراو

بابەتی یەکەم لە بەشی یەکەم بریتییه لە ناوونیشانی (سەرهەلّدانو
دروستبوونی بزوتنەوەی خەواریج).

پێویسته قسەکردن لەسەر ئەم بەشه، هەروەك قسه لەسەر هەموو
کتێبەکه، بەکورتی بێت ئەگینا ئەم رەخنەیه دەبێته کتێبێکی دوو ئەوەندەی
کتێبەکەی میسری، لەبەرئەوە هێنده بتوانم شت لە کتێبەکەی میسری
دەپەرێنم هەرچەنده نەفسم پێم دەلّێت هیچیان مەپەرێنه چونکه هەموویان بۆ
وەلّامو رەخنه خۆشو بەتامن. لێرەش لەگەلّ کتێبەکەی میسری دەرچم
ئەگەرچی باسەکان لە رێرەوی بابەتەکەش دەریچن.

میسری لەو بەشه دەیەوێت بیسەلمێنێت کە ((ئوسوولّیەت))ی نوێ لەگەلّ
((سێ نموونەی مێژووی ئیسلام)) یەکدەگرێتەوه چونکه هەموویان بانگەشه بۆ
((گەڕانەوه بۆ ئەسلّ واته گەڕانەوه بۆ پەیڕەوکردنو جێبەجێکردنی دەقەکانی
شەریعەت (قورئانو سوننەت))) دەکەن(ل٢٥).

رەنگه خوێنەر کە دەزانێت باسی یەکەمی کتێبەکه خەوارجه وابزانێت
نموونەی دووەمو سێیەم بزوتنەوەی هاوجۆری خەوارجن، بەلّام حالّ وانییەو
نموونه نموونه نییه چونکه ((نموونه))ی دووەم بریتییه لە (تیۆریزەکردنی

بیری ئوسوڵی) کە ڕاستەکەی چەند ھەوڵێک لەسەدە یەکەمەکانی کۆچی بۆ بەتیۆرکردنی (سیاسەتی شەرعی) ئەوەش زاراوەی ئەو سەردەمانەیە بۆ کاروباری سیاسیو ئیداریو بەڕێوەبردنی وڵات لە ئیسلام. ((نموونە))ی سێیەمی میسریش بریتییە لە (ژیاندنەوەی بیری ئوسوڵی لەکۆتایی سەدەی نۆزدەم) کە دیسان نموونە نییە بەڵکو چەند ھەوڵێک، ئەمجارە تیۆریو عەمەلی، بۆ ھەمان مەبەست.

وەنەبێت نموونەی یەکەمیش لەژێر ڕەخنە دەربچێت چونکە بزوتنەوەی خەوارج شتێک نەبوو لە دەرەوەی جەستەی کۆمەڵگەی ئیسلامی بێت، فیکرێکی سیاسیی تاکی ناو کۆمەڵگەیەکی بێ فیکریش نەبوو.

کەواتە میسری بە خەوارج دەست پیدەکات، لەو دەستپێکردنەش دوو ھەڵەی تر دەکات: یەکەمیان کە خەواریجیشو باقی ڕەوتەکانی تر بە ڕەوتی مەزھەبی ناودەبات (ل٢٦ ھەروەھا ٢٥)، وشەی مەزھەبیش وشەیەکی ھەڵەیە لەناو ئەدەبیاتی عەلمانیی کوردی بڵاوەو ھەروەکو وشەی (سەلەفی) ویستراوە تەعبیر لە شتێک بکات کە وشەکە بۆی نەك تەنها ھەڵەیە بەڵکو شایەنی پێکەنینیشە. مەزھەبیەت لە ئەدەبیاتی ئیسلامی بریتییە لە پابەندبوون بە مەزھەبێکی فیقهیی دیاریکراوەوە، ھەندێک جاریش ئەو مەزھەبییەتە دەبێتە دەمارگیری. بەرامبەر بە مەزھەبییەتیش نامەزھەبییەت ھەیە کە مەبەست لێی پابەندنەبوونە بە مەزھەبێکی فیقهییەوە بەڵکو پابەندبوون بە فەرموودە سەحیحەکانەوە(بێگومان پاش قورئان).

سەلەفیەتیش جۆری ھەیە: سەلەفیەتی زانستی کە بایەخ بە فەرموودەو فیقهو عەقیدە دەداتو دوورەپەرێزە لە سیاسەت. بەشێک لەو سەلەفیانە تەنانەت دژ بە حزبە ئیسلامییەکانیشن چونکە بە باوەڕی ئەوان حزبی

ئیسلامی بیدعەیه واتە داهێنانێکە لە ئیسلام نییه. بەشێکیش لەو بەشه لەقەناعەتی خۆیانەوه حزبی ئیسلامی به بیدعه دەزانن (هەرچەنده بەپێی ئەزموونی خۆم باوەڕم نییه ئەوه قەناعەت بێت بەلکو وای بۆ دەچم کاردانەوەیه دژی حزبە ئیسلامییەکان)، لەکاتێک ئەوانی تر لەبەر خزمەتی دەسەڵات ئەو دژایەتییه دەکەن که ئەمەش نەک تەنها لە کوردستان بەلکو لەهەموو وڵاتان هەیەو له (سعودیه) دیارتره چونکه دەسەڵات لەوێ حزبه ئیسلامییەکان به هەرەشه دەزانێت، بەتایبەتی پاش ئەوەی بەشێک لەو حزبانه دژایەتیی خۆیان بۆ نیزامی فەرمانڕەوایی ئەو وڵاتە ئاشکرا کرد، بۆیه بەشێک له زانا یان بانگخوازه سەلەفییەکان دژ به حزبه ئیسلامییەکان قسه دەکەن، بێگومان بەشێکی تری زانایانیش لەوێ کەم تا زۆر نەیاری دەسەڵاتنو ئەوانه باوەڕیان وایه که کاری ڕێکخراوەیی له ئیسلام واجبه یان بەلای کەمەوه شتێک لەخوار واجبەوەیه.

جۆرێکی تری سەلەفییەت بریتییه له تێکەلکردنی سەلەفییەت بەکاری سیاسیو جۆرێکی تریش سەلەفیەتو جیهاد تێکەلّی یەکتری دەکاتو پێی دەوترێت (سەلەفیەتی جیهادی). هەردوو جۆری سەرەکیی سەلەفییەتیش لەسەر ئەوه ڕێکن که دەبێت مامەڵه لەگەلّ ئیسلام بەپێی تێگەیشتنی (سەلەفی صالح) بێت بەتایبەتیش له بواری عەقیده.

هەروەک چۆنیش وشەی (مەزهەبییەت) بۆ کەسانێک بەکاردێت که نایانگرێتەوه وشەی (سەلەفیەت) بۆ کەسانێک بەکاردێت که بەشێکیان سەلەفینو ئەوانی تر کەم تا زۆر له سەلەفییەتەوه دوورن. بۆ نموونه ئیخوان وەکو کۆمەڵەو وەکو فیکر سەلەفی نییه چونکه له بواری (عەقیده) هەموویان سەلەفی نین، لەبواری کاری تریش زۆربەیان سەلەفی نین، بۆیه دابڕانی وشەی

سـەلـەفیـیەت بەسـەر ئیخـوان بەشـێك لـە ئیخـوان تـووڕە دەکـاتو هـەموو سەلەفییەکان دەخاتە پێکەنین، هەندێکیش لەو سەلەفییانە (ئەگەر چی نزد کەمیش بن) تەنانەت قسەی ناشیرین بە سـەرانی کـۆنی ئیخـوانو بەتایبەت سەید قوتب دەڵێن.

لەبارەی خەوارجەوە

هەڵەی دووەمی دێڕی یەکەمو دووەمی بەشی (خەوارج) قسەکەی میسرییە کە گوایە بەر لە خـەوارج هیـچ ڕەوتێکی ((مەزهـەبی)) لـە مێژووی ئیسلامی ئەوەندەی ئەو بزوتنەوەیە پابەندی حوکمی قورئان نەبووه(ل٢٦) کە ئەمە قسـەیەکە لـەهیچ کتێبێکی مێژوو نایبینی. خـەوارج نزدترین کـەس بـوون قورئانیان دەخوێندەوه، عیبادەتیشیان لەخەڵکی تر زیاتر بوو بەڵام ئەمەیان شتێکەو پابەندبوون بە حوکمی قورئان شتێکی تره. خـەوارج بەپێی ئـەو فەرموودەیـەی پێشـبینیی پەیـدابوونیان دەکـات نزدتـرین قورئانخوێندنو عیبادەتیان هەیە بەڵام وەکو دەرچوونی تیر لـە کـەوان لـە ئاین دەردەچن چونکه لە قورئان تێناگەنو لە قورگیان تێپەڕ ناکات. ئەگەر بشڵێن خەوارج کـەمتر کاریـان بـە سـوننەت دەکـرد ڕاسـت دەڵـێن چونکە هیـچ کـام لـە صـەحابییەکان، دیاریشـه صـەحابییەکان هـەڵگری سوننەت بـوون، لـە نـاو خـەوارج نـەبوون بـەڵام دیسـان ئـەوه ((پابـەندبوونی نزدتـر)) بـە قورئان ناگەیەنێت.

میسری کە قسەی سەرەوەی کردووه بۆ تەئکیدکردن لەسـەر ئـەو قسـەیه دەنووسـێت: ((تـەنانـەت مێژوونووسـێکی ئیسـلام سـەرەتاکانی ئـەم ڕەوتـە دەباتەوە بۆ سەردەمێک پەیامبەر خۆی لـە ژیـان بووه)(ل٢٦)، بـەڵام ئەمـە تەئکیده لەسەر ئەوەی میسری لەخۆیەوه شتی نووسیوه چونکه ((بـەر لـە

خەوارج)) سەردەمی پێش شەڕی عەلیو موعاویە بەرەوژوور تا دەگاتە
سەردەمی پێغەمبەر دەگرێتەوە ئیتر چۆن دەتوانین بۆ ئەو کاتە بلّێین ڕەوتی
مەزهەبی لەو سەردەمە هەبوون؟ ئەی کامانەن ئەو ڕەوتانە؟ ئەو کاتە
تەنانەت شیعەش پەیدا نەببوون چونکە کەس بە لایەنگرانی عەلیی نەدەوت
ئەوانە شیعەن، شەڕی عەلیو موعاویەش شەڕ بووە لەسەر شەرعیەتی
دەسەڵات نەک شەڕێکی مەزهەبی.

میسری بۆ قسەی دووەم، واتە هەبوونی خەوارج لە سەردەمی پێغەمبەر،
باسی (ذو الخویصرة) دەهێنێت کە بە پێغەمبەری وتبوو (لە خوا
بترسە)..تاد. میسری قسەکە بۆ دوو سەرچاوە دەگەڕێنێتەوە کە یەکێکیان
(الملل والنحل، ج ١ ل ١١٥)ی ١٠ (شەهرستانی)یە لەکاتێک ئەو چیرۆکە لای
شەهرستانی نییەو تەنها ئەوەی تیایە کە ناوبراو یەکەم کەسی خەوارج بوو.

میسری چیرۆکێکی تر دەگێڕێتەوە لەبارەی فەرمانی پێغەمبەر کە کابرا
بکوژرێت بەڵام ئەبوبکر بۆی نەکوژرا چونکە بینی نوێژ دەکات، عومەریش
هەروا، لەکاتێک عەلی کە چوویوو بۆ کوشتنی بینی لەو شوێنە نەماوە..
هەرچەندە چیرۆکێکی وا هەیە بەڵام دیسان لای شەهرستانی نییە.. ڕیوایەتی
سەحیحیش هەن بە جۆرێکی دیکەن، یەکێک لەوانە تیا هاتووە خالد کوڕی
ئەلوەلید داوا دەکات بیکوژێت بەڵام پێغەمبەر دەڵێت نەخێر ئەوەکو کەسێکی
نوێژکەر بێت (واتە سەرباری قسە نابەجێکەی نوێژکردن دەپارێزێت)،
خالدیش دەڵێت: چەند کەس هەن نوێژ دەکەنو ئەوەی بە زمان دەیڵێن بە دلّ
نایڵێن، پێغەمبەریش پێی دەڵێت: فەرمانم پێنەدراوە دلّی خەلك بگەڕێم یان

سکیان هەڵبدرم.[11]

ناکۆکییەکانی نێوان موسڵمانان

میسری چونکه شارەزایی له مێژووی ئیسلام نییه قسەیەك دەكات گوایه خاڵە بەسەر مێژوونووسانی ئیسلام گرتووەتی: ئەو باس له ناکۆکییەکانی ناو موسڵمانان دەكات كه مەسەلەی دەسەڵاتو ڕابەرایەتی یەكێك له هۆیه سەرەكییەكانی ناکۆکی بوو و ((تەنانەت مێژوونووسانی ئیسلام نەیانتوانیوه خۆیانیان لەو دیاردەیه ببوێڕن))(ل٢٧). مێژوونووسانی ئیسلام لەو قسەیەی میسری بێئاگان بەلایانەوه ئاسایی بووه باسی ئەو ڕووداوه بکەنو یەكێكی وەك تەبەری هەرچییەكی دەستکەوتووه تۆماریکردووه، خۆ ئەگەر بیانویستایه ئەو باسانه پشتگوی بخەن كیّ دەستی دەگرتن؟ ڕاستە تەرەفگیری له كاری هەندێك لەو مێژوونووسانه دیاره، بەڵام سەرجەمی مێژوونووسینی ئیسلامی دووره لەو مەنهەجی مێژوونووسینەی له میللەتانی تر دیاره، مەبەست ئەوانەی تێیان مێژوونووسین بریتی بووه له كارنامەی پادشایان هەروەك لای ئاشوورییەكانو بابلییەكانو فارسەكان. سەربەخۆیی مێژوونووسینی ئیسلامی هاوشێوەی له مێژوونووسینی یۆنانو ڕۆمای كۆن هەبووه.

میسری ئێنجا باسی چەند نموونەیەكی ناکۆكیی نێوان موسڵمانان دەكات(ل٢٧ بەدواوه) ناشزانین چاوەرێی چی دەكرێت؟ كۆمەڵگەی موسڵمان هیچ ناکۆكیەكی تیا نەبێت؟ قورئان خۆی باسی ناکۆكیی مرۆڤەكانی كردووه

---

[11] صحیح تاریخ الطبري، ٢، ص٣١٠-٣١١، پەراوێزی موحەققیق، صحیح البخاري، ج٥، كتاب المغازي، صحیح مسلم، ج٣، كتاب الزكاة، باب ذكر الخوارج وصفاتهم.

کە ویستی خودای لەسەر بووە، پێغەمبەریش باسی دواڕۆژی بۆ موسلّمانانی سەردەمی خۆی کردووە کە ناکۆکیو تەنانەت خوێنرشتنیش دەکەوێتە ناو موسلّمانان، ئاشکراشە ئەمە واقعیترە لەو وێنەیەی بۆ دواڕۆژێکی بێ ناکۆکی دەکێشرێت.

ئاژاوەکەی کاتی عوسمان کوڕی عەففان

موبالەغە نیشانەیەکی ڕەخنەی نازانستییە. میسری ئەو موبالغانە دووبارە دەکاتەوە:

میسری دەنووسێت: لە سەردەمی عوسمان خەلیفە بەپێش چاوی خەلکەوە لەهەمووان زیاتر هەلپەی سامانو داراییو مالّی دونیای دەکرد(ل٣٢).

ئەمەش زانیاری نییە بەلکو وڕێنەیە چونکە ئەوانەی دژ بە عوسمان وەستابوونەوە ڕەخنەی تریان لێدەگرت وەک: عوسمان نوێژی کورت نەدەکردەوە (کورتکردنەوەی نوێژ بریتییە لە کردنی دوو ڕکعات لەجیاتی چوار بۆ موسافر) کاتی سەفەرکردنی بۆ مەککە، پێغەمبەر (ئەلحەکەم)ی نەفی کردبوو و عوسمان گەڕاندییەوە، عوسمان بەرپرسیارێتیی دەدایە گەنجەکان... عوسمان وەلّامی هەموو ئەوانەی دایەوە، ئەوەش کە پەیوەندیی بە لایەنی داراییەوە هەیەو گرنگ باس بکرێت ڕەخنەکەیان کە پارەی دەدایە خزمانی خۆی، ئەویش وەلّامی دایەوە کە ئەو بەخششەی لە مالّی خۆی نەک لە بەیتولمال دەدا، هەروەها ڕەخنەکەیان کە پاوانی فراوان کرد، وەلّامی ئەویش ئەوە بوو کە ئەوە پێش خۆی کرابوو و بۆ لەوەری ئاژەلەکانی زەکات بوو و کاتێک ئاژەلەکانی زەکات زیادیان کرد ئەویش فراوانیی کرد، وتیشی هەموو کەسێک دەزانێت کە کاتێک ئەو بووە خەلیفە زۆرترین ژمارەی حوشترو مەڕی

هەبوو بەلام ئێستا (واتە پاش دوانزە سالّ خیلافەت) تەنها دوو حوشتری ماوە کە بۆ سەفەری حەجکردنی خۆی دایناون.[12]

ئیتر خوێنەر خۆی ئەو رەخنانەی دوژمنانی عوسمانو وەلّامی عوسمان بەراورد بکات لەگەلّ قسەکەی میسری ((عوسمان بە بەرچاوی خەلکەوە لەهەموان زیاتر هەلّپەی سامانو داراییو مالّی دونیای دەکرد)) بۆ ئەوەی بزانێت کە وشەی ورێنە وەسفی پرپەپێستی ئەو جۆرە قسانەیە.

بێگومان هەلّوێستی دروست لە فەرمانرەوایی عوسمان نابێت لە جۆری رەخنەکانی دوژمنانی بێت، ناشبێت وەك هەلّوێستی ئەوانە بێت بەدوای بەهانەی دوور لە واقع دەگەرێن وەك باسکردنی (عەبدوللّا کوری سەبەء) کە جوولەکە بوو و موسلّمان ببوو کە گوایە سەرچاوەو هۆی سەرەکیی ئاژاوەکە بوو. لاوازیی ئەو تەفسیرە لەوەیە وەلّامی ئەو پرسیارە مەنتقییە ناداتەوە: ئەگەر کۆمەلگەی موسلّمان ئامادەی ئاژاوەکە نەبێت چۆن پیلانی تاکە کەسێك بەو شێوەیە کاری تێدەکات؟

لەبەرئەوەش کە باسکردنی هۆکانی ئاژاوەی کاتی عوسمانو دوای ئەو کاتە پێویستە بەلّام لەهەمان کات دەرچوونە لە مەبەستی کتێبەکەمان ناچارین تەنها بەکورتی بەشێکیان بخەینە روو:

۱-فراوانبوونی ولّات: فەزیلّەت لەناو شارێکی بچووك زیاتر لە ولّاتێکی گەورە دەپارێزرێت. فراوانیی ولّات بەو شێوەیەی دەولّەتی خیلافەت کە لە نزیك چینەوە تا ئەندەلوس دریژ بووەوە سەدان کێشە لەگەلّ خۆی دەهێنێت.

۲-ئاژاوەگێرەکان سوودیان لە نەرمیی عوسمان وەرگرتبوو. ئەوانە

<hr>

[12] بروانە صحیح تاریخ الطبري، ۳، ص۳۲۸ بەدواوەو بروانە لێدوانی موحەققیقی کتێبەکە، د. موحەممەد بەرزنجی، لەسەر ئەوە، ل۳۲۹ بەدواوە.

نەیاندەتوانی بەو جۆرە لە سەردەمی عومەر رەفتار بکەن ئەویش نەك لەبەر ئەوەی عومەر رەخنەی قبوولّ نەدەکرد (نموونەش هەن لەسەر رەخنەگرتن لێی) یان گوێی بۆ کەس نەدەگرت (زانراویشە چەند جارێك والییەکان بەتایبەتی هی کووفەی لەسەر داوای خەلك دەگۆرِی) بەلّکو لەبەر ئەوەی رێگەی بە ئاژاوە نەدەدا.

٣– دەولّەمەندبوونی کۆمەلگە: دەولّەمەندی هەروەك هەژاری لە بارودۆخێکی دیاریکراو دەرگای گەندەلّی دەکاتەوە. نیشانەیەکی گەندەلّیی کۆمەلگە بریتییە لە دنیاویستی. عومەر رێگەی بەوە نەدەداو نەرمیی نەدەنواند، خۆیشی کردبووە نموونە بۆ کەسانی خوار خۆی. ئەو تەنانەت نەیدەهێشت تیرەی قورەیش، هەرچەندە خۆشی قورەیشی بوو، ببنە کەلّەگا بەسەر موسلّمانانەوە، بەلّام عوسمان نەرمیی نواندو کەسانێکی زۆر هەبوون سوودیان لەو نەرمییە وەرگرتبوو.

٤– تاقمی کاریگەر: چ لە کۆمەلگەی موسلّمانانو چ لە حزبە ئیسلامیەکانیش چوار تاقمی سەرەکی هەن: مەبدەئییە میانرەوەکان(بە واتا ئیسلامییەکەی میانرەوی)، مەبدەئییە پەرگیرەکان، دونیاویستەکان، پاشان ئەوانەی هەلّوێستی دیاریکراویان نییەو تەماشای سێ تاقمەکە دەکەن. لە حالّەتی عوسمان تاقمی دووەمو سێیەم کاریگەرتر بوون، دنیاویستەکان چالاك بوون، دنیاویستەکانیش دەورِی عوسمانیان دابوو و دوای کوشتنی قەزییەکەیان هەلّگرت. مەبدەئییە پەرگیرەکان هەموو لایەنێکیان رەفز دەکردو دەیانویست دیدی خۆیان بسەپێنن، بەلّام مەبدەئییە میانرەوەکان کە زۆربەی صەحابییەکان بوون لەو کێشەیە چالاك نەبوون ئەویش لەسەر داوای عوسمان کە قبوولّی نەدەکرد خوێنی کەس لەبەر پاراستنی ژیانی ئەو بِرێژرێت.

عوسمان نیوەی رێگەکەی هەڵبژارد، لەلایەك لەبەر هەیبەتی خیلافەت لەسەر کار لانەچوو، لەلاکەی تریش نەویست کەس بە شەر دیفاعی لێبکاتو خوێنی موسڵمانان بڕێژرێت. بەم شێوەیە مەبدەئییەکان کە لەئەسڵ حەزیان بەو ئاژاوەیەی نێوان موسڵمانان نەدەکرد زیاترو زیاتر، بەهۆی فەرمانەکەی عوسمان، دەستیان گیرابوو، لەئەنجامیش تەنها دونیاویستەکانی دەوری عوسمانو مەبدەئییە پەرگیرەکان مانەوە، ئەو دوو تاقمەش بەسن بۆ ئاژاوەنانەوە.

جیاوازیی چینایەتی

میسری پشت بە نەشارەزایی خۆیەوە دەبەستێتو دەڵێت: سەرکردەکان کە زۆربەیان لە یارانی پێغەمبەر بوون هەرچی خۆشیو لەزەتێکی دونیایی هەبوو بۆ خۆیان فەراهەمیان کرد(ل٣٢).

با بزانین ئەمە چۆن بوو.

ئەوە ڕاستە ئەگەر دابەشکردنی دەستکەوتەکانی شەر رێگەی بە سەرکردەیەك دەدا لە سەربازەکان زیاتر وەربگرێت، بەڵام زانراوە کە بەشی گەورەی دەستکەوتەکانی شەر کە دەکاتە چوار لەسەر پێنج بەسەر جەنگاوەران دابەشدەکراو باقییەکەی دەگەرایەوە بەیتولمال. جگەلەو نەزانییەش میسری نازانێت جیاوازیی نێوان دەستکەوتەکانی شەر کە بەسەر جەنگاوەران دابەش دەکرانو (عطاء) چییە بۆیە دێت شێوەی دابەشکردنی (عطاء) دەنووسێت کە تەنها لەکاتی عومەر جیاوازیی تیا بوو و وادەزانێت ئەمە دەستکەوتەکانی شەڕە. ئەو دەنووسێت کە دابەشکردنی غەنیمەکانی شەر لە سەردەمی فتوحات دەبوایە ڕەچاوی سێ بنەمای بکردایە: یەکەم پلەی خزمایەتی لە پێغەمبەر، دووەم سەردەمی موسڵمانبوونو ئاستی خزمەت

بە ئیسلام، سیّیەمیش ئەو کەسانەی ڕابوردوویەکی باشیان نەبووە بەڵام ئازابوونو لە جیهاد دەوریان هەبووه(ل٣٢).

پیّویستمان بە نەفەسیّکی دریّژە بۆ وەڵامی ئەم تیّکەڵییەی کە میسری بە نەشارەزایی خۆی کردوویەتی:

یەکەم-ئەو سیّ بنەمایەی باسی کردوون یەك ئاستیان نەبووە، واتـه کۆمەڵەی یەکەم زۆرتریان وەرگرت، دووەم کەمتر، سیّیەم کەمتر، بـەم شیّوەیەش دەبوایە خزمانی پیّغەمبەر دەوڵەمەندترین کەس بوونایە بەڵام ئەمه ڕاست نییه لەبەرئەوەی ئەو پارەیەی بەو کەسانە دەدرا (عطاء) بوو واتـه مووچەی ساڵانه کە هەموو موسڵمانیّك گەورە بیّت یان بچووك، پیاو بیّت یان ئافرەت وەریدەگرتو جیاوازیی ئەو مووچه ساڵانەیه ئەو جیاوازییـه گەورەیـه نەبوو کە ببیّتـه هۆی ئەوەی سامان لـه ((چنگی توێژیّکی کۆمەڵایـەتی کۆبکاتەوه)) وەك میسری دەڵیّت.

عومەر زۆرتری دەدا بە نزیکترین کەسانی پیّغەمبەر وەك ژنەکانی کە بەپیّی هەندیّك ڕیوایەت یەکی دە هەزار (یان دوانزه هەزار) درهـەمی پیّ دەدان، هـەروەها خزمانی نزیکی پیّغەمبـەر وەکو عەبباسی مامی کە ٢٥ هەزاری دەدایەو لە ڕیوایەتی تر ١٢ هەزار بوو، تا خزمایەتییەکەش دوورتر دەکەوتەوه کەسەکان کەمتریان بەردەکەوت،[١٣] پاشان ئەو کەسانەی بەشدارییان لە شەڕی بەدر کردبوو کە یەکی پیّنج هەزار درهـەمیان پیّدەدرا، دواتـر ئەوانـەی دوای شەڕی بەدر تا صوڵحی حودەیبیه (چوار هەزار درهـەم)... تا دەگەیشتـه ئەوانەی دووسەد درهەمیان وەردەگرت. بڕی ئافرەتانیش جیاواز بوو: ژنانی

شەڕی بەدر پێنجسەد درهەم (واتە بەپاڵ ئەوەی مێردەکانیان پێنج هەزاریان
وەردەگرت ئەوانیش ئەو بڕەیان بەردەرکەوت ئەگەرچی بەشداریی شەڕەکەیان
نەکردبوو)، پاشان بڕەکە بۆ ئەوانی تر دەبووە چوارسەد تا دەگەیشتە دوو
سەد درهەم وەکو پیاوانی تر، مندالْانیش یەکی سەد درهەم بوو..[١٤]

ئەو جۆرە دابەشکردنە، وەك وتمان، تەنها لەسەردەمی عومەر بووە،
لەکاتێک سێ خەلیفە ڕاشیدەکەی تر ئەو جیاوازییەیان نەدەکرد. بەلْگەی
عومەریش لەسەر ئەو ئیجتیهادەی ئەوە بوو ناکرێت ئەو پارەیەی بە کەسێکی
دەدات کە کاتی خۆی شمشێرەکەی دژ بە پێغەمبەر هەلْدەگرت ئەوەندەی ئەو
پارەیە بێت کە بە کەسێکی دەدات بە شمشێرەکەی بەرگریی لە پێغەمبەر
دەکرد. بەلْام وەك وتمان هێشتا لە هەردوو حالْەتە جیاوازییەکە ئەو گەورەیە
نەبوو و بڕەکە ئەو زۆرە نەبوو سامان بخاتە دەست کەسانێکی دیاریکراو.
سیاسەتی دارایی عومەریش نەهێشتنی خڕبوونەوەی سامان لەدەستی
کەسانێکی کەمی کۆمەلْگە بوو، لەبەرئەوەش بوو قبوولْی نەکرد زەوییەکان
سەوادی عیراق بەسەر جەنگاوەران دابەش بکات چونکە دەیوت ئەو کەسانەی
بەشداریی فتووحاتیان کردووە هەموو زەوییەکە دەبەنو نەوەکانی دوای
ئەوان کە دێن دەبینن زەوی لەدەستی کەسانێکی دیاریکراوی کەمدانو خۆیان
خاوەنی هیچ نین. عومەر زەوییەکانی لەدەستی خاوەنەکانیان هێشتەوەو
خەراجی خستە سەریان تا ئەو خەراجە بەسەر هەموو موسلْمانان دابەش
بکرێت، بەم شێوەیەش نەوەکانی دوای نەوەی جەنگاوەرانو مندالْەکانیان لەو
داهاتە گشتییەی دەولْەت سوودمەند دەبن.

---

[١٤] بڕوانە صحیح تاریخ الطبری، ٣، ل ٢١٣ بەدواوە هەروەها تەعلیقی بەرزنجی..
ڕیوایەتەکان جیاوازیی بڕیان تیایە.

دووەم-میسری بێئەوەی بەخۆی بزانێت شتێكو دژەكەی لەیەك لاپەڕە دەلّێت. ئەو باسی ئەو ئیمتیازانەی گوایە عوسمان دابووی بە (بەنو ئومەییە) بەتایبەتیو قورەیش بەگشتی ئینجا باس دەكات كە چۆنێتیی دابەشكردنی دەستكەوتەكانی شەڕ حەقیقەتی ئەو سیاسەتەی عوسمان دەردەخات(ل٣٢) ئینجا هەر میسری خۆی وەك لەسەرەوە باسم كرد باسی سێ بنەمای دابەشكردنەكە دەكات كە تەنها سێیەمیان خزمانی عوسمان دەگرێتەوە ئەویش بەشێوەیەكی زۆر كەم (ئازایەتیو دەوری گەورە لە جیهاد)، دووەمیش دیسان كەمێك لە خزمانی عوسمان دەگرێتەوە چونكە تەنها بەشێكی بەنو ئومەییە لە موسلّمانە كۆنەكان بوون، دیارە بەشی یەكەمیش بەنو ئومەییە ناگرێتەوە چونكە تیرەی بەنوهاشم خزمانی ڕاستەوخۆی پێغەمبەر بوون (پێغەمبەریش بەنو عەبدولموتەلیبیشی خسته ناو ئەو خزمی ڕاستەوخۆی خۆی).

میسری دەیەوێت بەزۆر بلّێت سیاسەتی عوسمان سامان لەدەستی بەشێكی كۆمەلّگە خڕكردەوە، خواستی لەم جۆرەش لەگەلّ نەزانی كە تێكەلّ بەیەك دەبن شتی عەجیبیان لێ دروست دەبێت.

هەرئەو خواستەو ئەو نەزانییەشە وای لێیكرد لە لاپەڕەی دوای ئەوە بلّێت بانگەشەی خەواریج لەناو ئەوانە بلّاویبووەوە كە درەنگ چوویوونە ناو ئیسلامو لە شەڕو شۆڕی فتوحات شتێكی ئەوتۆیان پێ نەبڕابوو(ل٣٣) هەر لەو لاپەڕەیەش دەلّێت (بەنو تەمیم)و (بەكر) لەڕیزی پێشەوەی ئەوانە بوون كە بە خەوارجەوە پەیوەست بوون، ئینجا دەلّێت: ئەم خێلّانەش نە بە خزمایەتی دەگەیشتنەوە پێغەمبەرو نە لە پرۆسەی بلّاوكردنەوەی ئیسلام ڕۆلّی بەرچاویان هەبوو(ل٣٣) بەم شێوەیەش بازنەی نەشارەزایی دادەخرێتو

٦٥

جگه‌ له‌ سه‌رسوڕمان هیچمان بۆ نامێنێته‌وه‌.

ئێمه‌ ده‌پرسین: به‌ڵێ ئه‌وانه‌ بوون به‌ خه‌وارج، به‌ڵام یانی چی ده‌وڕێکی وایان له‌ فتووحات نه‌بووه‌؟ ئایا که‌ی فتووحات له‌ ده‌ره‌وه‌ی وڵاتی عه‌ره‌ب ده‌ستی پێکرد؟ فتووحاتی عیراقو شامو میسرو ئه‌وانه‌ی دوورتر له‌سه‌رده‌می ئه‌بووبه‌کره‌وه‌ ده‌ستیان پێکرد ئه‌ویش پاش سه‌رکوتکردنی یاخیبوونی عه‌ره‌بی له‌ نیمچه‌دوورگه‌ی عه‌ره‌ب، له‌وه‌ش به‌دواوه‌ هه‌موو عه‌ره‌ب له‌ فتووحات به‌شدارییان کرد ئیتر کێ درەنگو کێ زووتر به‌شداریی کرد؟ درەنگو زوویی ماوه‌یه‌کی زۆر که‌م بوو. له‌به‌رئه‌وه‌ش که‌ میسری ئه‌و ڕاستییه‌ی نه‌زانیوه‌ ده‌رکی به‌ واتای ئه‌و وشه‌یه‌ی سه‌رکرده‌ی خه‌وارج نه‌کردووه‌ که‌ وه‌ڵامی (سه‌عید کوڕی ئه‌لعاص)ی دابوو و پێی وتبوو تۆ ده‌ته‌وێت جێگا نووکی ڕمی ئێمه‌و ئه‌وه‌ی خودا پێی به‌خشیوین بکه‌یته‌ باخچه‌ی خۆتو خێڵه‌که‌ت (میسری، هه‌مان لاپه‌ڕه‌). واته‌ سه‌رکرده‌ی خه‌وارج وتبووی که‌ ئه‌وان بوون که‌ عیراقیان گرتبوو.

دوو ((نموونه‌))یه‌که‌ی تر

ئه‌وانه‌ی سه‌ره‌وه‌ به‌سنو له‌کۆتایی باسی خه‌وارج ته‌نها ئه‌وه‌ ده‌ڵێم گوایه‌ ڕه‌خنه‌که‌ی میسری (سۆسیۆلۆژییه‌) به‌ڵام ته‌نها له‌ باسی خه‌وارج خۆی له‌ کۆمه‌ڵناسی ده‌دات ئه‌ویش زۆر به‌سووکو به‌سه‌رپێییو بێ قووڵبوونه‌وه‌، به‌ڵام که‌ دواتر ده‌چێته‌ سه‌ر گرووپه‌ ئیسلامییه‌ نوێو هاوچه‌رخه‌کان به‌لای کۆمه‌ڵناسی ناڕواتو بابه‌ته‌که‌ی ده‌بێته‌ هێرشو ڕه‌خنه‌ چونکه‌ ئه‌مانه‌ هاوچه‌رخنو پێویسته‌ ((پشتیان بشکێنرێت))، ئه‌و به‌هانانه‌ش که‌ به‌ده‌ستی خه‌وارجه‌وه‌ هه‌بوون، که‌ ئه‌وانه‌ دژی سته‌مو دژی جیاوازیی چینایه‌تی..تاد بوون، له‌ بابه‌تی کۆمه‌ڵه‌ ئیسلامییه‌ نوێو هاوچه‌رخه‌کان ده‌بنه‌ هه‌ڵمو کۆمه‌ڵه‌

ئیسلامییەکان دەبنە توندڕەو و تیرۆریستو هیچ بەهانەیەکیان بۆ نامێنێت.

ئایا مەسەلە ڕقی پێشوەختی میسرییە لەو بزوتنەوانە یان مەسەلەکە ئەوەیە ئەو سەرچاوانەی کە میسری شتی لێ نەقلّ کردوون بەو شێوەیە مامەلّەیان لەگەلّ هەردوو زەمەنی خەوارجو سەردەمی ئێستا کردووە و میسری بێنەوەی ئاگای لێ بێت هەمان مامەلّەی کردووە؟ وای بۆ دەچم ئەمەشیانو ئەوەشیان بێت.

پاش تەواوکردنی باسی خەوارج میسری دەچێتە سەر دووەم ((نموونەی بەرجەستە لە مێژووی ئیسلام)) بۆ ئەوەی دواتر ئەمەو دوو نموونەکەی تر لەگەلّ ((ڕەوتە مەزهەبییەکان))ی ئەم سەردەمەمان بەراورد بکات تا ((بیسەلمێنێت)) کە بنەما فیکرییەکانیان یەکدەگرنە، بەتایبەت کە ئەو ڕەوتانە بانگەشە بۆ گەڕانەوە بۆ ئەسلّ، گەڕانەوە بۆ جێبەجێکردنی دەقەکانی شەریعەت، دەکەن(بڕوانە ل۲٥).

بەرلەوەش ئەو ((نموونە دووەمە بەرجەستەیە)) بناسین پێویستە بپرسین نموونەی بەرجەستە لەسەر چی؟ میسری هیچ ناڵێت. ئەمانە تەنها نموونەنو بەس ئەگینا ناتوانین هەرسێکیان بخەینە ناو لیستی یەک شت چونکە خەوارج فیکر بوو هەروەها چەند گرووپێک بوو. ((نموونەی دووەم)) لای میسری بریتییە لەو فەقیهانەی باسی فەرمانڕەواییان کردووە: (غەزالی، ماوەردی، شافعی). ((سێیەم نموونە))ش بزوتنەوەیەکی فیکری بوو لە سەدەی نۆزدەم خۆی لەچەند کەسایەتییەک دەبینییەوە: (ئەفغانی، عەبدە، ڕەزا)و لەهەندێ حالّەت بزوتنەوەکە دەبووە ڕەوتێکی سیاسی. ئەگەر مەبەستیشی نموونەن لەسەر ((ئوسوولییەت))و ئەگەر ئەمانە لە مەسەلەی گەڕانەوە بۆ ئەسلّ، واتە جێبەجێکردنی دەقەکانی شەریعەت (قورئانو سوننەت) یەکدەگرن (وەک لە

لاپەرە ٢٥ باسی دەکات)، ئەو کاتە هەڵایەکی گەورەتر دەبینین چونکە ئەگەر کۆمەڵە نوێکان بیانەوێت شەریعەت جێبەجیٚ بکەن، رەوتە کۆنەکانو فەقیهـ کۆنەکان کەمتر بـەوە ناسراون چونکە وجووبی جێبەجێکردنی دەقـەکانی شەریعەت لە سەردەمە کۆنەکان جێگەی موناقەشە نەبوو، پاشانو سەبارەت بە خەوارج ئەوان بە گەرانەوە بۆ قورئانو سوننەت نەناسرابوون لەبەرئـەوەی قورئانو تەفسیرەکەیو سوننەتو فەرموودەکان لای صەحابییەکان هـەبوون نەک لای خەوارج. سەبارەت بە فەقیهانیش دیسان مەسـەلەی جێبەجێکردنی شەریعەت تەرح نـەکرابوو چونکە جێگەی موناقەشـە نەبووە، تـەنها رەوتە ئیسلامییە نوێکان دەگونجێت بە داواکاری جێبەجێکردنی شەریعەت ناوبربرێن، لەکاتێک گەرانەوە بۆ قورئانو سوننەت داواکارییەکی فراوانترەو پێش ئەوانیش هـەبووە بەڵام بۆ مەبەستی جیاواز؛ کۆنەکان داوایـان دەکرد ئـەو گەرانەوەیە هـەبێت بۆ نەهێشتنی بیدعە لەلایـەکو بۆ کەمکردنـەوەی زاڵبوونی مەزهـەبی فیقهی بەسەر سوننەت، لەلایەکی سێیەمیشەوە بۆ پاککردنەوەی عەقیدە لـە (علم الکلام)و پاککردنەوەی ئیسلام لە فەلسەفە..تاد.

شێواندنی مارکسیەت

هـەروەکو باسی خەوارجیش ناکرێت دێر بەدێری کتێبەکەی میسری رەخنە لەو دێرانە بخرێنـە بـەردەم خوێنـەرو ناچارم تـەنها چـەند شتێک لـەو باسـە هـەڵبژێرم.

میسری دەیەوێت وەکو مارکسییەک قسە بکات، میسریش نەک تەنها وەکو مارکسییەك ناژی بەڵکو فیکری مارکسیش دەشێوێنێت. میسری دەنووسێت: ((دەوڵـەتی خیلافـەت کـە بەحـەق ئاوێنـەی پەیوەندیی بەرهـەمهێنانی دەرەبەگایـەتی بـوو، سیسـتەمێکی سیاسیی گونجاوی بۆ خۆی فەراهـەم

کرد))(ل ٤٧).

بەپێی تیۆری مارکس بونیاتی کۆمەلّایەتی (کە زیاتر مەبەست لێی بونیاتی ئابووریە) ژێرخانە کە سەرخانی خۆی بەرهەمدەهێنێت، ئەو سەرخانەش خۆی لە یاسا فیکرو فەلسەفەو هونەرو ئاین.. تادوا دەبینێتەوە، لەناو ژێرخانیش هۆکانی بەرهەمهێنانی هەن کە گەشەسەندنی ئەمانە پەیوەندییەکانی بەرهەمهێنان دیاری دەکەن، بۆ نموونە لە سیستەمی کۆیلایەتی هۆیەکانی بەرهەمهێنان (ئامێرەکان، هەروەها مرۆڤەکان) لە ئاستێکی دیاریکراوی پێشکەوتن بوونو بەپێی ئەو ئاستەش پەیوەندییەکانی بەرهەمهێنانی ئەو سیستەمە بریتی بوون لە پەیوەندیی نێوان کۆیلەو خاوەن کۆیلەکان، واتە دوو چینی جیاواز کە پەیوەندیی نێوانیان بریتی بوو لەبەکارهێنانو چەوساندنەوە، ئەم ژێرخانەش بوو کە یاساو فەلسەفەو ئاینو هونەرێکی بەرهەمهێنا کە جیاواز بوو لە قۆناغەکەی پێشوو (مەشاعیەتی سەرەتایی)و قۆناغەکەی دوای (دەرەبەگایەتی).

میسری کە دەیەوێت مارکسییانە قسە بکات ئەوە بەسەریەك هەلّدەگێرێتەوەو دەلّێت کە سیستەمی فەرمانڕەوایی خیلافەت بەرهەمی (واتە سەرخانی) پەیوەندییەکانی بەرهەمهێنانی ئەو کاتە بوو (کە ئەمە مارکسییەتێکی دروستە) بەلّام ئەو سەرخانە (کە بۆ خۆی سیستەمێکی سیاسییە) سیستەمێکی سیاسیی گونجاوی بۆ خۆی بەرهەمهێنا (کە ئەمە مارکسییەتێکی سەقەتکراوە).

میسری ئەم جارەی تریش مارکسیەت دەشێوێنێت؛ ئەو دەلّێت کە موجتەهیدان فەتوایان بۆ خزمەتی سیاسەتی ڕەسمیی دەسەلّاتداران دەدا، لەسایەی ئەو بارودۆخەش پەیوەندیی بەرهەمهێنانی دەرەبەگایەتی ڕێژ لە

دوای ڕێژ لاوازتر دەبوو. هێزی بەرهەمهێن بەپێی ڕەوتە مێژووییەکەی گەشەی نەدەکرد و پەرەی نەدەسەند، ئەنجامیش شیرازەی دەسەڵاتی سیاسی لەبەریەك هەڵوەشاو هەر دەسەڵاتدارێکی ناوچەیی لای خۆیەوە بووە دەرەبەگێکی گەورە(ل٤٧).

مەگەر تەنها چاوی ڕەخنە بزانێت چەند هەڵە و ناڕێکی لەو چەند دێڕە هەیە. جارێ لەوە گەڕی كە هەموو موجتەهیدانی ئەوسا پیاوی دەسەڵات نەبوونو تەنانەت دەوڵەت دیكتاتۆرەكانی سەردەمە نوێکانیش نەیانتوانیوە هەموو فەقیهەکان بكەنه فەتوادەری خۆیان، لەوەش گەڕی میسری خزمەتی موجتەهیدان بەدەوڵەت بێ پاساو و بەلگەیەکی تەواو دەكاته هۆی لاوازبوونی پەیوەندییەکانی بەرهەمهێنانی دەرەبەگایەتی. پاش وازهێنان لەوانەش هێشتا زۆر ماوه بوترێت.

وتمان بەپێی مارکسیەت پلەی گەشەسەندنی هۆیەکانی بەرهەمهێنان شێوەی پەیوەندییەکانی بەرهەمهێنان دیاری دەکات بەڵام گەشەسەندنی هۆیەکانی بەرهەمهێنان دەگاته ئاستێك لەگەڵ پەیوەندییەکانی بەرهەمهێنان ناکۆك دەبێتو ئەو ناکۆكییه بە گۆڕانی پەیوەندییەکانی بەرهەمهێنانو هاتنی قۆناغێکی مێژوویی نوێ كۆتایی پێ دێت، بۆ نموونه لە قۆناغی یەکەم كه مەشاعەی یەکەم بوو زەویو ئامێرەکان هی هەمووان بوون، لەمەوه سیستەمی مەشاعیی یەکەم فەرمانڕەوا بوو، بەڵام دوایی بەهۆی جەنگەوه ژمارەیەك مرۆڤ بوونه دیلی جەنگ، سەركەوتووانیش لەجیاتی کوشتنی دیلەكان کردیاننه کۆیلەو ئیشیان پێکردن، ئیتر هۆیەکانی بەرهەمهێنان گۆڕانو لەجیاتی هەرەوزیی مەشاعەی یەکەم هێزی کاری کۆیلەكان بەربڵاو بوو و پەیوەندییەکانی بەرهەمهێنان گۆڕانو دوو چین پەیدا بوون، چینی

کۆیلەکانو چینی خاوەن کۆیلەکان.

بەپێی مارکسیەت ئەو ناکۆکییەی نێوان گەشەسەندنی هۆیەکانی بەرهەمهێنانو پەیوەندییە کۆنەکان بەرهەمهێنان بۆ چوار قۆناغە مێژووییەکەی دوای مەشاعەی یەکەمیش هەر ڕاستەو بەم جۆرە: کۆیلایەتی کە چووە جێگەی مەشاعەی یەکەم بەڵام دوایی ئەو ناکۆکییەی تێکەوتو بوو بە قۆناغی دەرەبەگایەتی، ئینجا دەرەبەگایەتی پاشان بورجوازییەتی، دوای بورجوازییەتو سەرمایەداریش چاوەڕی دەکرێت هەمان شت ڕووبداتو سۆشیالیزم بێتە دی.[15]

میسری جارێکی تر مارکسیەت دەشیوێنێت کاتێک ((لاوازبوون))ی پەیوەندییەکانی بەرهەمهێنان ناگەڕێنێتەوە بۆ گەشەسەندنی هۆیەکانی بەرهەمهێنان بەڵکو بۆ فەتوای موجتەهیدان کە لە خزمەتی دەسەڵاتدان، ئەمەش نوکتەیە نەك شیکردنەوە، پاشان نەمانبینی میسری بلێت هۆیەکانی بەرهەمهێنان گەشەیان دەسەندو پەیوەندییەکانی بەرهەمهێنان بوونە کۆسپ لەبەردەم ئەو گەشەسەندنە، ئەو تەنها دەلێت کە ئەو هۆیانە گەشەیان نەسەند، سێیەمیش ئەو لە لاوازبوونی هۆیەکانی بەرهەمهێنانی دەرەبەگایەتیو گەشەنەسەندنی هۆیەکانی بەرهەمهێنان ئەنجامێکمان دەداتێ کە بریتییە لە هەڵوەشانی دەسەڵاتی سیاسیی خیلافەتو دروستبوونی دەرەبەگەکانی دەسەڵاتە ناوچەییەکان، واتە سیستەمی دەرەبەگایەتی نەفەوتا.. هەموو ئەوەش بێئەوەی بزانین پەیوەندیی چییە لەنێوان

---

[15] دەلێین ((بەپێی مارکسیەت)) بەڵام مارکسیەت کێشەی هەیە لە چەسپاندنی ئەو بۆچوونە، بۆ نموونە هیچ گۆڕانکارییەکی بنەڕەتی بەسەر هۆیەکانی بەرهەمهێنان لە کۆتایی قۆناغی کۆیلایەتی نەهات تا لەگەڵ پەیوەندییەکانی بەرهەمهێنان ناکۆك بێت.

گەشەنەسەندنی هۆیەکانی بەرهەمهێنانو لاوازبوونی پەیوەندییەکانی دەرەبەگایەتیی بەرهەمهێنان (هەر مەگەر بلێین میسری موجتەهیدێکی مارکسییە)و بێئەوەی هیچ پەیوەندییەکی مەنتیقی ببینین لەنێوان ئەو لاوازییە و ئەو گەشەنەسەندنە لەلایەكو هەلوەشانی دەسەلاتی سیاسی لەلاکەی تر، دەشلێم ((پەیوەندیی مەنتیقی)) نادۆزینەوە چونکە ئەوە براوەتە کە پەیوەندییەك نادۆزینەوە لەسەر بنەمای فیکری مارکس (لەراستیش پەیوەندییەکە بەپێی مارکسیەت پێچەوانەی قسەکەی میسرییە).

هۆی ئەو ئیجتیهادە سەقەتەو ئەو دیالێكتیکە مارکسییە هەزەلییەی کە بەسە بۆ ئەوەی مارکس، ئەگەر ئێستا زیندووبێتەوە، بخاتە گریان ئەوەیە میسری دژی دەولەتی خیلافەتەو دژی موجتەهیدانیشە، دژی شەریعەتیشە، بۆیە هەموویان لە لیستی رەشنو پێویستە سیغەی تەرحەکەشی تاوانبارکردنی هەموویان بێت.. ئیتر چش لە مارکسو تیۆرەکەی.

موجتەهیدو دەسەلات

میسری حەز دەکات موجتەهیدان ناشیرین بن بۆیە سیفەتی خزمەتکردنی دەسەلاتیان دەخاتە پال بەلام ئەگەر وەکو رێبوارێك مامەلەی لەگەل مێژوو نەکردایە دەیزانی کە زۆربەی زانا گەورەکان کێشەیان لەگەل دەسەلات هەبوو، تەنانەت خاوەنەکانی هەر چوار مەزهەبە گەورەکە واتە ئەحمەدو شافعیو ئەبو حەنیفەو مالك بەشی خۆیان ئازاریان بەدەست دەسەلاتەوە چەشتبوو. رێزی زانایانیش لە کۆمەلگەی ئیسلامی هێندە گەورە بوو پێویستیان بە پلەوپایەی دەسەلات نەبووە، وەکو وتیشم تەنانەت لەم سەردەمەی خۆمان دیکتاتۆرەکان نەیانتوانیوە هەموو زانایانو مەلایان بکرن.

دەسەلاتی خەلیفە

خەیالّەکانی میسری تەنانەت دەیخاتە هەلّەی وا کە قوتابییەکانی قۆناغی یەکەمی مێژوو نایکەن، ئەوەتا ناوی قۆناغی دووەمی عەبباسییەکان دەبات کە تیا بێتوانایی خەلیفە گەیشتە ئاستێك سەرکردەو سەرلەشکرەکانی سوپا بەئارەزووی خۆیان هەلّیاندەسووراند، سیّ نموونەش دەهێنێتەوە کە یەکێکیان شیعرێکی خەلیفە (مەهدی)یە کە تیا لەخودا دەپارێتەوە لەو نازو ونیعمەتە نائومێدی نەکات..(ل٤٨). هەلّەکە لێرە ئەوەیە مەهدی باوکی (هارون ئەلرەشید)ە، خۆ ئەگەر میسری لەوەش تێناگات ناچارین پێی بلّێین لە سەردەمی مەهدی خەلیفە ئەوپەری دەسەلّاتی هەبووە، سەیریش لەوەیە هەموو باسەکەی میسری لەو شوێنە تایبەتە بە هەلّوەشانی دەسەلّاتی سیاسی خیلافەتو دروستبوونی دەسەلّاتە ناوچەییە نیمچەسەربەخۆکان کەچی شیعرەکەی (مەهدی) باسی نازونیعمەت دەکات.. وادیارە میسری وایزانیوە مەهدی لەوە ترساوە دەسەلّاتدارێك ئەو نازونیعمەتەی لیّ بسەنێت بۆیە ئاوا لەخودا دەپارێتەوە. دەبوایە میسری لەجیاتی نەقلّی کوێرانە بیزانیایە سەردەمی مەهدی لەرووی دەسەلّاتی خەلیفەوە چۆن بووە، هەروەها شیعرەکەی وردتر بخوێنایەتەوە تا بزانێت شیعرەکە باسی خۆشیی گوزەران لەناو گۆرانیو رەزو کەنیزەك دەکات، هەروەها لەگەلّ (ئەبو حەفص) کە (نەدیم)ی مەهدی بووە واتە کەسی نزیکی مەجلیسی خۆشیو کاتبردنەسەری بوو.[١٦]

تەسەووف

میسری پاش ئەوە دەلّێت کە دامەزراوەی فیقهی کە زانیانی سوننە

---

١٦ بروانە: السیوطي، تاریخ الخلفاء، ل ٢٤٣. بێگومان ئەگەر شیعرەکە راست بێتو هەلّبەستنی حیکایەتخوانەکان نەبێت.

بەرێوەیان دەبرد، کە موجتەهیدی رەسمیی دەوڵەت بوون، رەوبەرەوەی دوو ناکۆکی بوو: یەکەمیان ناکۆکیی نێوان خودی موجتەهیدان کە رۆژ لەدوای رۆژ قووڵتر دەبووەوە، دووەمیشیان ناکۆکیی تێکرای موجتەهیدەکانی سوننە بەرامبەر سۆفیەت چونکە نەدەبوو لەئاست بزووتنەوەیەکی فیکریو فەلسەفی بێدەنگ بن(ل٤٩).

ئەم خەیاڵەی میسری دەگەڕێتەوە بۆ ئەو وێنەیەی ویستبووی بۆ فەقیهەکانی بکێشێت، پرسیاریشی لە خۆی نەکرد ئەگەر موجتەهیدەکان پیاوی دەوڵەت بن چۆن لەناو خۆیان ناکۆک دەبن؟ ئەگەر واشبێت کامیان لەدەسەڵاتەوە نزیک بوو و کێ لەکۆتایی سەرکەوت. بەڵێ جیاوازی هەبوو لەنێوان موجتەهیدەکان، ئەمەش نیشانەی هەبوونی گیانێکی زیندووە لە جەستەی شارستانیی ئیسلامی. مەزهەب فیقهییەکان دەیان، بەڵکو سەدان مەزهەب بوون (بەڵام میسری وادەزانێت تەنها چوار مەزهەبی سوننە هەیە) ئەوەش وێنەیەکی کاریکاتێرییە کە موجتەهیدەکان دەکاتە فەتوادەری دەسەڵاتو ئەم فەتوادەرانە دەزگایەکی فیقهیی رەسمییان پێکدەهێنا، بەڵام وێنە کاریکاتێرییەکە دەبێتە مەسخەرە کاتێک پێمان دەوترێت ئەو دەزگایە رەوبەرەوی ناکۆکیی نێوان ئەندامەکانی بوو. دیارە خەلیفە لەو کاتە لەڕاو بووە یان لەسەر ئاو!

خەیاڵەکەی تریش ئەو وێنەیەی بۆ سۆفیەتی کێشاوە گوایە بزووتنەوەیەکی فیکریو فەلسەفی بووە، رێبازی سوننەش ئەوەندەی تر نابووت بوو بەتایبەت چونکە نەیدەتوانی لەبواری فیکری رەوبەرەوی ببێتەوە.

قسەکانی میسری نیشانەن لەسەر ئەوەی جەوهەری سۆفیەتی نەزانیوە. سۆفیەت لەئەسڵ کاردانەوەیەکی ئاینی بووە، کاردانەوەیەک دژ بە زاڵبوونی

دونیاویستی لە کۆمەلگەی ئیسلامی، سۆفیەت بەر لە هەموو شتێک تەرکی دونیا بووەو گەیشتە ڕادەی تەرکی ئەو شتانەش کە خودا حەلالی کردوون، لەبەرئەوە فیکری سۆفیگەری فیکری گۆشەگیری لە کۆمەلگە بوو، بۆیە دەسەلات هیچ کاتێک بە هەڕەشەی نەدەزانی، بەپێی میسریش دامەزراوەی فیقهیی سەر بە دەولەت بوو ئەی بۆچی موجتەهیدان بەپێویستیان زانی لێی بێدەنگ نەبن؟ پێویستە میسری دەستبەرداری شتێک بێت، یان ئەوەیە واز لەو خەیالە بهێنێت کە تێکڕای موجتەهیدان فەتوادەری دەسەلات بوون، ئەو کاتەش دەتوانین پاساو بۆ دژایەتیکردنی سۆفیەت بدۆزینەوە، یانیش موجتەهیدەکان لە مەوقعی خۆیان بهێلێتەوە ئەو کاتەش ببنە پشتگیری سۆفیەت، بەلام ئەو هیچیان ناکات بەلکو هەموو شتێکی دەوێت، یان ڕاستتر دەیەوێت هەمووان بە هەموو شتێک تاوانبار بکات ئیتر گرنگ نییە خۆی خۆی بەدرۆبخاتەوە، هەلەیەکی تر ئەوەیە وایزانیوە سۆفییەکان بەشێک نین لە ئەهلی سوننە (بڕوانە دەنووسێت: ڕێبازی سوننە) هەرچەندە سۆفیەت لەناو شیعە هەیە بەلام تەسەووف بەزۆری لەناو سوننەکان بوو کاتێکیش کەسێک دەیوت فلانە کەسی موتەسەووف لە سوننە لایداوە مەبەستی بووە لە دوو سەرچاوەی ئیسلام، واتە قورئانو سوننەت، لایداوە، بەزۆریش مەبەستیان لەلادان لە سوننەت بووە، واتە کارەکان بەپێی سوننەتی پێغەمبەر نین، بۆ نموونە خواردنی خۆشیان لەسەر خۆیان حەرام کردبوو، بەشێکیشیان ژنهێنانیان قەدەغە کردبوو، زۆریەشیان کاریان نەدەکرد، کردنەبەری پۆشاکی پێنەکراویش لایان شانازیو مەرجێکی سوفیەت بووە، نووسینەوەی فەرمووده

یان فێربوونی فیقه لایان مایەی دڵتاریکبوون بوو چونکه علم لای ئەوان له کاغەزەوه وەرناگیرێت بەڵکو بەدڵ وەردەگیرێت..تاد.[17]

میسری له کتێبەکەی تری، کۆمەڵگا له سایەی خەلافەتدا، هەڵەی عەنتیکه سەبارەت به سۆفیگەری دەکات که ناکرێت لێره هەموویان بخەینەرو، هەڵەکانیشی له و هەڵه گەورەیەوه سەرچاوه دەگرێت که ئەو لەسەر بەرهەمی خەلکی تر ژیابوو. یەکێك له هەڵەکانی ئەوەیه باسی دوو جۆر زوهد دەکات، یەکەمیان: ئەوەی سەرەتای ئیسلام ڕێگای خۆخواردنەوەو گۆشەگیریان هەڵبژاردو زۆربەیان یارانی پێغەمبەر بوون(کۆمەڵگا، ل٣٥٧)، که ئەمەیان تەواو پێچەوانەی واقیع بوو چونکه زوهد له سەرەتای ئیسلام گۆشەگیریی تیا نەبوو بەتایبەتی لەناو صەحابییەکان، میسری له (موروه) ئەوەی وەرگرتووه، (موروه)ش باسی شێوازی ژیانی ساکار دەکات نەك گۆشەگیریو خۆخواردنەوه.[18] میسری دەیسەلمێنێت که شارەزاییەکەی له تەسەووف له نەقلکردنی چەند شتێك بەدەر نییه، بۆیه دەڵێت زاراوەی (عارف) لەلایەن سۆفییه ئێرانییەکانەوه دامێنراوه، بۆ پشتگیریش بەیتێكی ماحوی دەهێنێتەوه که شاعیره کوردەکانیش بەو واتایه وشەکەیان بەکارهێناوه(ل٣٦١ پەراوێزی ٢٢) لەکاتێك زاراوەکه تایبەت نییه به سۆفیتیی ئێرانی یان عەرەبیو وادیاره میسری چەند شیعرێکی فارسی خوێندۆتەوه که زاراوەی عارفیان تیایه و وایزانیوه دامێنانێكی ئێرانییه.

---

[17] هەندێك له سۆفییەکان زیاتر لایەنی فیکریو فەلسەفییان گرتبوو بەڵام فیکر لای تێکڕای سۆفییەکان بۆ سلووك، واته بۆ گرتنەبەری ڕێنگەی خۆپاککردنەوەو نزیکبوون له خودا، بوو.

[18] حسین مروّة، النزعات المادية في الفلسفة العربية الاسلامية، ج ٢ ل١٥٠.

پێغەمبەر كۆچەر بوو!

میسری كە تەنانەت نەشیزانیوە كیّ كۆچەر بوو و كیّ شارنشین‌و گوندنشین، چۆن بەتەما بین فیكرەیەكی دروستمان لەبارەی هەر مەسەلەیەكی ئیسلام بداتیّ. ئەوەتا دەلّیّت: ((گومان لەوە نییە كە ڕابەرانی ئیسلام بە پەیامبەرێشەوە عەرەبی كۆچەر بوون...))(كۆمەلّگا، ل٢٧١). قسەیەكە بەسە بۆ ئەوەی مۆزیّكی مەتر بەمەتری نەزانی بەناوچەوانی خاوەنەكەیەوە بدریّت چونكە عەرەبی كۆچەر (ئەعراب)یان پیّ دەوتراو عەرەبە شارنشین‌و گوندنشینەكان ڕەخنە ناشارستانی‌و زبری‌و ڕەفتاری نەشیاویان لیّدەگرتن، چەندین ئایەتیش لەبارەیانەوە هاتووە‌و لە چەندین فەرمووده دەیانبینین. پێغەمبەرانیش لە شار، كە لە قورئان بە وشەی (قریة) تەعبیری لیّكراوە، هەلّدەبژیّردران: ((وَمَا أَرْسَلْنَا مِن قَبْلِكَ إِلاَّ رِجَالاً نُّوحِي إِلَيْهِم مِّنْ أَهْلِ القُرَى – یوسف١٠٩))، تەنانەت مەككە كە شاری پیّغەمبەر بوو بە ((دایكی شارەكان – ام القرى)) ناوبراوە: ((وكذلك أوحينا إليكَ قرآنا عربيا لِتنذر أمَّ القُرى ومَنْ حَوْلها–الشورى٧))، ئاماژەیەكیش هەیە كە پیّغەمبەرانی تریش لە گرنگترین شار هەلّدەبژیّردران: ((وَمَا كَانَ رَبُّكَ مُهْلِكَ القُرى حَتَّى یَبعثَ فِي أُمِّها رسولًا– القصص٥٩)). نەك تەنها پیّغەمبەرێش بەلّكو ڕابەرانی تری ئیسلامیش هەروا شارنشین بوون.

سەرچاوەكانی فیقه

میسری دوایی بازیّكی گەورە دەدات. سەرەتا دەگەریّتەوە سەر كیّشەی ڕابەرایەتیی موسلّمانان‌و نەبوونی دەقیّك لەمبارەیەوە، دواییش هەولّی موجتەهیدانی سوننە بۆ وەلّامی تیۆری (ئیمامەت)ی لای شیعە كە دەبّوایە ئەوانیش بنەمایەكی یاسایی بۆ شیّوەی پەیوەندیی نیّوان خەلیفە‌و تیّكڕای

موسڵمانان دەستنیشان بکەن کە تیا هەم پایەی خەلیفە پارێزراو بێت و هەم
ئەرکی تاکەکەسی موسڵمان دیاری کرابێت(بیری ئوسوولی، ل٥٠-٥١).

ئەگەر میسری لێرە بوەستایە و بینووسیایە: ((لێرەشەوە فیقهی ئەحکام
سوڵتانی یان سیاسەتی شەرعی دامەزرا)) قسەکەی جێگەی قبوولی دەبوو،
بەڵام ئەو کە نەشارەزایی لە فیقه دەخاتە پاڵ نەشارەزایی لە مێژوو، هەروەها
ئەو کە ڕقی لە هەموو شتێکە فیقه لەو ڕقە بێبەش ناکات و بازێکی گەورە
دەدات و یەکسەر دەڵێت: ((سەرەنجام گەیشتنە ئەو باوەڕەی کە دەبیٚ یاسای
بەڕێوەچوونی کۆمەڵگە پشت بە چوار سەرچاوە ببەستیٚ))، ئینجا چوار
سەرچاوەکە دیاریدەکات: قورئان (ل٥١)، سووننەت (٥١-٥٢)، هاودەنگی–
الإجماع (٥٢-٥٣) پێوانە-القياس (٥٣-٥٤).

فیقه ڕەوتێکی سەربەخۆی گەشەسەندنی هەبوو ئەویش بۆ وەڵامدانەوەی
پێویستییەکانی خەڵکەکە، پاش ماوەیەکی زۆریش لە سەرهەڵدانی ئەو فیقه
هەوڵدرا بۆ داڕشتنی بنەما بۆ گەیشتن بە حوکمە فیقهییەکان، لەوەشەوە ئەو
زانستە پەیدا بوو کە پێی دەوتریٚت (أصول الفقه). دیاریکردنی سەرچاوەکانی
تەشریعیش دەچێتە خانەی (أصول الفقه)، دیسانەوەش دروستبوونی ئەو
زانستە بۆ وەڵامدانەوەی پێویستییەکان بوو بەڵام ئەمجارە پێویستییەکانی
فەقیهەکان بۆ گەیشتن بە حوکمە فیقهییەکان، خۆشیش ئەوەیە یەکەم کەس
ئەو زانستەی لە دووتوێی کتێبێکی سەربەخۆی تایبەتمەند دامەزراند شافعی
بوو لە کتێبی (الرسالة). خۆشییەکە لەوەیە کە شافعی لەگەڵ دەسەڵات ناکۆک
بووە و بەشی خۆی قامچیی دەسەڵاتی بەرکەوتبوو و تۆمەتی خۆشویستنی
ئەهلولبەیتی درابووە پاڵ و ئەمەش لای عەبباسییەکان (هەرچەندە خۆشیان
ئەهلولبەیت بوون) جێگەی مەترسی بوو چونکە واتای لایەنگیریی بەنو تالیب

بوو. ئەمە بوو دامەزرێنەری (أصول الفقه) کە باسی چوار سەرچاوەکە سەرەوەی کردووە (لەگەڵ سەرچاوەی تر)، ئیتر با میسری هەر خورافات بڵێت سەبارەت بە پەیوەندیی چوار سەرچاوەکە بە کێشەی ئیمامەت.

یەکدەنگی (ئیجماع)

میسری ئیجتیهاد تێکەڵ بە شتی تر دەکات کاتێک باسی یەکدەنگی (الاجماع) دەکات. میسری جگە لەوەی نەیتوانیوە پێناسەی ئیجماع بکات باسەکەشی شێواندووە. ئیجماع بریتییە لە یەکدەنگیی موجتەهیدەکان لە سەردەمێکی دیاریکراو لەسەر مەسەلەیەکی دیاریکراو و کەس لە موجتەهیدەکان لەو سەردەمە نەبێت ڕای پێچەوانەی هەبێت، بەڵام میسری (ل۵۲) یەکدەنگی لەگەڵ ئیجتیهاد تێکەڵ دەکات چونکە سەرەتا باسی بیروڕای صەحابییەکانو تابعییەکان [19] دەکات کە ((کرایە سەرچاوەی تری شەریعەت))، ئەمەش ڕاست نییە بۆ یەکدەنگی لەبەرئەوەی دەشێت صەحابییەکان یەکدەنگ نەبن، ئینجا باسی دوو بنەما دەکات بۆ ((دەرهێنانی یاسای نوێ)) کە یەکەمیان موجتەهید ئاستی زانستیی گونجاوی هەبێتو دووەم ئەوەیە دەق هیچی لەبارەی ڕووداوەکەوە نەوتبێت بەڵام حاڵەتێکی هاوشێوە هەبێت مەجتەهید لەگەڵی بەراوردی بکات.. هیچیش لەم دوو مەرجە پەیوەندییان بە یەکدەنگییەوە نییە چونکە یەکەمیان مەرجی فەتوادەرە،

---

[19] بێگومان چاوەڕی ناکەین میسری بزانێت واتای تابعییەکان (التابعون) چییە. ئەو دەڵێت: (یاوەرانی پەیامبەرو ئەوانەی سەر بەوان بوون) (التابعين) (ل۵۲). یانی چی ئەوانەی سەر بە یاوەران؟ (صحابی) ئەو کەسەیە کە پێغەمبەری بینیوە، (تابعی)ش ئەو کەسەیە کە (صحابی)ی بینیوە (تابعیی تابعی)ش هەیە کە (تابعی)ی بینیووە بەم سێ نەوەیە وتراوە سێ (قەرن) ی یەکەمی ئیسلام کە فەرمووده لەبارەی چاکێتییان هاتووه.

دووەمیش مەرجی پێوانە(قیاس)ـەو هەردووکیان پەیوەندییان بە ئیجتیهادەوە
هەیە.

میسری سوور دەبێت لەسەر تێکەڵکردنی شتەکانو بەڵگەی موجتەهیدان
لەسـەر یەکـدەنگی دەهێنێتـەوە ئـەویش لەسـەرەتای ئیسـلام یەکـدەنگیی
صەحابییەکان بنەمایەکی باوەڕپێکراو بوو، بۆ نموونە لای مالك هـاودەنگیی
خەڵکی مەدینە بەس بووە بۆ بڕیاری کۆتایی لەسـەر هـەر مەسـەلەیەك (ل٥٢)
كـە ئەمـە نموونـە نییـەو ئەمـە تێکەڵکردنی سەرچاوەی سێیەمی تەشریعە
(یەکدەنگی) لەگەڵ سەرچاوەیەکی تـرکـە تایبەتـە بە مالك ئـەویش (کاری
یاخود یەکـدەنگیی خـەڵکی مـەدینـە) كـە تایبـەت بـوو بە خـەڵکی مەدینـە
بەتەنها.[20]

میسری حەز دەکات وەکو شارەزا قسـە بکات بۆیە دەیبیستین دەڵێت:
مەفهوومی یەکدەنگی مەودایەکی فراوانی نـەبوو، تـەنها ئـەو کەسـانە بۆیان
هەبوو ئیجتیهاد بکـەن کە شارەزای شـەریعەت بـوون..(ل٥٣) دیسانەوەش

---

[20] میسری لـە بەرنامەیـەکی تەلـەفزیۆنی کـە بـۆ ئـەو کتێبـەی تـەرخان کرابـوو
(ناوەڕاستی ٢٠٠٩) وتبووی مالك بۆیە بۆچوونی ئەهلی مەدینـەی کردە سەرچاوەیەکی
تەشریع چونکە ئەوان پاکترو موسڵمانتر بوون..تاد کە ئەمە نەشارەزاییەکی تـرە چونکە
بەهانەی مالك ئەوە بوو مەدینە جێی پێغەمبەرو هاوەڵانی بوو و قورئانی تێ دادەبەزیو
تێی پێغەمبەر وەحیی ڕونکردبووەوە (بڕوانە مناع القطان، تـاریخ التشریع الاسلامی،
ل٢٤٦-٢٤٧ کە ئەمە یەکێکە لەو کتێبانەی میسری وەکو سەرچاوە نووسیونیو گوایە
بەکاریهێناوە). مالك تەنانەت عیلمو فەرمـوودەی لە کەسـانێکی زۆر لـەخوداترسو زاهـد
وەرنەدەگرت چونکە بە وتەی ئەو لەخوداترسانو زوهد بەتـەنیا بـەس نینو پێویستە ئـەو
کەسە شارەزاییو لێهاتووییو تێگەیشتنیشی هەبێت (بڕوانە د. محمد بلتاجی، منـاهج
التشریع الاسلامی، ل٤١٩).

دەلّێم: یەکدەنگیو ئیجتیهادی بەیەك شت زانیوە، ئینجا بەتەواوەتی دەیسەلمێنێت کە نازانێت یەکدەنگی چییە چونکە دەلّێت یەکدەنگی ئەستەم بوو پیادە بکرێت ((چونکە کۆکردنەوەی دەیان زانای ئاینی لەچەند وڵاتی ناو قەلّەمرەوی ئیسلام قابیلی جێبەجێکردن نەبوو))(ل٥٣) نەشیزانیوە کە مەفهوومی یەکدەنگی کۆکردنەوەی زانایان لە شوێنێك نییە بەلّکو هەریەك لە شوێنی خۆیەوە ئیجتیهادی سەربەخۆی خۆی هەبووە، ئەو زانستەش بەناو وڵاتانی ئیسلام بڵاودەبووەوەو زاناکانی تر لێی ئاگادار دەبوون چونکە جوولّەی زانستی زۆر گەرموگوڕ بوو، ئیتر زاناکان کە دەلّێن فلّانە مەسەلە ئیجماعی لەسەرە مەبەستیان زانایانی ئیسلام یەکدەنگن لەبارەیەوە.. هەریەك لە شوێنی خۆی. زۆریش ڕوودەدات قسەی زانایەك ڕەتبکرێتەوە کاتێك دەلّێت ئەم مەسەلەیە ئیجماعی لەسەرەو دەوتریت نەخێر فلّانە موجتەهید موخالف بووە، زۆر جاریش ئیحتیاتیان دەکردو نەیاندەوت ئەم مەسەلەیە ئیجماعی لەسەرە نەوەکو موجتەهیدێك لە شوێنێك لەو مەسەلەیە ئیجتیهادێکی جیاوازی هەبێت بۆیە پاش باسکردنی ئەو ئیجتیهادە دەیانوت: (لانعلم من خالفه) واتە نەمانبیستووە کەسێك شتێکی تری وتبێت، یاخود (لانعلم مخالفا).

میسری لەخۆیەوە قسە دەکات، یان با بلّێین تێنەگەیشتووە لەوەی سەرچاوەکان چی دەلّێن بۆیە دەنووسێت: ((لەلایەکی تریشەوە نەدەبوو هاودەنگی هیچ مەسەلەو بابەتێك چارەسەر بکا کە پەیوەندییان بە داهاتووەوە هەبیّ. یانی دەبوو هاودەنگی لەسەر ڕابوردوو پراکتیزه بکریّ نەك لەسەر ئایندە))(ل٥٣). مەسەلەی سەردەم لە یەکدەنگی پەیوەندیی بە پرسیارێکەوە هەیە: ئەگەر یەکدەنگی لەسەر مەسەلەیەك پەیوەندیی بە سەردەمێکی دیاریکراوەوە هەیە ئەی تاکەی ئەو یەکدەنگییە بڕ دەکات؟ ئایا

هەر ئەوەندە موجتەهیدەکان لەسەر مەسەلەیەک یەکدەنگ بوون ئیتر بنەمای یەکدەنگی جێبەجێ دەبێت یان پێویستە ئەو سەردەمە تێپەڕێت نەوەکو یەکێک لەو موجتەهیدانە پەشیمانبێتەوە؟ بۆ ئەمە دوو ڕای جیاواز هەیە.[۲۱]

یەکدەنگی و ئیمامەت

میسری شتەکان هەڵدەگێڕێتەوە (یان لەوانەیە لەو سەرچاوەیەی زانیارییەکەی لێ وەرگرتووە وا سەقەتی کردووە)و گوایە موجتەهیدانی سوننە بۆیە شەرعییەتیان بە یەکدەنگی دا بۆ ئەوەی تیۆرێکی سیاسی بۆ شێوەی ڕابەرایەتی دابڕێژن(ل٥٤)و ئاماژە بۆ دانانی ئەبو بەکر دەکات. خۆ ئەگەر پێچەوانەکەی بوتایە ڕێی تێدەچوو واتە بەهۆی دانانی ئەبو بەکر بە خەلیفە موجتەهیدان بنەمای یەکدەنگییان لە شەرع دارشت، بەڵام ئێمە خۆمان ماندوو دەکەین ئەگەر داوای لێبکەین ئاوا وئاوا بکات، ئەو تەنانەت ئاگای لە نووسینەکەی خۆشی نییە چونکە پێشتر جەختی لەسەر ئەوە کردبوو کە موجتەهیدەکانی سوننە بوونە دەزگای فیقهیی دەسەڵاتو فەتوایان بۆ بەرژەوەندیی ئەو دەدا، لێرەش دەڵێت شەرعییەتیان بە یەکدەنگی دا، بەڵام لە خۆی ناپرسێت چۆن دەکرێت ئەو یەکدەنگییە بگونجێت لەگەڵ بنەمای

---

[۲۱] بڕوانە: زیدان، الوجیز فی اصول الفقه، ل۱۸۱. زۆربەی زانایانیش بۆچوونی یەکەمیان هەیە، بڕوانە ابو زهرة، اصول الفقه، ل۱۹۸. میسری لە پەراوێزی لاپەڕە ٥٣ دەڵێت بنەمای هەریەک لە چوار مەزهەبەکەی سوننە (دووبارەی دەکەمەوە میسری تەنها ئەو چوار مەزهەبەی بیستووە) پەیوەندیی هەیە بە زەمانو زەمینەی سەرهەڵدانیو ڕەوتی ڕووداوەکان. میسری تەفسیری ئەوە ناکاتو ناشزانێت تەفسیری بکات چونکە زانیارییەکانی هەڵەنو باسی بڵاوبوونەوەی مەزهەبەکان لە وڵاتانی ئیسلام دەکات کە جگە لە زانیاری هەڵە باسەکە تێکەڵکردنی سەردەمی کۆنو نوێی تیایە.

فەرمانڕەوایی لەسەردەمەکانی دوای ڕاشیدەکان کە لەسەر بناغەی میراتگەری
بوو نەك شوورا؟ چۆن هەلّبژاردنی ئەبو بەکر بە خەلیفە لەگەلّ ڕەفتاری
ئەمەویو عەبباسییەکان دەگونجێت کە کوڕو بڕای خۆیان لەدوای خۆیان
دادەنا؟ دەبوایە ئەو دەزگا فیقهییە یەکدەنگیی بخستایە ژێر خۆلّ.

میسری زیاتر دەیسەلمێنێت کە نازانێت چیی نووسیوەو دوای چەند دێڕێك
قسەیەکی پێشووی دووبارە دەکاتەوە کە هەولّەکانی موجتەهیدەکانی سوننە
هـەروەها هـەولّێك بـوو بـۆ بەرپەرچدانەوەی تیـۆری ئیمامـەت لای شیعەو
ڕەتکردنـەوەی بنـەما فیکـریو فەلسـەفییەکانی سـۆفییەت(ل٥٤)، بـەلّام
میراتگری بەشێکی سەرەکییە لە تیۆری ئیمامەت لای شیعە، عەبباسییەکانیش
بەهەمان شێوە بە میراتگری کاریان دەکرد، هـەروەها وەکو شیعە دەیانوت
ئەوان ئەهلولبەیتنو وەکو ئەوان فەرموودەیان هەلّبەستبوو بۆ پێشبینیکردنی
هاتنی بەنولعەبباس.

میسری ناوی سەرچاوەیەك دەبـات (کتێبەکـەی النبراوی و مهنـا) کە
ئاشکرایە نەیبینوەو زانیارییە هەلّەکەی لە سەرچاوەیەکی تـرەوە وەرگرتووە،
یان زانیارییەکە دروستە بـەلّام خۆی بە هەلّە تێگەیشتووە. کتێبەکەی
النبراوی و مهنا باسی بەیعەت دەکاتو ئاماژە بۆ بەیعەتدان بە ئـەبو بـەکر
دەکاتو دەلێت بەیعەت لای موسلّمانان بـووە ئەسلّێکی دروستی خیلافـەتو
ئـەو بەیعەتـە مەبەست لێی بەیعـەتی گشـتیی موسلّمانانە یاخود بەیعـەتی
گـەورەو بریتییـە لـە یەکدەنگیی ئوممەتو ڕەزامەندیی جەماعـەت لەسـەر
هەلّبژاردنی ئیمام[22]. ئالێرە میسری ئـەو یەکدەنگیـەی ئوممـەت تێکـەلّ بـە

---

[22] النبراوي ومهنا، تطور الفكر السياسي في الاسلام، ج١ ل٢٣٥.

یەکدەنگی وەکو سەرچاوەیەکی تەشریع لە فیقهی ئیسلامی دەکات.

دیسانەوەش دەڵێم چۆن داوا لە میسری دەکەین دەرك بەم شتانە بکات لەکاتێک دەركی بە شتی لەوە ئاسانتر نەکردووە. ئەوەتا ئەو لەهەمان پاراگراف دەنووسێت: ((شـەرعیەت دان بـە پرۆسـەی هـاودەنگی لەلایـەن موجتەهیدانی ئەهلی سوننەوە لەبنەڕەت بۆ ئـەوە بـوو تیۆرێکی سیاسـی بۆ شێوەی رِێبەرایەتیو چۆنیەتی حوکمڕانیکردنی ئیسلام دابرِێژن چونکە لەباری پراکتیکییەوە بێجگە لە تەجرەبەی دانانی ئەبو بەکر بە خەلیفەی موسڵمانان هیچ نموونەو تەجرەبەیەکی تریان لەبەردەست نەبوو))(ل٥٤)، میسری ئـەوە دەنووسێت کەچی هەر خۆی باسەکانی دانانی عومەرو هەڵبژاردنی عوسمانی لەسەرچاوەی ترەوە نەقلّ کردووە ! خۆ ئەگەر مەبەستی لـە نموونەیەك بـۆ یەکدەنگی ئەوا حاڵەتی عوسمان یەکدەنگییە لەبەرئـەوەی (عەبدوللەحمان کوڕی عەوف) پاش پرسکردن بەخەلك لەنێوان عوسمـانو عـەلی یەکـەمیانی هەڵبژاردو ئەو تەنانەت لە منداڵانو ئافرەتانیشی پرسی.

شوورا

ئێستا زانیمان میسری (یان سەرچاوەکەی میسری کە شتی لێوەرگرتووە) دامـەزراوەی فیقهیـی بـە ئـامێری خزمـەتی دەسـەلّات دەزانێت، ئـەو دامەزراوەیەش تیۆری سیاسیی دانا، بەلّام زانیشمان ئەو دوو بۆچوونە چەند دژ بەیەکن چونکە یەکدەنگی چەند لەگەلّ حوکمی میراتگری ناکۆكە، ئێستاش (لاپـەرِە ٥٥) دەبینین میسری جارێکی تـر شتێك دەلّێت بێئەوەی بیری لێبکاتەوە. ئەو لەباسی تیۆرە سیاسییەکەی موجتەهیدەکانی سوننە یەکـەم بنـەما دەکاتـە (شـوورا) بـەلّام چـۆن شـوورا لەگـەلّ حـوکمی ئەمـەویو عەباسییەکان دەگونجێت لەکاتێك دانانی خەلیفه بە نیزامی میراتگری بوو

نەك بە شوورا؟ ئەمەش زانیارییەكە بۆ میسری: كاتی خۆی كە باسی شوورا دەكرا یەكەم شت دەچووە مێشكی مرۆڤی موسلّمان دانانی خەلیفەیە، مرۆڤیش پێویستی بە خوێندنەوەی وردی ئەو مێژووه هەیه بۆ تێگەیشتن لە عەقلّیەتی ئەو سەردەمە، لەپاش ئەو واتایەی شوورا واتاكەی تر دێت كە فەرمانڕەوا بە پرسۆڕا حوكم بكات نە بە تاكڕەوی (كە بەمەیان دەوت ئیستیبداد).

تێبینییەكیش لێره پێویسته: قسەكەی میسری كە موجتەهیدان تیۆری دەسەلّاتیان بۆ مەزهەبی سوننه دارشت كە بنەماكانی پشت بە قورئانو سوننەت دەبەستنو دوو بنەمان: شوورراو بەیعەت (ل٥٥)، ئەم قسانه هی كتێبەكەی (النبراویو مهنا)ـن (ج١ ل٢٣٤-٢٣٥)و ئەو كردوونی بە قسەی خۆی، خوداش دەزانێت لەكێی ((بردوون))، بەلّام لەبەرئەوەی مەسەلەكە ((بردنه)) بینیمان لەسەرەوه چۆن خۆی تووشی ناڕزێكی دەكات سەبارەت بەوەی كە هەردوو بنەماكه دژ بە دەسەلّاتی ئەمەویو عەبباسینو دژ بەوەن دەزگای فیقهی لەخزمەتی دەسەلّات بوو.

فیقه و ئوسوولّەكەی

نیشانەیەكی تری نەزانیی میسری سەبارەت بە زانسته ئیسلامییەكان قسەكەیەتی كە (علم أصول الفقه) بە ((زانیاریی شەریعەت)) وەردەگێڕێت(ل٥٥) پێشتریش باسم كرد (أصول الفقه) چییه، بەلّام نەزانییەكە لەو ئاسته ناوەستێت چونكه هەر لەو پاراگرافه قسەیەكی (غەزالی) دەهێنێتەوه سەبارەت بە ئیجتهاد كە پێویسته بە ((تێگەیشتن لەماناو مەبەستی زانیاریی شەریعەته))(ل٥٦)، كە ئەمه بابەتێكی ترە ئەویش زانینی مەبەستەكانی شەریعەته (مقاصد الشریعة) كە بریتییه لەو ئامانجه گشتیانەی

كە شـەریعەت دەیـەوێت بیانپێكێـت، وەك بـۆ نموونـە پاراسـتنی پێنـج شـتـە پێویستەكە بۆ مرۆڤ: ئاین، ژیان، عەقل....تاد.

پێش ئـەو رِستـەیەش و لەهـەمان پـاراگراف نەزانییـەكی تـر دەسـەلمێنێت كاتێـك دەڵێـت ئیجتیهـاد پرۆسـەیەكە بـۆ هـەڵهێنجانی پرەنسیپی نـوێ لـە پرەنسیپـەكانی پێشـوو(ل٥٥)، ئەمـە ڕاسـتە چـونكە كـارێكی ئیجتیهـاد دۆزینەوەی بنەمای نوێیە كە ئەمەیان كاری موجتەهیدە لـە ئوسـوولی فیقـە، بەڵام میسری یەكسـەر دوای ئەوە دەڵێت: ((ئەمەیش لەڕووی لۆژیكـەوە ئـەوە دەسەلمێنێ كە موجتەهید لەناو گشتی هەوڵی دۆزینەوەی تایبەت دەدا))، كە ئەمە كارێكی پێچەوانەی ئەوەی سەرەوەیە چونكە بریتییە لە پشتبەستن بە گشتی (=بنەماكانی ئوسوولی فیقە) بۆ دۆزینەوەی حوكمی تایبەت، ئینجا نەزانییـەكی تـر دەخاتـە سـەر بـارە كەلەكەبووەكـەی ئـە و پاراگرافـە كاتێـك یەكسـەر دوای ئـەوە دەڵێت: ((ئـەو زانسـتەیش هـەڵس و كـەوت لەگـەڵ ئـەم پرۆسەیە دەكا پێیدەگوترێ زانیاری شەریعەت(علم اصول الفقه).))، كە پێشتر ئاماژەمان بۆ كردو كە لە دوو ڕووەوە هەڵەیە: یەكەم ئەوەیە ئوسوولی فیقە كار لەسەر بنەما گشتییەكان دەكات نەك دۆزینەوەی حوكمی تایبـەت (كـە ئەمەیان كاری فیقە) [23]، دووەمیش (علم اصول الفقه) بەشێك لە زانستی

---

[23] نموونەیەك لەسەر كاری ئوسوولی فیقە: ئەو بنەمایەی دەڵێت (فەرمان) حوكمەكە دەكات بە (وجووب) مەگەر بەڵگەیەك هەبێت ئەو فەرمانە لە وجووب دەربكات. فیقهیش بنەماكان دەچەسپێنێت. نموونە لەسـەر كـاری فیقە: ئایـەتی (وشاورهم فی الامـر- ئـەی پێغەمبەر پرسوڕا بە یاوەرانت بكە) بەشێوەی فەرمان هاتووە بۆیـە واجبـە بـەلاّم بـەپێی ژمارەیەك زانا بەڵگەی تـر هـەن كـە ئـەو فەرمانـە لـە واجب دەردەكـەن و دەیكـەن بە موستەحەب واتە باشترە پێغەمبەر پرسوڕا بكات نەك واجبە.

٨٦

شەریعەت نەك خۆی (زانیاریی شەریعەت) بێت وەك كۆلّەوارییەكەی میسری پێی وتبوو.

بەم شێوەیە میسری لەچەند دێڕێك ژمارەیەكی زۆری هەلّەی كردووە كە هەموویان دەگەڕێنەوە بۆ ئەوەی زانیاریی سەرەتایی لەبارەی فیقهەوە نییە، بەدلّنیاییەشەوە كاتێك ئەوە ڕەوەڕەوی دەكرێتەوە دەلّێت: خۆ من فەقیه نیم. پاساوی لەو جۆرەشمان لە كەسانی تر بیستووە، بەلّام ئەمە پاساوێك لە گوناهەكە گەورەترە چونكە واتای ئەوەیە ئەو كەسە باس لە شتێك دەكات نایزانێتو لەسەر ئەو نەزانییە بینای خۆی دەكات، هەرچەندە كەسێكی وەكو میسری پاساوێكی تری هەیە كە ئەو هەموو شتەكان، زانیارییە فیقهییەكانو دەرئەنجامەكانی لە خەلّكی تر ((بردووە)) كە ئەمە گوناهێكی دوو چینە؛ یەكەمیان ((بردن))ی بەرهەمی خەلّكی تر، دووەمیش وەرگێڕانی هەلّە و هەولّنەدان بۆ تێگەشتن لە شتە ((براوەكان)).

میسری دوای پاراگرافەكەی سەرەوە باسی زەروورەتی ئیجتهاد لەدوای مردنی پێغەمبەر دەكاتو دەلّێت كە هەر لەسەرەتاوە ئیجتهاد بە دوو ئاراستە ڕۆیشت؛ موجتەهیدەكانی سوننە پشتیان بە سوننەت دەبەست لەكاتێك هەواداراني (عەلی) ڕای ئیمامیان كردە بناغەی ئیجتهاد(ل٥٦). میسری دەلّێت ((هەر لەسەرەتاوە))، بەلّام ڕای ئیمام زۆر دوای ئەو سەرەتایە هاتە كایەوە، سەربارى ئەوەش شیعە سوننەتیان ڕەفز نەكردووە بەلّكو بەپێچەوانەوە نۆریان گێڕابووەوە بەلّام ئەوان زیاتر ئەو سوننەتە پەسەند دەكەن كە لەڕێگەی ئەهلولبەیتەوە بووە، واتە لەڕێگەی جەعفەر ئەلصادق لە باوكو

باپیرانییەوە.[24] دوای ئەوەش میسری ڕستەیەك دەڵێت كە بەڵگەیە لەسەر ئەوەی پێشتر باسمان كرد ئەویش نووسەر وادەزانێت تەنها چوار مەزهەبی سوننە هەبوونو هەن(ل٥٦).

ناكرێت یەك بە یەكی نەزانییەكانی میسری سەبارەت بە فیقهی ئیسلامی بژمێرینو ناچارین لێرە چەند نموونەیەك وەربگرین:

میسری فەرموودەیەكی پێغەمبەری هێناوەتەوە لەبابەتی فێڵی شەرعیو سێ حاڵەتی بۆ ئەو فێڵە داناوە، بەكورتی دەڵێت لە سێ حاڵەت تەڵاق ناكەوێت، ئەگەر ئەو كەسەی سوێندی خواردبوو بۆ ئەوەی دوو كەسە ناكۆكەكە ئاشت بكاتەوە، ئەگەر پیاو گفتی بە ژنەكەی دا هەندێ شتی بۆ بكرێتو گفتەكەی نەبردە سەر، ئەگەر سوێندخۆر لەشەڕ بوو(ل٥٨).

میسری گوایە ئەوەی لەكتێبی (ابن قیم الجوزیة) اعلام الموقعین (ج ٣ ل١٥٩) وەرگرتووە كە دڵنیام نەیبینیوەو ئەو تێكەڵوپێكەڵییە دەگمەنەی لەشوێنی تر وەرگرتووە چونكە ئەو فەرموودەیە پەیوەندیی بە فێڵی شەرعییەوە نییە بەڵكو پەیوەندیی بە دڕۆكردنەوە هەیە كە پێغەمبەر تیا تەنها لە سێ حاڵەت ڕێگەی بە دڕۆكردن داوە. سەیرو خۆشیش ئەوەیە میسری باسی (فێڵ) دەكات كەچی فەرموودەكەی بەجۆرێك نەقڵ كردووە كە گوایە باسی تەڵاقدانو نەكەوتنی ئەو تەڵاقەیە، دوای كەمێكیش باسی سوێندە، ئینجا سوێندەكەش بۆ ئاشتكردنەوەی دوو كەس، ئینجا دەبێتە بەڵێنی پیاوێك كە شت بۆ ژنەكەی بكرێت بەڵام بەڵێنەكە بەجێناهێنێت (كوا

---

[24] بڕوانە بۆ ئەوەو بۆ فیقهی جەعفەر ئەلصادق: د. محمد بلتاجی، مناهج التشریع الاسلامی، م١، ص١٦٨. لێرە كارمان بەوە نییە ئەو ڕیوایەتانە چەند مەرجەكانی ڕیوایەتی دروست جێبەجێ دەكەن.

فێلّی شەرعی؟ کوا تەلّاق؟) ئینجا دەبێتەوە بە سوێند، ئەمجارەیان لەکاتی شەر، هیچیش لـەو سـێ حالّەتـە پەیوەنـدییان بـە تەلّاقـەوە نییـە! تێکەلّوپێکەلّییەك کە هەر شایەنی مەنهەجی ئیشی میسرییە کە بریتییە لـە تالّانکردنی بەرهەمی ئەوانی تر، سەربارى ئەوەش تێنەگەیشتن لـەو شتانەی تالّانکراون.

بگەرێینەوە سەر ئەسلّی فەرموودەکە: ((تـەنها لـە سـێ حالّـەت درۆکردن حەلّالّ کراوە: حالّەتی جەنگ، ئاشتکردنەوەی خەلّك، درۆکردنی پیاو لەگەلّ ژنەکەیو درۆکردنی ژن لەگەلّ مێردەکەی)) [25].

نموونەیەکی تری نەزانیی میسری لەبارەی (الذریعة)و (سد الذریعة)یە. سـەرەتا دەلّێت (مالك) بنـەمای [26] (الذریعة)ی کـردە بنەمایـەکی تـری مەزهەبەکەیو تەواوکەرى بنەمای (بەرژەوەندی) (ل59) کە ڕاستتر بوترێت بنەمای (سد الذرائع)ـە واتە داخستن یان ڕێگەگرتن لە (الذریعة)، جگەلـەوەش کە ئەمـەی نەزانیوە دەبیننین (الذریعة)، واتـە رێگـە (الوسیلة)، بـەم جـۆرە پێناسه دەکات: نەهێلرێت کارێکی ڕەوا بکرێتە هۆ بۆ کارێکی ناڕەوا (59– 60) [27] کە ئەمە هیچ واتایەکی تیا نییە. ئەو بنەمایە باس لەو کارانه دەکات کە

<hr>

[25] صحيح مسلم، ج٨، كتاب البر والصلة والادب، باب تحريم الكذب وبيان مايباح منه. نەوەك بەهەلّە تەفسیر بکرێت: درۆکردنی ژنو پیاو لەژیانی هاوسەریو بەپێی ئـەو فەرموودەیه حالّەتی هێشتنەوەی ئەو ژیانە دەگرێتەوە وەك ستایشی جوانیو ڕێکوپێکی، یان ژنێك شتێك بکرێتو نرخێکی کەم بلّێت به مێردەکەی ئەگەر زانی پیسکەیـه.... تاد

[26] میسری دەنووسێت: دەستەواژه.

[27] میسری ئاماژه بۆ کتێبی (تأريخ التشريع الاسلامی)ی (مناع القطان) دەکات (ل٣٥٥) لەکاتێك هەموو کتێبەكە سیّسەدو شتێك لاپەرەیه. بروانه سەرچاوەی خوارەوە بۆ ئەو قسەیەی لەبارەی فەقیهی مالیکییەکانەوە دەوترێت که تەنها ئەوان کاریان بـەو

بۆ خۆیان حەلاڵن بەڵام دەبنە هۆو ڕێگە بۆ کارێکی حەرام، واتە ڕێگە لەو کارە ڕەوایە بگیرێت چونکە دەبێتە هۆ بۆ کارێکی ناڕەوا نەك ((نەهێڵرێت کارێکی ڕەوا بکرێتە هۆ بۆ کارێکی ناڕەوا)).[28]

ئینجا میسری فەرموودەیەك دەهێنێتەوە لەبارەی ڕۆژووگرتنی شەشی ڕۆژی شەووال پاش گرتنی مانگی ڕەمەزان کە ئەو کەسەی ئەوە بکات ((وەك ئەوەیە سەدەیەك ڕۆژووی گرتبێ)) (ل٦٠)، فەرموودەکەش ڕاستەکەی وشەی (الدهر)ی تیا هاتووە کە هەموو زەمەن دەگرێتەوە نەك (سەدە). میسری دوای ئەوە باسی شافعی دەکات کە سوننەتی ((خستۆتە ئاستی قورئان))و ئاماژە بۆ کتێبەکەی شافعی (الرسالة، ل٢٧١) دەکات کە تەنانەت بە چاویش نەیبینیوە چ جای ئەوەی خوێندبێتییەوە. ڕاستەکەشی ئەوەیە لەو لاپەرەیە باسی شتی تر کراوە ئەویش شێوازەکانی خوێندنی (تەحییات)ی نوێژ.[29]

میسری کە لە زانیاری داماوە ئەنجامەکانیشی داماوترن. ئەو بەراوردی

<hr>

بنەمایە دەکردو کە ئەمە ڕاست نییە بەڵکو ڕاستی ئەوەیە ئەوان لەخەلکی تر زیاتر پەیڕەویان کردبوو. د.عبدالکریم زیدان، الوجیز فی اصول الفقه، ل٢٥٠، بڕوانە هەروەها: د. محمد بلتاجی، مصادر التشریع الاسلامی، م٢، ص٣-٦٠٣-٦٠٤.

[28] (ذریعة) لە حاڵەتی حەڵاڵکردنی حەرامێکیش هەیەو لەوکاتە پێی ناوترێت داخستنی (ذریعة) وەك بەردانی دیلە موسڵمانەکان بە پارە کە ئەم پارەیە دەبێتە هۆی بەهێزبوونی دوژمن بەڵام بەناچاری دەکرێت. بڕوانە ابو زهرة، اصول الفقه، ل٢٨٠.

[29] میسری، کە وەکو نووسەری هاوشێوەی خۆی فێرە دەست بەسەر بەرهەمی خەلکی تر بگرێت، ئەوەی لەسەرچاوەی تر ((بردووە)). نەبوونی ئەو باسە لەو لاپەرەیە تاکە بەڵگە نییە بەڵکو بەڵگەی تر ئەوەیە کە میسری لەو زاراوەو باسە فیقهییانە تێنەگەیشتووە کە بە زمانێکی زۆر سادەتر لەوەی (الرسالة) نووسراونەتەوە ئیتر چۆن دەتوانیت سوود لە (الرسالة) وەربگرێت؟ زاراوە زمانی کتێبە عەرەبییە کۆنەکان قورستر لە زمانی ئێستا، کتێبەکانی ئوسووڵی فیقهیش زۆر قورسترن.

لەنێوان ئەبو حەنیفە (کە بنەمای ئیستحسانی پەسەند کردبوو) و شافعی دەکات. ئەبو حەنیفە ((لەڕووی عەقڵەوە هەڵسوکەوت لەگەڵ پێشهاتو دیاردەی ناو کۆمەڵگای ئیسلام دەکات)) بەڵام شافعی ((ئەوەی پێی بگوترێ نرخو بەها بۆ وزەی عەقڵو لێکدانەوەی ئادەمیزاد نایهێڵێتەوە))(ل٦١) ئەمەش بەڵگەیە کە میسری لەو شتانە تێناگات کە دەیاننووسێت. ئەو زۆر باسی پێوانە (القیاس)ی کردووە، ئەویش کە شافعی بەکاری دەهێنا بەڵام نازانێت پێوانە کارێکی عەقڵییەو دەچێتەوە سەر قیاسەکەی مەنتقی ئەرستۆ.

<h2 style="text-align:center">فەرمووده</h2>

میسری لە فەرموودەش نازانێت چونکە فەرموودەی (متواتر) بە (بەناوبانگ) وەردەگێرێت. هەرچەندە فەرموودەی بەناوبانگ زاراوەیەکە لە زانستی فەرمووده یاخود فەرموودەناسی(علم الحدیث) هەیە بەڵام واتاکەی جیاوازه لە (موتەواتر)، نەزانینی جیاوازی لەنێوان (متواتر)و (مشهور) زیاتر ئاشکرا دەبێت کاتێک قسەکەی دەخوێنینەوە گوایە فەرموودەی (موتەواتر) لای ئەحمەد کوڕی حەنبەل لە پێوانە باشترە(ل٦٣).

فەرموودەی متواتر لای هەموو زانایەك لە پێوانە باشترو لەپێشترە، بەڵکو تەنانەت ئەم قسەیەشمان هەڵەیە چونکە تا فەرموودەی (موتەواتر) لەگۆڕێ بێت، پێوانە کاری پێ ناکرێت، زۆربەی زانایان فەرموودەی (ئاحاد)یش پێش پێوانە دەخەن، هەیشە وەکو ئیمام ئەحمەد فەرموودەی (لاوان) لای لە پێوانە باشترە.[30] بەڵکو تەنانەت قوتابییەکانی ئەبو حەنیفە (کە لەهەموو کەس زیاتر

---

[30] ئەوە ڕیوایەتێکی ناوبانگە کە لە ئەحمەدەوە گێڕاویانەتەوە، بڕوانە مناع القطان، تاریخ التشریع الاسلامی، ل٢٧٧. مەبەستیش لەو (لاواز)ـەی ئەحمەد ئەوە نییە کە (زۆر لاواز) بێت، بڕوانە التهانوی، قواعد فی علم الحدیث، ل٩٧-٩٩.

ناسراون بەوەی کار بە ڕەئی دەکەن) یەکدەنگن کە ئەمە هەمان مەزهەبی ئەبو حەنیفەیە، ئەوەش بەرەچاوکردنی ئەوەی زاراوەی (لاوان) کاتی خۆی فەرموودەی (حەسەن)یشی دەگرتەوە و ئەوانە مەبەستیان لەو حەسەنەیە.[31] ئیتر ئەوە قسەیەکی بێمانایە بوترێت فەرموودەی موتەواتر لای ئەحمەد لەپێوانە باشترە.

ناوی فەرموودەی (ئاحاد)مان برد.. میسری چۆن پێناسەی دەکات؟ ئەو فەرموودەیەیە کە یەك کەس گێڕاویەتییەوە (ل٥٨) هەر ئەوەندەش لە میسری بەتەماین کە زانیارییەکانی لەبارەی زانستە ئیسلامییەکانەوە لەو ئاستەیە.

بەر لە باسی فەرموودەی (ئاحاد) پێویستە باسی (سەنەد) بکرێت کە زنجیرەی ئەو کەسانەیە فەرموودەکەیان لە پێغەمبەر گێڕاوەتەوە، واتە فەرموودەی (س) فلانە صەحابی لە پێغەمبەری گێڕاوەتەوە، ئینجا فلانە (تابعی) لەو صەحابییەی گێڕاوەتەوە پاشان فلانی تر لەو تابعییە ... تاد. فەرموودەی ئاحاد ئەوەیە لە چینەکانی سەنەدەکە کەسانێك گێڕابێتیانەوە ژمارەیان ناگاتە ژمارەی (تەواتور).[32] بینیمان میسری بەرەهایی باسی ((یەك کەس)) دەکات کە ئەو فەرموودەیەی ئاحادی گێڕاوەتەوە ئیتر شوێنی ئەو کەسە لە سەنەدەکە لەکوێیە؟ ئەوە شتێکە نەدەیزانێت و نەبیستوویەتی،

---

[31] بڕوانە التهانوی، قواعد فی علم الحدیث، ل١٠٠.

[32] فەرموودەی ئاحاد دەبێتە سێ بەش: (مەشهوور) کە لە هەر چینێکی سەنەدەکە سێ کەس بەرەو ژوور (بەلام ژمارەکە ناگاتە ژمارەی تەواتور) گێڕابێتیانەوە، (عەزیز) کە لە هەر چینێك لە دوو کەس کەمتر نەبن، ئینجا (غەریب) کە لە چینێك یان زیاتر تەنها کەسێك هەیە، بڕوانە د. محمود الطحان، تیسیر مصطلح الحدیث، ل ٢٢ بەدواوە، هەروەها التهانوی، قواعد فی علم الحدیث، ل٣٢-٣٣.

ئەوەش جگەلەوەی مەرج نییە یەك كەس بێت چونكە بە دوو كەس و زیاتریش ئەو فەرموودەیە هەر بە ئاحاد دەزانرێت.

میسری دەمانخاتە پێكەنین كاتێك باسی شتێكی تری فەرموودە دەكات. ئەو باسی سوننەت دەكات كە گوایە شافعی خستویەتییە ئاستی قورئان و بە بەلگەی ئەوەی پێغەمبەر لەخۆوە هیچی نەوتووە (....) ((هـەر لەسـەر ئـەم بنەمایەش دەیان حەدیث جیاكرانەوە و ناونراون حەدیثە قودسییەكان))(ل٦٠).

حەزم دەكرد بزانم ئەو زانیارییە سەرقەتەی لەكوێ ((بردووە)). یەكـەم شـتیش بوتریّت ئەوەیـە فـەرموودەیـە قودسـی پەیوەندیی بە مەسـەلەی سوننەت و پایەكەیەوە نییە. فەرموودەی قودسی هەر فەرموودەی ئاساییە ئەوەندە هەیە گێرانەوەكەی گەرێنراوەتەوە بۆ خودا واتە وەكو فەرموودەی تر نییە وەك: ((من حسن اسلام المرء تركه ما لایعنیه−نیشانەی موسلّمانێتیی باشی مرۆڤ ئەوەیە هەقی بەو شتەوە نەبێت كە پەیوەندی بەوەوە نییە)) بەلكو بەم شێوەیەیە ((یاعبادي اني حرمت الظلم علي نفسي وجعلتـه بینكم محرما فلا تظالموا.. الحدیث[33]−خودا دەفەرمویّت: ئەی بەندەكانم مـن زولّـم لەسـەر خۆم حەرام كردو لەسـەر ئێوە حەرامم كردووە لەبەرئەوە زولّم لەیەكتر مەكـەن.. تـا كۆتـایی فەرموودەكـە−موسـلم پیوایـەتی كـردووە)) ئـەو فەرموودانەش بـەنزدی ئامۆژگاریو مژدە و هەڕەشە .. تاد دەگرنەوە نـەك مەسەلەی فیقهین.

شافعی، پیّوانە، زمانی عەرەبی، تیّكەلّییەك بەحەزی خۆت

میسری خۆی نەیزانیوە چیی وتووە، هۆكەشی ئەوەیە كە قسـەی ئـەم و

---

[33] صحیح مسلم، ج٨، كتاب البر والصلة والادب، باب تحریم الظلم.

ئەوەی کۆکردۆتەوەو خودا چەندی تێگەیشتن پێداوە ئەوەندەی خستۆتە کار، ئەنجامیش تێکەڵوپێکەڵییەکی سەیروسەمەرە. تەماشای ئەم نموونەیە بکەنو ببینن چۆن بەناو مەسەلەکان دەرواتو نازانێت بەرەو کوێ دەچێت:

ئەو سەرەتا دەیەوێت زەمی کاری شافعی بکات لە بایەخدان بە پێوانە (کە ئاشکرایە ئەمە قسەی خۆی نییە) گوایە لەدوای داخستنی دەرگای ئیجتهاد پێوانە بووە کۆسپ لەبەردەم حوکمەکانی شەریعەت، ئێنجا باسی پێوانە دەکات کە بەراوردکردنی رووداوێکی پێشووە لەگەڵ رووداوێکی نوێ کە یەك هۆ (سبب)یان هەیە، بەڵام هۆ یەك جۆر نییەو هۆی جۆراوجۆر هەنو بەپێی کاتو شوێن دەگۆڕێن (کە دیسان قسەی خۆی نییە)، ئەمەش دەبێتە گرفت لە بەردەم بەراوردکردن، هۆکاری سەرەکی ئەو گرفتەش ئەوەیە عەقڵی سەلەڤی ئەوەندەی بایەخی بە بونیادی زمانەوانیی دەق داوە ئەوەندە بواری بۆ تێگەیشتنی نەرەخساندووە (دیسانەوە قسەی خۆی نییە) (ل٦٤-٦٥).

تا ئێرە چاوپۆشیی لە ناونەبردنی سەرچاوەکەی خۆی دەکەین (کە دەزانین ئەوە قسەی چەند نووسەرێکی عەرەبە)، بەڵام با بزانن میسرییەکەی خۆمان چۆن دەیەوێت ئەسپی خۆی تاو بدات (ئەگەر ئەسڵەن ئەو ئەسپە هی خۆی بێت)و تەفسیری ئەو بایەخدانە بە زمان بدات. ئەو یەکسەر باز بۆ بۆچوونی شافعی سەبارەت بە زمانی عەرەبی دەداتو گوایە لە (الرسالة)ی شافعی قسەکەی وەرگرتووە کە زمانی قورئان زمانێکی پوختی عەرەبییەو هیچ وشەیەکی غەیری عەرەبیی تیا نییەو ئەو کەسەی دەڵێت وشە غەیری عەرەبی لەقورئان هەیە نەزانە، دوای ئەوەش میسری دەڵێت شافعی دەیەوێت قودسیەت بداتە زمانی عەرەبیو لەسەرووی زمانی نەتەوە بەئیسلامکراوەکانەوە دایبنێت بەڵام مەبەستێکی تریشی هەیە ئەویش

شەرعیەت دانە بە سوننەت(ل٦٥).

ئێستا دەمەوێت خوێنەرێکی زیرەك پێم بلّێت چ ڕەبتێکی مەنتیقی ھەیە لەنێوان بەشی یەکەمی ئەو قسانە (پێوانەو ھۆو گۆڕانی ھتز) لەگەلّ بەشی ناوەڕاست (ھۆی ھەبوونی کۆسپ لەبەردەم بەراوردکردن ئەوەیە عەقلی سەلەفی بایەخ بە بونیادی زمانەوانیی دەق داوە) لەگەلّ بەشی کۆتایی(شافعی دەلّێت قورئان ھیچ وشەیەکی غەیری عەرەبیی تیا نییەو دەیەوێت قودسیەت بەزمانی عەرەبی بدات و سوننەتیش بکاتە شەریعەتو سوننەت ببێتە دەروازەیەك بۆ شیتەلّکردنی مانای قورئان).

بەلّام زیرەکی لەبەردەم ئەم تێکەلّوپێکەلّییە ئەژنۆی دەشکێتو دەستی خۆیەدەستەوەدان بەرزدەکاتەوە.

خراپیش نییە ئەگەر ئەو ئیزافەیە بکەم: ئەو قسەیەی شافعی کە گوایە میسری لە (الرسالة) بینویەتی جیاوازیی ھەیە، بۆ نموونە شافعی ناڵێت ئەو کەسانەی دەلّێن قورئان وشەی غەیری عەرەبیی تیایە خەلّکێکی نەزانن.

میسری پاش ئەنجامەکانی سەرەوە ئەنجامی تری ھەیە. ئەو دەلّێت کە شافعی جگەلەوەی ھەولّدەدات بۆ ئەوەی بیسەلمێنێت زمانی عەرەبی ھاوتای نییە بەرگری لە شێوازی زمانی قورەیش دەکات، ئەوەش پەیوەندیی بە کۆبوونەوەکەی (السقیفة)و ناوزلّی خێلّی قورەیشەوە ھەیە، ئینجا ئەو بەپێچەوانەی (مالك)و (ئەبو ھەنیفە) کە دژی دەسەلّاتی ئومەوییەکان بوون شەرعییەتی ئاینیی داوەتە ئەو دەسەلّاتەو پشتگیریی لێکردووە(ل٦٦) بەلّام ھەر میسری خۆی پێناسەی شافعیی کردووەو ژیانەکەی نووسیوە کە سالّی ١٥٠ بۆ ٢٠٤ی کۆچی ژیابوو(ل٥٦)، دەشزانین کە دەولّەتی ئومەوی سالّی ١٣٢ی کۆچی کۆتایی پێهات واتە (١٨) سالّ بەر لەھاتنی شافعی بۆ دنیا ئیتر

چۆن دەتوانین بڵێین شافعی شەرعییەتی بە و دەوڵەتە داوەو پشتگیریی
لێکردووە؟

نموونەیەکی تری تێکەڵوپێکەڵیی باسەکانی میسری کە نەیزانیوە باسی
چیی دەکات لە لاپەڕە(٦٧) بەدواوە دەردەکەوێت. میسری دەڵێت:
دەگەڕێمەوە بۆ باسی پێوانە لای شافعیو دەڵێم کە شافعی ئەوەندە بایەخی
بە پێوانە دابوو بەتەواوی مەبەستەکەی پشتگوێ خستبوو (ل٦٧) .. کەواتـە
چیی؟ کەواتە میسری ڕەخنە لە بەکارهێنانی پێوانە دەگرێت، بەڵام دوایی
باسی نموونەیەك دەکاتو دەڕواتو دەڕوات، ئینجا بێئەوەی بەخۆی بزانێت
ڕەخنە لەخۆبەستنەوە بە دەق دەگرێت کە پێچەوانەوی بایەخدانە بە پێوانە.
سەرەتا باسی فەرموودەیەك دەکات کە لە (الرسالة)ی شافعی هاتووە
دەربارەی کەسێك کۆیلەی خۆی بفرۆشێتو ئەو کۆیلەیە خاوەن پارە
بێت(ل٦٧) ئێستا چاوەڕێین میسری ڕەخنە لەو بایەخدانە بە پێوانە بگرێت
کەچی دەبینین باسی لێکدانەوەی شافعی بۆ فەرموودەکە دەکاتو دەڵێت:
فەرموودەکە گومانی تیا نییە کەواتە دەچێتە خانەی سوننەتەوە،
پێغەمبەریش نێردراوی خوایەو موسڵمانان لەسەریانە کار بەرەفتارو گوفتاری
بکەن(ل٦٧-٦٨) بەڵام ئەمە باسی دەقە نەك پێوانە. جاری چاوەڕێ بکەن!
ئینجا ڕەخنە لە شافعی دەگرێت کە دەقێکی فەرمووده دەکاتە هاوتای
قورئان (پێوانە کوای؟!)و ئاماده نییە حەقیقەتی دیاردە کۆمەڵایەتییەکان
لەبەرچاو بگرێت، ئینجا میسری باسی کۆیلایەتی دەکات کە وەکو
سیستەمێکی ئابووری-کۆمەڵایەتی لەکۆمەڵگەی ئیسلام ڕەوا بووە،
هەڵوێستەکەی شافعیش لەو فەرموودەیە دوو كۆسپی تیۆریو پراکتیکیی دێتە
بەردەم؛ تیۆری: لە قورئان باسی پێغەمبەر وەکو مرۆڤ کراوه ئیتر چۆن

قسەی مرۆڤ دەبێتە هاوتای وەحی کە دەقی قورئانە؟(ل٦٨).

ئەمە لەڕووی تیۆرییەوە، لەڕووی پراکتیکیشەوە شافعی لەسەر بناغەی سوننەت حوکمی قورئان ئیلغا دەکات، بۆ نموونە قورئان حوکمی جەلدەی داوە بەسەر ژنو پیاوێک زینا بکەن بەڵام شافعی (ل١١١-١١٢ی الرسالة) لەڕینی پێشەوەی ئەوانەیە کە حوکمەکەیان گۆڕی بۆ ڕەجم(ل٦٩)..(بۆ وەڵامی ئەمە بڕوانە خوارتر) .

ئەمجارەش کوا پێوانە؟ ئەمە چ پەیوەندییەکی بە فەرموودەی کۆیلەکەوە هەیە؟ یەکەم کۆسپ کۆسپ تیۆرییەکە بوو، بەڵام باسی کۆسپی دووەم، کە پراکتیکییە، ناکات بەڵکو باسی شتێکی تر دەکات، ئینجا لەڕ ((دووەم))یکی تر دەبینین، میسری دەنووسێت: دووەم: لەهەموو قورئان تاکە ئایەتێک نییە سیستەمی کۆیلایەتیی حەرام کردبیّ(ل٦٩).. ئەم تێکەڵییە چییە؟ یەکەمو دووەمو تیۆریو پراکتیکی.. میسری تەنانەت نەشیزانیوە چۆن خاڵەکانی ڕیزبەندی بکات.

ئینجا دەڵێت ئەوەی سەرەوە نموونەیەکە لەسەر ئەوەی... لەسەر ئەوەی... لەسەرئەوەی چی؟ بلیمەتێکم دەوێت بزانێت ئەوەی سەرەوە نموونەیە لەسەر چی.. لەسەر خۆبەستن بەپێوانە؟ بە دەق؟ زینا؟ کۆیلایەتی.... بەڵام میسری خۆشی نازانێت نموونەیە لەسەر چی؟ ئەوەتا شتێکی تر دەڵێت: ئەم نموونەیەو چەندین نموونەی داهاتووی تر: ((دەیسەلمێنن کە عەقڵی سەلەڤ لەبنەرەت بۆ ئەوە کاریکردووە سەر لەنوێ مەبەستە گشتییەکانی شەریعەت لەسەر بناغەیەکی تازە دابڕێژرێتەوە)) (ل٦٩).

ئەمە چ پەیوەندییەکی بەوانەی پێشەوە هەیە؟ ئەوە تەنانەت پەیوەندیی

بەپێوانەشەوە نییە چونکە پێوانە بۆ حوکمی (جوزئی)ی نوێیە نەك بۆ بنەمای نوێ، دڵنیاشم میسری نەیزانیوە ((مەبەستە گشتییەكانی شەریعەت)) چییەو وایزانیوە هەر قسەیەكەو وتراوەو نازانێت بنەمایەكی رەچاوكراوی ئیجتیهادە (بڕوانە سەرەوە).

<h2 style="text-align:center">بەرژەوەندی</h2>

میسری سوورە لەسەر ئەوەی بیسەلمێنێت كە نەیزانیوە چیی وتووە چونكە دوای ئەو ئامانجەی سەرەوە ئامانجێكی تر دەڵێت ئەویش هەوڵی عەقڵی سەلەف بۆ پڕكردنەوەی بۆشایی یاسایی لەنێوان حوكمی دەقو حوكمی واقع كە تا دەهات فراوانتر دەبوو(ل٦٩) كەواتە گەرایەوە بۆ سەر پێوانەو ئیجتیهاد بەشێوەیەكی گشتی بەڵام هەمووی یەك ساتی وریابوونەوەیەیە، چونكە یەكسەر دوای ئەوە دەڵێت كە تێگەیشتن لەو هەوڵانە پێویستی بەوەیە لە پەیوەندیی نێوان دەقو بەرژەوەندی (المصلحه) تێبگەین(ل٦٩) دوای ئەوەش بە دوورودرێژی باسی بەرژەوەندی دەكات كە دوای بگرەو بەردەیەكی زۆر (باب)ی بەرژەوەندی كە (باب)ێكی فراوانە لە فیقه بۆ شتێكی بچووك بچووكی دەكاتەوە: ((هەموو ئەو بەڵگانە یەك حەقیقەت دەسەلمێنن كە شەریعەت بایەخێكی زۆری بە بەرژەوەندیی ئابووریی خاوەن سامان داوە بێئەوەی سنوورێك بۆ چەندیەتیو چۆنیەتیی سامان بكێشی)) (ل٧٢).

بەرلەوەش لەو باسەی بەرژەوەندی وردبینەوە پێویستە بگەڕێنەوە بۆ لاپەڕەكانی پێشوو:

١- ئەو فەرموودەیەی لە (الرسالة) هەیەو باسی فرۆشتنی كۆیلەیە هەڵەی وەرگێڕانی تیایە: لەفەرموودەكە وشەی (البائع) هاتووە واتە فرۆشیار كەچی

میسری بە کریاری زانیوە.

٢– وەك وتم میسری بە باسی بایەخدانی شافعی بە پێوانە دەستی پێکردووە و ئەو فەرموودەیەی وەکو نموونە هێناوەتەوە کەچی باسەکانی بەلای پێوانە ناچن بەلکو ئاماژە بۆ دەق دەکەن. میسری سەرچاوەی (الرسالة) بە حەلالّی خۆی دەزانێت و ئەو عەبقەرییەتەی لە موناقەشە تێکەلّەکە بینیمان دەکات بە هی خۆی.

٣– میسری باسی سوننەت و پایەکەی دەکات کە بابەتێکە پێویستی بەشارەزایی هەیە کەچی حەقیقەتی ئەو میسرییە نەزانییە لە شەریعەت، ئەوەتا قسەی شافعی نەقلّ دەکات کە حوکمی سوننەت وەکو قورئان تایبەت دەکاتە گشت و حوکمێکی گشتیش دەکاتە بناغەی حوکمێکی تایبەت – تخصيص العام وتعميم الخاص (ل٦٨). جگەلە ئالّوگۆڕیی زاراوە عەرەبییەکان و وەرگێڕانە کوردییەکە (دەبوایە بینووسیایە: تعميم الخاص وتخصيص العام) زاراوەی (تخصيص العام) واتای (حوکمی گشتی دەکاتە بناغەی حوکمی تایبەت) نادات. (تخصيص العام) بریتییە لەوەی حوکمێکی گشتیمان هەیە، بۆ نموونە ئەو ئایەتەی گۆشتی مردارەوەبوو حەرام دەکات، کە ئەمە حوکمێکی گشتییە بەلّام فەرموودەیەك هەیە گۆشتی ماسی حەلالّ دەکات هەرچەندە مردارەوەبووە، واتە ئەمەیان حوکمە گشتییەکە تایبەت دەکات. ئیتر میسرییەك کە ئەو شتانەی ئوسوولّی فیقە نەزانێت چۆن دەتوانێت باس لە ڕەوایەتیی سوننەت بکات (خۆ ئەو تەنانەت واتای ئوسوولّی فیقهیشی نەزانیوە).

هەموو هونەرەکەی میسری لە کۆکردنەوەی زانیاری و ((بردن))ی ناوی سەرچاوەیە، چۆنیش تێگەیشت (لە زۆربەشیان تێناگات) زانیارییەکان دەخاتە

پـاڵ یـەك، دوایـیش تـەعلیقێكی خـۆی دەنووسێت. میـسری بـۆ زانیارییـه سـەقەتكراوەكەی سـەرەوە پـەراوێزێكی سـەقەتتر دەنووسێت ئـەویش گوایـه ((حـوكمی تایبـەت بكرێتـه گشـت و گشتیش بەسـەر تایبەتـدا بسـەپێنرێ بۆ ئەوەی بڵێ دەق توانای چارەسـەركردنی هـەموو كێشـەیەكی هەیـه)) (ل٦٨ پـەراوێز).

ئینجا دەڵێت كه مەترسیی ئەو فیكرەیه لەوەیه دەیەوێت رۆڵی عەقڵ ئیلغا بكـات (هـەمان پـەراوێز) بـەڵام چـۆن؟ نـازانین! میـسری شـتێكی لەشـوێنێك خوێندۆتەوەو حەز دەكات دووبارەی بكاتەوە ئەگەر چی شوێنەكەشی گونجاو نەبێت. میـسری لەوەوه دەگاته ئـەنجامێكی سـەیری تـر سـەبارەت بـه شـافعی ئەویش: ((ئینجا بیسەلمێنێت كه خـەڵكی غـەیری عـەرەب نـاتوانن لـەزمانی قورئان تێبگەن)). چـۆن؟ چ پـەیوەندییەك هەیه لەنێوان ئەمه لەلایەك و حوكمی تایبەت و گشتی و چارەسەری هەموو كێشەیەك و ئیلغاكردنی عەقڵ لەلایـەكی تر؟ هەر قسـەیە و وەكـو دروشمـەكان فڕێدراوه. لـەهـەموو ئەوانـەش سـەیرتر ئەوەیه دوای قسـەكەی سـەرەوە یەكسـەر ناوی كتێبەكـەی شـافعی دەبـات و دەنووسێت: بڕوانه الرساله و ئاماژه بۆ لاپـەڕه (٥)ی ئەو كتێبـه دەكـات، واتـه ئەو قسانه، بەتایبەتی قسەكەی ((غەیری عەرەب لەقورئان تێناگەن)) قسـەی شـافعین، بـەڵام مـەخابن! ئێمه دوو لاپـەڕه (٥)ی هـەمان چاپمان هەیـه؛ یەكـەمیان یەكـەم لاپـەڕەی پێشـەكەییەكەی (ئەحمـەد شـاكر)ـه و بـه باسی شافعی دەستپێدەكات، له دووەمیشیان هێشـتا قسـەكانی شـافعی دەسـتیان پێنـەكردووه و لـەو لاپـەڕەیـه وێنەیـەكی بەشـی یەكـەمی كتێبەكـه یـه بـه دەستوخەتی ئەلرەبیع كوری سولەیمانی قوتابیی شافعییه !

٤- هەر لەبارەی شافعییەوه میسری دەڵێت ئەگەر قورئان و فـەرمووده

هاوتای یەك بن وەك شافعی دەڵێت كەواتە سوننەت دەتوانێت حوكمی قورئان بەتاڵبكاتـەوە، ئینجا میسری رەخنـە دەگرێـتو ئایەتێك دەهێنێتـەوە كە پێغەمبـەر بۆی نییە حوكمی قورئان ئیلغا بكات(ل٦٩) ئەوەش نیشانەیەكی ترە كە میسری ناوی كتێبەكەی شافعی (الرسالة)ی لەسەرچاوەیەكی تر ((بردووە)) چونكە شافعی خۆی ئەو ئایەتـەی هێناوەتـەوەو دەڵێت ئەوە روونكردنەوەی ئەو شتەیە كە وتم كە تەنها كتێبی خودا كتێبی خودا نەسخ دەكات (الرسالة، ل١٠٧)

٤- گوایە شافعی حوكمی جەلدەی زیناكەری كردووە بە رەجم كە پێشتر ئاماژەمان بۆ كرد: پێویست ناكات بۆ هیچ سەرچاوەیەكی شافعی بگەڕێینەوە تا بزانین ئەوە راست نییە چونكە بە دەقی قورئان حەددی زینا بۆ پیاوێك ژنی نییە یان ئافرەتێك مێردی نییە هەشتا جەلدەیە. میسری ئەو ئایەتـەی نووسیوە بەڵام نەیزانیوە ئەمە لەو حاڵەتەیە كە باسی دەكەین لەكاتێك رەجمكردن بۆ حاڵەتی ئەو پیاوەیە كە ژنی هەیە یان ئەو ژنەیە كە مێردی هەیە، كەسیش حوكمی یەكەمی نەگرییوە، ئەوەندە هەیە باسی ئەوە كراوە كە ئایەتێك بۆ حاڵەتی دووەم (رەجم) هەبووە بەڵام لـە قورئان نەنووسراوە هەرچەندە حوكمەكەی ماوە،[٣٤] هەروەها بە سوننەتی فیعلی رەجمكراوە، واتە وەك وتم میسری كـە باسـی عـەقلی سـەلەڵو شـەریعەت دەكاتو رەخنـە دەگرێتو تیـۆریزە دەكات...تاد ئەو زانیارییە سادەیەی نەزانیوە. خۆ ئەگەر بگەڕێنـەوە بـۆ (الرسالة، ل١١١-١١٢) دەبینین شافعی باسـی مەسـەلەی نەسخكردنی سوننەت بە قورئان دەكاتو لەمیانەی ئەوە چەند نموونەیەك

---

٣٤ بۆ ئەمە بڕوانە تەفسیری ئیبنو كەثیر، سـەرەتای تەفسیری سـوورەتی ئـەلنوور، بەرگی ٣، ل٢٦٠-٢٦١.

دەهێنێتەوە وەك شتانێك زانایان دەزانن كە ڕاست نین وەك ئەوەی ڕەنگ ڕەجمكردن نەسخ كرابێت ئەویش بە ئایەتی جەلدە لێدان.

هێنده بەسە و بگەڕێمەوە سەر مەسەلەی (بەرژەوەندی) كە وەك وتم میسری دەیهێنێت و دەبیات و دوایی لەشوێنێكی ترەوە دەریدەكاتەوە.

میسری هەڵەیەكی گەورە دەكات و دەڵێت هەرچی حوكمی دەقە لەچەند ئایەتێك تێپەڕ ناكات(ل٧٠) چەند ئایەت؟ وشەی چەند وامان لێدەكات بیر لە دە ئایەت بەرەو خوار بكەین، بەڵام بەداخەوە ئایەتەكانی ئەحكام زۆر لەوە زۆرترن، ڕاسته لەچاو هەموو قورئان كەمن بەڵام ((چەند)) ئایەت نین بەڵكو دەیان ئایەتن[35]، ئایەتە كەمەكان ئەوانەن كە وردكارییەكانی ئەحكام دەستنیشان دەكەن.[36]

میسری دوای ئەوه باسەكه دەباتە شوێنێكی تر، ئەو لەسەر بەرژەوەندی بەردەوام دەبێت و دەڵێت بەپێی ئیسلام شەریعەت خێرو شەڕ بۆ مرۆڤ ڕەوندەكاتەوه، بەپێی ئەمەش ئەركی شەریعەت پاراستنی بەرژەوەندیی گشتییه، بەڵام ئاخۆ بەرژەوەندیی تاكەكەس لەكوێی ئەو سیستەمەیە؟ كێ مافی موڵكایەتیی هەیە: مرۆڤ یان كۆمەڵ؟ لای میسری چەندێتی و چۆنێتیی موڵكایەتی دیار نییه، دوای ئەوه چەند ئایەتێك دەهێنێتەوه بۆ ((سەلماندنی)) ئەوەی كە شەریعەت بایەخی به بەرژەوەندیی دەوڵەمەندەكان داوه(ل٧٠-٧٢).

---

[35] بڕوانه د. زەیدان، الوجیز فی اصول الفقه، ل١٥٦-١٥٧ كە نووسەرەكە، بە پشتبەستن بە سەرچاوەی تر ژمارەی ئایەتەكانی هەر بابەتێك دەژمێرێت و كۆكەیان ٢٢٨ ئایەته.

[36] بڕوانه الوجیز فی اصول الفقه، ل ١٥٨.

جگە لـەوەی میسـری بەرژەوەندیی گشـتیی لـە سنووری موڵکایـەتی تەسككردوێتەوە لە گریمانەی ((نادیاربوونی سنووری موڵکایەتی)) دەگاتە ئەو ((ئەنجامەی)) کە شەریعەت بەرژەوەندیی دەوڵەمەندەکانی لەلا مەبەست بوو کە ڕاستەکەی هیچ پەیوەستێک لەنێوان ئەو دوانە نییە. بێگومان ئەگەر ئیسلام سنووری موڵکایەتیی دیاری بکردایە دەوترا شەریعەت مرووینەتی نییەو تەنها بۆ ئەو سـەردەمە دەشیا، بەڵام کـە دەبینن ئـەو سنوورانە بە وردی دیارینەکراون دیسان ئەوە دەکەنە رەخنه.

نەشارەزایی نووسـەر لـە ئیسـلام لـە شتێکی تـر دەردەکـەوێت ئـەویش بێئاگاییەکەی لەو فەرمانانە کە موڵکایەتیی گشتی دەپارێزنو کە یەکێکیان دەڵێت: ((خەڵکی لە سێ شت بەشدارن: لەوەرو ئاو و ئاگر-ئەحمەدو ئەبو داوود ڕوایەتیان کردووە))، بە زاراوەکانی ئەمڕۆش سامانی ئاوو سامانی نەوتو هاوشێوەکانی، هەروەها لەوەرگەکان.. موڵکی گشتینو کەس بۆی نییە پاوانیان بکات.

نووسـەر (ل۷۲) دوایی دەچێتە سەر پەیوەندیی دادپـەروەریو شـەریعەتو قسەکەی شافعیش دەهێنێتەوە کە عەدالـەت گوێڕایەڵیی خودایە. میسـری دەنووسێت: شافعی بەراشکاوی ئەم مەسەلەیە یەکلایی دەکاتەوەو دەڵێت: (عەدالـەت بێجگە لە ئیتاعەتی خواوەند هیچی تـر نییە) ئاماژەش بۆ لاپـەڕە (۲۵)ی کتێبەکەی شافعی دەکات. قسـەکەی شافعی لـەو لاپـەڕەیە ئەمەیە (عـەدل ئەوەیـە کـار بـە گوێڕایـەڵی خـودا بکرێـت)، ئـەویش لەمیانـەی ڕوونکردنەوەی ئەو دوو کەسەی (ذوا عدل)نو دەکرێنە شایەت لە مەسـەلەی تەڵاقو لەو ئایەتانە باس لە خواترسانو زوڵم نەکردن لە ئافرەتی تەڵاقدراو کراوە (ئایەتی تریش هەن باسی ئەو دوو خاوەن عەدلە دەکەن)، قسـەکەی

شافعیش لەمیانەی باسێکی تر هاتووە ئەویش چۆنێتیی ڕوونکردنەوەی فەرمانەکان لەلایەن خوداوە. ئینجا میسری دەنووسێت: شافعی دوابەدوای ئەم تاریفە مەبەستەکەی ڕوونتر دەکاتەوەو دەڵێت (ئیتاعەتی خواوەند واتە ئیتاعەتی شەریعەت)و ئاماژە بۆ هەمان لاپەڕەی الرسالة دەکات، کە شتی وا لە لاپەڕەیە، بەڵکو لە بەشەش، نییەو ئەوە نیشانەیەکی تر کە میسری ئەو زانیارییانەی بە سەقەتی لە سەرچاوەیەکی تر ((بردووە)).

قەڵەمی میسری دوای ئەوە دەڕوات(یان نەقڵ دەکات): گوێڕایەڵیی خوداش واتە گوێڕایەڵیی شەریعەت، شەریعەتیش یانی یاسا، یاساش چەند بنەمایەکە دەسەڵات وەک ئامرازی حوکمڕانی بەکاریدەهێنێت، ملکەچکردنی تاکەکەسیش بۆ یاسا لە جەوهەر شەرعیەتدانە بە دەسەڵات با ئەو دەسەڵاتە عەدالەتیش پەیڕەو نەکا(ل٧٢–٧٣).

هەرچەندە نووسەرەکەمان بەشایەنی ئەوە نازانین موناقەشەی مەسەلەکانی شەریعەتو عەدالەتی لەگەڵ بکەین بەڵام بۆ ئەوەی ئەم مەسەلەیە تێنەپەڕێت بەکورتی بە خوێنەر دەڵێین: ئەوەی میسری ڕیزی کردووە جگە لە نەزانی دوورکەوتنەوەیە لە جەوهەری باسی عەدالەتو شەریعەت چونکە زانایانو بانگخوازان دەڵێن دادپەروەری لە چەسپاندنی شەریعەتە، چەندیش فەرمانڕەوا لە شەریعەتەوە نزیک بێت دادپەروەری دەچەسپێنێت (بۆ نموونە خەلیفە ڕاشیدەکان) بەپێچەوانەشەوە (ئومەوییەکانو عەباسییەکانو سەردەمەکانی دواتر تا ئەمڕۆ)، ئیتر ئەوە نەشارەزاییە یان ستەمکردنە عەدالەتو شەریعەت بە دوو شتی جیاواز بزانرێن.

میسریش کە بینیمان لە مەسەلەکانی فیقه و شەریعەتو فەرمووده

زانیاریی تەواوی نییە یان زانیاریی ئاوەڕووی هەیە پێمان دەڵێت موجتەهیدەکان نەیانتوانیوەو ناتوانن وەڵامی پرسیاری: ((شەریعەت بەرژەوەندییە یان بەرژەوەندی شەریعەتە)) بدەنەوە، ئەم قسەیەی میسریش بازێکە لە دادپەروەرییەوە بۆ بەرژەوەندی، ئاشکراشە بەرژەوەندی هەموو کات دروست نییە، بەڵام بەو بازە ڕازین ئەگەر موعالەجەی بابەتەکە دروستو مەنتقی بێت.

میسری دوو ئیحتمال دادەنێت: ئەگەر شەریعەت لەگەڵ بەرژەوەندیی مرۆڤ ناگونجێت کەواتە شەریعەت دوورە لەکاروباری دونیاییەوە، ئەگەریش بەرژەوەندی شەریعەتە کەواتە لەگەڵ گۆڕانی بارودۆخی ژیان شەریعەتیش دەگۆڕێت(ل۷۳).

دەقو زمان

میسری لەبەرئەوەی نازانێت موناقەشەی چ شتێك دەکات دەبینین یەکسەر پاش باسی شەریعەتو بەرژەوەندیو بێنەوەی بواری هەناسەیەك بە خۆی بدات کێشەکە دەکاتە کێشەی ((دەق))و بەرژەوەندیو بە وتەی خۆی ئەو کێشەیە یەکلانەبۆتەوەو مەحاڵە یەکلابێتەوە چونکە ئەسڵی کێشەکە لەوەیە دەقێکی نەگۆڕ دەیەوێت بەڕەهایی حوکمی واقعیَك بکات بەردەوام لەگۆڕانە(ل۷۳)، بەڵام کیَ باسی ئەو کێشەیەی کردووە؟ هەر لەکۆنەوە دەرك بووە کراوە کە ڕووداو (=واقعات)ی نوێ دێنە پێشەوە کە دەق ڕاستەوخۆ شتی لەبارەوە نەوتوون بۆیەش ئیجتهاد بەتایبەتی پێوانە هاتەپێش. پاشان قسەیەکی خۆش دەکات کە گوایە لە قورئان لایەنی ڕەوانبێژیی بەسەر زمانی یاسا زاڵە ئەمەش وایکردووە لەدوای مردنی پێغەمبەرەوە هەر دەقێك بە چەند جۆرێك لێکبدرێتەوە(ل۷۳) یانی چی لایەنی ڕەوانبێژیی بەسەر زمانی یاسا

زاڵە؟ میسری هـەر خـۆی پێشـتر چـەند ئایـەتێك دەهێنێتـەوە، با یـەكێكیان مەڵبژێرین (وأحل الله البیع وحرم الریا)، ئایا لەم ئایەتە کـە تیا خـودا کرینو فرۆشتنی حەڵاڵ کردووەو (سوو)ی حرام کردووە زمانی یاسا کزەو زمانی ڕەوانبێژی زاڵە؟ پاشان ئەمـە چ موبالەغەیەکـە هـەر دەقێک بەچـەند جۆرێك لێکدراوەتەوە؟ هەر دەقێك؟ ئەوە قسەی كەسێکە نازانێت قورئان باسی چی دەكات. ئەوەی جێگەی موناقەشە نییە بەشێکی ئایەتەکان نەك هەموویان بـە دوو واتا یان زیاتر لێك دەدرێنەوە، خودی قورئانیش ئەوەی ڕوونكردۆتەوە کە قورئان دوو بەشە: ئایەتە (موحکەم)ـەکانو ئایەتە (موتەشابە)ـەکان کـە ئەمانەی دوایی چەند واتایەك هەڵدەگرن.

جارێکی تر موجتەهیدو دەسەڵات

پاشـان میسـری ئـەو باسـە دووبـارە دەكاتـەوە کـە دەسـەڵات ویسـتی دەزگایەکی فیقهی هەبێتو ئیجتهاد هەوڵێك بوو بۆ شـەرعیەتدان بـە دەوڵـەت دژی نەیارەکانی(ل٧٤) [37] ، ئەمەش تەنها قسەیە چونکە فیقه تەنها سیاسەتو حوکمڕانی نییە، پێشتریش وتبووم میسری نازانێت کە تەنها بەشێکی زانایان لەگـەڵ دەسـەڵات بـوون لـەکاتێك ئـەوانی تـر، بەتایبـەتی خاوەنـەکانی چـوار مەزهەبە بڵاوەکەی ئەمرۆ، خۆیان لەدەسەڵات دوورەخستەوە. میسری پـاش

---

[37] میسـری داواکـەی مەنسـووری خەلیفـەی عەبباسـی لـە مالـك کـە (الموطأ) بنووسـێتەوە دەكاتـە بەڵگـە(ل٧٤) کتێبەکـەی (القطان)یـش دەكاتـە سەرچـاوە (بـەڵام دەنووسـێت لاپەڕە ٣٥٠) بەڵام لەهەمان کتێبو هەمان لاپەڕە ئەوەش هاتووە کـە هاڕون ئەلرەشید ویستی مەزهەبەکەی مالك بەسەر هەموو وڵاتان بسەپێنێتو مالك ڕازی نەبوو (القطان، تاریخ التشریع، ص٢٤٤) ئینجا ئەگەر دامەزراوەی فیقهی ڕەسمی هەبوایە بۆچی خەلیفەی داوای ئەوەی دەکرد، کە داواشی کرد چـۆن لـە مـالکی قبـووڵ کرد قسەکەی بشکێنێت؟

ئەوە دژ بەخۆی قسە دەکات چونکە باسی ناکۆکی نێوان موجتەهیدەکان دەکات کە گوایە ئەو ناکۆکییانە بۆ خواستی خودا گەڕاندرێتەوە(ل٧٤) پرسیارەکەش ئەوەیە: دەولّەت چۆن ڕێگە بەو ناکۆکییە دەدات ئەگەر خۆی ویستوویەتی دامەزراوەی فیقهی هەبێتو لەخزمەتی بەشەرعکردنی ئەو بێت؟ دیارە میسری کە زانیاری لێرەو لەوێ کۆدەکاتەوە ئاگای لەو ناڕێکییانە نییە.

<h2 style="text-align:center">سوننەتو تەشریع</h2>

لە بەشی داهاتوو زیاتر لەسەر سوننەت وەک سەرچاوەی دووەمی تەشریع دەدوێین، جیاکردنەوەی ئەو بەشەش لەبەر ئەوەیە میسری زانیارییەکانی لە کتێبێکی دیاریکراو ((بردووە)). ئەو کورتەیەی خوارەوەش لێرە بەسە:

میسری بەو داماوییەی خۆی لە قورئانو زانستی فەرموودەو فیقه ویستوویەتی موناقەشەی سوننەت وەک سەرچاوەی دووەمی تەشریع بکاتو بەحسابی خۆی ڕەخنەی لێبگرێت. میسری خالّی یەکەمی ڕەتکردنەوەی سوننەت وەک سەرچاوەی دووەمی تەشریع دەلّێت ئەویش کە زۆربەی ئەو ئایەتانەی موجتەهیدان دەیانکەنە بەلّگە پەیوەندییان بە حالّەتی تایبەتییەوە هەیە نەک تێکڕای موسلّمانان. سەرەتا ئایەتی ((وما اتاكم الرسول فخذوه وما نهاكم عنه فانتهوا –الحشر:٧)) دەبەستێتەوە بە حالّەتی تایبەت ئەویش دابەشکردنی دەستکەوتەکانی شەڕو ئەو ئایەتە حوکمێکی گشتی نییە بۆ هەموو موسلّمانان کە بۆ هەموو شتەکان فەرمانی پێغەمبەر جێبەجێ بکەن(ل٧٧) پاشان ئایەتی ((یاایها الذین امنوا اطیعوا الله واطیعوا الرسول – النساء: ٥٩)) کە بەلّگەیەکی تری موجتەهیدانە لای ئەو بۆ مەسەلەیەکی دیاریکراو هاتووە ئەویش ڕووداوەکەی عەبدوللّا کوڕی حوذافە(ل٧٧) ئینجا ئایەتی ((فلیحذر الذین یخالفون عن امره ان تصیبهم فتنة .... تا عذاب الیم –

النور ٦٣) باسی حاڵەتێکی تایبەت دەکات ئەویش چۆنێتیی ڕەفتارکردن لـه مەجلیسی پێغەمبەر(٧٧-٧٨) ئایەتی ((وما کان لمؤمن ولا مؤمنة اذا قضـی الله ورسـوله امـرا ان یکـون لهـم الخـیرة مـن امـرهم – الاحـزاب ٣٦)) ئەمـه فەرمانێکی گشتی نییە سەبارەت بەوەی کە پێغەمبەر فەرمانێکی دا ئیتر نابێت کەس سەرپێچی لێ بکات بەڵکو ئەو ئایەتـه باسی حاڵەتێکی تایبەت دەکات کە پەیوەندیی بە ڕازینەبوونی (زەینەب کچی جەحش)ـه کە شـوو بـه (زەید کوڕی حاریثە) بکات(ل٧٨) .

ئایەتی ((فلا وربك لایؤمنۆن حتی یحکموك فیما شجر بینهم ثم لایجدوا فی انفسهم حرجا مما قضیت ویسلّموا تسلیما – النساء)) پەیوەندیی بە کێشـەی (زوبەیر کوڕی ئەلعوام)و موسڵمانێکی مەدینه هەبوو لەسەر نۆرەی ئاو(٧٨).

ئەو وەڵامەی میسری (کە بێگومان له نووسەری تر وەریگرتووه بەڵام لێره ناوی نەبردووه) بێماناترین وەڵامـه چـونکه ئەگـەر وا بێت پێویسـتـه چـەندین ئایـەتی قورئـان بـۆ چارەسـەری کێشـەی تایبـەتی هـاتبنو هـیچ شـتێکیان پەیوەندیی بە هیچ کەسێکی تری موسڵمانەوه نەبێت، ئەگـەر واشـبێت بۆچی ئایەت بەتایبەتی بۆ ئەو کێشە تایبەتانە دێنـه خـوار؟ بۆچی بـه فـەرمانێکی پێغەمبەر چارەسەر نەکران؟وەنەبێت زانایان ئاگایان لەوه نەبووبێت کە ئـەو ئایەتانه له ڕووداوێکی دیاریکراو هاتبوونه خوارەوه بەڵام ئەو حاڵەتە تایبەتانه بوون بە تەشریع بۆ هەموو موسڵمانان ئیتر قورئان کە ئاماژەی بۆ ڕووداوێك کردووه پاشان فەرموویەتی (ئـەی ئیمانداران گوێڕایـەڵی پێغەمبـەر بن) ئـەو فەرمانه بۆته حوکمێکی گشتی، لەفزی ئایەتەکەش تایبەتکردنی بە کەسێکی دیاریکراوەوه هەڵناگرێت، خۆ ئەگەر وا بوایه قورئان دەیوت(ئـەی عەبـدوڵلا کوڕی حوذافه گوێڕایەڵیی خوداو پێغەمبـەر بە)، یان دەیوت : فڵانو فڵان بەم

شێوەیە لە مەجلیسی پێغەمبەر هەلّسوکەوت بکەن، یان دەیوت ئەی زەینەب پێویسته شوو به زەید بکەی، یان ئەی کابرای ئەنصاری ئیمان ناهێنی تا بەحوکمی پێغەمبەر رازی نەبی، ئینجا جگە لەو کەسانه موسلّمانی تـر بۆیان هەیه گوێرایەلّیی پێغەمبەر نەبنو به حوکمەکەی رازی نەبن، ئەمەش جگە لـه سەخافەتی عەقلّ هیچی تر ناگەیەنێت.

زانایان لەبەر ئەو شتانه ئەو بنەمایەیان دامەزراندبوو: ((العبرة بعموم اللفظ لا بخصوص السبب)) واتـه تەماشـای لـەفزی گشـتیی وشـەکانو رستـەکان دەکرێت نەك هۆی هاتنی دەقەکه. [٣٨]

خۆ ئەگەر حەزمان لە عینادیو لە سەخافەتی عەقلّ کردو وتمان نەخێر ئەو ئایەتانه تایبەتن بـەو رووداوانـەو فـەرمانی گوێرایەلّیی پێغەمبـەر تـەنها ئـەو کەسانەو ئەو حالّەتانه دەگرێتەوە دیسانەوە ئەو رووداوانه دەبنه تەشریع بۆ حالّەتـه هاوجۆرەکـان، ئەمـەش هاوشـێوەی بنەمایـەکی یاسـاییه کـه پێـی دەوترێت (الحکم بالسابقة القضائية) واته که رووداوێك دەچێتـه بـەردەم قـازی تەماشا دەکات ئەگەر پێشتر حالّەتێکی هاوجۆر هەبێت ئەو کاتـه حوکم لـەو حالّەته نوێیه بەپێی حوکمی حالّەتـه کۆنەکـه دەکـات، ئـەوەش لـەزۆر ولّات هەیەو قەزای بەریتانیا زۆر بەوە ناسراوه.

خالّی دووەمی رەتکردنەوەی سوننەت وەك سەرچاوەی دووەمـی تـەشریع (که دیسان دلّنیام قسەی نووسەری تره) ئەوەیه قورئان تەئکیدی کردووە که هەموو شتێکی تیا رووـن کراوەتـەوەو تاکه سەرچاوەی شەریعەته (ئەمەیان لە قسەی خۆی دەچێت چونکه کەس ئەو قسه بێبنەمایه ناڵێت گوایه ئایـەتی

[٣٨] بروانه: د. زیدان، الوجیز فی اصول الفقه، ل٣٢٤.

قورئان هەیە بلێت قورئان تاكە سەرچاوەی شەریعەتە) ئیتر چ پێویست بە سەرچاوەیەكی تری شەریعەتە؟(ل٧٨).

میسری ئاگای لە زانایان نییە كە باسی قورئانو سوننەتیان بەم جۆرە كردووە: قورئان شتەكانی بەگشتی ڕوونكردۆتەوە، وردەكارییەكانیش لە سوننەت دەدۆزینەوە، بۆ نموونە قورئان ڕیبا (سوو)ی حەرام كردووە سوننەتیش چەند جۆرێكی ڕیبای دیاریكردووە. سەیریش ئەوەیە هەر ئەو كەسانەی گومان لە سوننەت وەكو سەرچاوەیەكی تەشریع دەكەن گوایە قورئان وتوویەتی هەموو شتێكی تیا ڕوونكراوەتەوە، هەرئەوانە لە موناسەبەیەكی تر ڕەخنە لە قورئان دەگرن كە ڕاست نییە هەموو شتێكی تیا ڕوونكراوەتەوە.

خاڵی سێیەمی ڕەتكردنەوەی سوننەت وەك سەرچاوەی دووەمی تەشریع ئەوەیە سەدەیەك پاش مردنی پێغەمبەر دەستكراوە بە كۆكردنەوەی فەرموودەكانی(میسری، ل٧٩). دوای ئەو قسەیەش نووسەرەكەمان (ل٨٠) دەڵێت: پێغەمبەرو خەلیفە ڕاشیدەكان كۆكردنەوەو نووسینەوەی فەرموودەیان لا پەسەند نەبووەو یەكەم كەس بیری لەمە كردبێتەوە خەلیفەی ئومەوی عومەر كوڕی عەبدولعەزیز (٩٩-١٠١ كۆچی) بوو لەبەرئەوە... لەبەرئەوە... لەبەرئەوە چی ڕووی دا؟ دەگەرڕێینو نازانین چ ئەنجامێكمان لەمەوە دەستدەكەوێت، واتە دەبوایە ئەنجامی ئەو ڕاستییەی كە سەدەیەك دوای مردنی پێغەمبەر دەست بەكۆكردنەوەی فەرموودەكان كرا ئەوە بێت كە ناتوانین سوننەت بە سەرچاوەی دووەمی تەشریع بزانین، بەڵام نە میسری نە ئەو ئەنجامەی وتووە، نە ڕاستییەكەش دەتوانێت بمانگەیەنێتە ئەو ئەنجامە. فەرموودە بنووسرێتەوە یان نەنووسرێتەوە هیچ لەو ڕاستییە ناگۆڕێت كە

پیاوانی ئەو سەردەمە لەبەریان بووەو کاریان پێدەکرد.

واتە تەنها نووسینەوەی سوننەت شەرعیەتی پێنادات ببێتە سەرچاوەیەکی تەشریع چونکە ئەو شتەی شەرعیەتی پێدەدات مەسەلەیەک لەدەرەوەی مەسەلەی نووسینەوەو کۆکردنەوەیە کە بریتییە لەوەی سوننەت وتارو کرداری پێغەمبەرە، شتێکیش کە نووسینەوە ئەنجامی دا پاراستنی سوننەت بوو لە فەوتان،[39] بشفەوتایە نەدەبووە سەرچاوەیەکی تەشریع بەلّام فەوتانی سەرچاوەیەکو شەرعیەتی ئەو سەرچاوەیە دوو شتی جیاوانن. بەم شێوەیە ئەو بەناو بەلّگەیە (واتە فەرمووده دوایی نووسرایەوەو کۆکرایەوە ئەمەش بەلّگەیە کە سەرچاوەی تەشریع نەبووەو فەقیهەکان کردوویانە بە سەرچاوە) لەسـەر بناغەیـەکی پتـەو ڕاناوەسـتێت بەلّکو لەسـەر هـیچ بناغەیـەکیش ناوەستێت، خۆ ئەگەر بگەڕێینەوە بۆ میسرییەکەی خۆمان دەبینین، ئەمەشم پێش کەمێک وتبوو، ئەو نیوەی ((بەلّگە))کەی باس کردووەو نەیزانیوە چی لەو نیوەیە بکات، مۆکەشی بریتییە لە هۆیە سەرەکییەکەی هەموو هەلّەکانی تـری ئـەویش بەرهەمـەکـەی بەشـێوەیەکی ناشـەرعی ڕوونـاکیی بینیـوەو خاوەنەکەی بەنەشارەزایی لەسەر بەرهەمی خەلکی تر دەژی.

میسری دوای ئەوە خالّی چوارەم باس دەکات کە بریتییە لە ڕەتکردنەوەی عیسمەتی پێغەمبەر، ئەو عیسمەتەی بووەتە بەلّگەیەکی زانایان لەسەر ئەوەی

---

[39] ئەمـەش زۆر دوورە چـونکە تەنانـەت ئەگـەر هەولّـەکانی عومـەریش نەبوایـە کەسانێک هەبوون ئەو کاتە فەرمووەەیان دەنووسییەوەو دواتریش کەسانی وا پەیدا دەبوون چونکە زەروورەتێکو خۆی دەسەپێنێت. میسری لێرە کە کارێکی مێژوویی دەداتە پالّ مرۆڤێک زۆر لە مارکسیەت دوور دەکەوێتەوەو لـەو فەلسـەفەیە نزیـک دەکەوێتـەوە کە دەورێکی گەورە بە تاکەکەس لە مێژوو دەدات.

سوننەتەکەی سەرچاوەیەکی تەشریعە.

میسری دوای زیاتر لە چوار لاپەڕە لە باسی عیسمەت دەپرسێت: ئەگەر مەسەلەکە وا نەبێتو ئەگەر خەلیفە ڕاشیدەکان نەیانهێشتبێت کەس بەکۆکردنەوەو نووسینەوەی فەرمووده خۆ خەریک بکات ئیتر لەسەر چ بنەمایە سوننەت کرایە سەرچاوەی دووەمی شەریعەت؟(ل٨٦).

ئا لێرەو پاش ئەو هەموو لاپەڕانە نیوەی تری بەڵگەکەی بیردەکەوێتەوە بەڵام خۆش ئەوەیە یەکسەر دوای قسەکەی سەرەوەو بێئەوەی بیریبکەوێتەوە کە ئەو باس لە سەرجەم بەڵگەکانی دژ بەکردنی سوننەت بە سەرچاوەی تەشریع دەکات باسەکە دەباتەوە سەر مەسەلەی سوننەتو لاپەڕەو شتێك لەسەر نووسینەوەی سوننەت دەڕوات(ل٨٧–٨٦)، یەکسەریش باز دەدات بۆ ((بیانوویەکی تری موجتەهیدان)) بۆ کردنی سوننەت بە سەرچاوەی دووەمی شەریعەت ئەویش ((گوایە قورئان بەکورتیو چڕی ئەرکە ئایینییەکانی دەستنیشان کردووه))(ل٨٧)، ئینجا شتێکی خۆش دەڵێت ئەویش گوایە مەسەلەکانی نوێژو ڕۆژوو و حەج ئەرکی ئایینینو پێویستی دەکرد پێغەمبەر لەسەرەتاوه مەرجەکانی ئەو ئەرکانەی دەستنیشان بکردایە بەڵام ئەمانە ئەرکی ئایینینو ناچنە خانەی مەسەلە کۆمەڵایەتییەکانەوە(ل٨٨). مەبەستی میسری لێرە ئەوەیە سوننەت تەنها بۆ ئەرکە ئایینییەکانە بەڵام مەسەلەکانی کۆمەڵگەو دەوڵەتو فەرمانڕەوایی پێویست بە ڕوونکردنەوەیان نەبوو، ئەمەش قسەیەکی خۆشە چونکە هێندەی بزانم یەکەمجارە سوننەت وەك سەرچاوەی تەشریع تەنها بۆ نوێژو ڕۆژوو و حەج قبووڵ بکرێت، لەوەش خۆشتر ئەوەیە میسری قسەی خەلکی تری دەهێنایەوه سەبارەت بە گومانکردن لە سوننەت وەك سەرچاوەیەکی تەشریع کەچی لێرە سوننەت دەکاتە سەرچاوەیەك بۆ

تەشریع، سەربارى ئەوەش ئیبداع دەكاتو ئەو تەشریعە تەنها بۆ شتى دیاریكراو دادەنێت.

میسرى دواى ئەوە بازێكى تر بۆ مەسەلەیەكى تر دەدات ئەویش ئەوەى كە قورئان هەموو شتە حەرامكراوەكانى دەستنیشان كردووەو ئەوەى قورئان لێیان بێدەنگ بووە حەرام نین، لەمەشەوە دەچێتە سەر موجتەهیدان كە قبوولّیان نەكردووە بازنەى حەرام بەو تەسكییە بمێنێتەوەو پێوانە (القیاس)یان كردووە بەو میكانزمەى بازنەى حەرام رۆژ لەدواى رۆژ فراوانتر بكات(ل٨٨–٨٩). دواتر دەچێتە سەر شافعى كە خۆى و هاوەڵانى ویستیان لەسەر بناغەى یەكدەنگى (ئیجماع)و پێوانە مەسەلەى دەسەلّات بخەنە ناو چوارچێوەیەكى تیۆرییەوە(ل٩٠). ئەو هەموو بازبازێنەى میسرى دەگەرێتەوە بۆ ئەوەى كە ئەو دەرەقەتى ئەو مەسەلانەى نییەو هەموو ئیشەكەى بریتى بووە لە نەقلكردن لە سەرچاوەكانو بێئەوەى بزانێت یان بیربكاتەوە چەند سەرەتاى قسەكانى لەگەلّ كۆتاییەكان گونجاونو چەند بەیەكەوە رەبتیان هەیە.

كۆتایى ئەو باسانەش لە كتێبى (السلطة فى الاسلام)ى (عبدالجواد یاسین) وەرگرتووەو هەندێك جار ناوى هێناوەو زۆر جار سەرچاوەكانى ئەوى ((بردووە)) گوایە خۆى ئەو سەرچاوانەى بینیوە، ئەمەش هەلّدەگرم بۆ بەشێكى ترو جارێكى تر دەگەرێمەوە سەر سەرەتاى باسەكە ئەویش زۆر بەكورتى:

مەسەلەى نووسینەوەى سوننەت : (میسرى سەرەتا لە لاپەرە ٧٩ باسى ئەوەى كردووەو دوایى رەشەبا فرێیداوەتەوە سەرى و لە لاپەرە ٨٦ ـەوە سەرى دەركردووە). وتم نووسینەوەى سوننەتو كردنى بە سەرچاوەیەكى تەشریع دوو شتى جیاوانن. ئەمەش چەند نموونەیەك لە تێگەیشتن لە

فاضل قەرەداغی

باسەکە:

یەکەم: قسەی عومەر دەگێڕێتەوە: تا دەتوانن هیچ لەبارەی پەیامبەرەوە مەگێڕنەوە(ل٨٠) ئەوەشی لە یاسین وەریگرتووە لەکاتێک دەقەکە دەڵێت (اقلوا الروایة عن رسول الله) واتە (کەم بگێڕنەوە) نەک (هیچ مەگێڕنەوە).[٤]

دووەم: دەڵێت: تەنانەت لەسەر گێڕانەوەی سوننەت سێ کەسی لە یاوەرانی پێغەمبەر زیندانی کردووە. ڕاستەکەشی (لەسەر زۆر گێڕانەوە) نەک (گێڕانەوە)، واتە کێشەکە گێڕانەوە نەبوو بەڵکو زۆر گێڕانەوە، بەم شێوەیەش عومەر دژ بە گێڕانەوە نەبووە، چۆنیش دژی بێت لەکاتێک هەر خۆی فەرموودەی گێڕاوەتەوە؟

سێیەم: باسی کۆکردنەوەو نووسینەوەی فەرمووده دەکاتو دەڵێت بەرهەمی هەر یەک لەو کەسانه: ئەبو داوود، ئەبوبەکر عەبدوڵڵا کوڕی زوبەیر، ئەحمەد کوڕی حەنبەل ... تاد ناوی (مەسنەد)ی لێ نرا(ل٨٠) جارێ ئەوەی ئەبو داوود پێی ناوترێت (موسنەد) بەڵکو (سونەن)، دووەمیش میسری نازانێت موسنەد چییەو بۆچی ئەو ناوەی لێنراوە، ئەو کتێبەی کە فەرموودەکانی بەپێی ناوی ئەو سەحابییانەی فەرموودەیان گێڕاوەتەوە تەرتیب کردووە ناوی (موسنەد)ە، واتا بەپێی بابەت تەرتیب نەکراوە.

---

[٤] کارێکی هەڵبژاردن لە باسەکەی (یاسین) هەیە. یاسین باسی ئەوە دەکات کە ئەوە ئامۆژگاریی عومەر بوو بۆ ئەو وەفدەی ناردبووی بۆ کووفه بەڵام هەموو باسەکە ناگێڕێتەوە کە هۆی ئامۆژگارییەکەمان بۆ ڕووندەکاتەوە ئەویش قسەکەی عومەر کە قورئان کارێکی گەورەی هەیە بەسەر خەڵکی ئەوێ بەڵام ئەوانە کە فەرموودەیان بۆ بگێڕنەوە خەڵکەکە دەڵێن ئەوانه هاوڕێی پێغەمبەرن ئیتر قسه لە ئێوه وەردەگرن (واتە لەجیاتی ئەوەی لە قورئان وەریبگرن). بڕوانه سنن ابن ماجه، ج١، فەرموودەی ٢٨. ئەلبانی بە صەحیحی داناوە.

میسری کتێبەکەی (مناع القطان) دەکاتە سەرچاوە کەچی ئەو زانیارییە لەوێ نییەو دیارە لە سەرچاوەیەك ئەو زانیارییەی بەسەقەتی وەرگرتووە کە ناوی کتێبێکی بەهەمان ناوونیشانی کتێبەکەی (القطان) نووسیوە.

چوارەم: میسری دەیسەلمێنێت کە چاوی بە صەحیحی بوخاری نەکەوتووە چونکە دەڵێت بوخاری ماناو مەبەستەکانی فەرموودەکانی لێکداوەتەوە(ل١٨ پەراوێز).

بوخاری تەنها دەقی فەرموودەکە لەگەڵ سەنەدەکەی هێناوەو لەچەند شوێنێکی زۆر کەم ڕوونکردنەوەیەکی کردووە ئەویش زۆر بەکورتیو زۆر جار یەك وشەی نووسیوە کە واتای وشەیەکی فەرموودەکەیە.

پێنجەم: گوایە میسری کتێبی (تاریخ الخلفاء)ی (سیوطي)ی بینیوەو بەکاریهێناوە(ل٨١)، ڕاستەکەشی ئەوەیە ئەو زانیارییەی لە (عبدالجواد یاسین) وەرگرتووە ئەویش بەسەقەتی چونکە میسری دەڵێت سیوطي ((جەخت لەسەرئەوە دەکاتەوە کە لە ساڵی ١٤٣ی کۆچی ئینجا دەست بە نووسینەوەی حەدیث کراوە))، ڕاستیش ئەوەیە ناوبراو خۆی جەخت ناکات بەڵکو ئەو قسەیەی لە (الذهبي) نەقڵکردووە، بەهەرحاڵ سیوطي باسی نووسینەوەی فەرموودەو فیقه و تەفسیر دەکاتو دەڵێت پێش ئەو سەردەمە ئیمامەکان یان لەبەر شتەکانیان دەگێڕایەوە یان لە ژمارەیەك نووسراوی تەرتیبنەکراو.[٤١]

شەشەم: باسی کتێبی (الموطأ)ی مالك دەکات کە هاروون ئەلڕەشید ویستبووی لە سەرتاسەری قەڵەمڕەوی ئیسلام بڵاویبکاتەوە تا لە دادگا

---

٤١ السيوطي، تاريخ الخلفاء، ل٢٣٠.

قەزاوەتی پێبکرێ)میسری، ل٨٢)، ئەوەش تێنەگەیشتنە لە فیقهی ئیسلامی. ئەو وادەزانێت فیقهی ئیسلامی تەنها لە دادگا کاری پێدەکرێت، ڕاستییە سادەو زانراوەکەش ئەوەیە بەشێکی گەورەی فیقه تایبەتە بە ژیانی مرۆڤی موسڵمانو ئەو مرۆڤە بۆ زانیاری پرس بە فەقیهەکان لەدەرەوەی دادگا دەکات (لەبارەی تەهارە، نوێژ، ڕۆژوو، زەکات، حەج، ئەحکامی مردو، مامەڵەی دارایی...تاد).

حەوتــەم: وەك وتم میسری بەدوورودرێژی باسی عیسمەتی پێغەمبەر دەکاتو هەوڵدەدات ڕەتیبکاتەوە ئەویش بەپشتبەستن بە ئایەتی قورئان. بەبێنەوەی ڕۆریش بچینە ناو وردەکارییەکان، عیسمەتی پێغەمبەر بەم جۆرەیە: عیسمەتی پێغەمبەر بەو مانایە نییە کە بەهیچ جۆرێك هەڵە نەکات بەڵکو واتای ئەوەیە پێغەمبەر وەکو هەموو مرۆڤێکی تر هەڵە دەکات بەڵام وەحی ئەو هەڵەیەی بۆ ڕاستدەکاتەوە چونکە ئەگەر بۆی ڕاستنەکاتەوە ئەو قسەیە یان ئەو ڕەفتارە دەبێتە تەشریع بۆ موسڵمانان، دەقی ئایەتەکانیش ئەوە ئاشکرا دەکەن کە خودا شتەکانی بۆ پێغەمبەرەکەی ڕاستدەکردەوە، ئەو قسەیەش بێمانایە ئەگەر بوترێت ئەوەی بەدەستمان گەیشتووە لە قسەکانو ڕەفتارەکانی پێغەمبەر (بێگومان ئەوانەی بە گێڕانەوەی صەحیح بەدەستمان گەیشتوون) ئیحتمالی هەڵەیان هەیە چونکە ئەگەر وا بێت قورئانیش ئەو ئیحتمالەی تیایە چونکە لەڕێگەی پێغەمبەرەوە ئەو قورئانەمان بەدەست گەیشتووە، ئەو کاتەش پێغەمبەرایەتی واتای نابێت. میسریش (کە شتەکانی لە خەڵکی تر وەرگرتووە) دەیەوێت بەپێی دەقی قورئان بۆمان بسەلمێنێت کە سوننەت قابیلی هەڵەیە چونکە پێغەمبەر عیسمەتی نییە بۆیە هەڵەیە بکرێتە سەرچاوەیەکی تەشریع.

سەیر ئەوەیە میسری هەر خۆی لەهەمان شوێن دەڵێت مەعصووم ئەو
کەسەیە خودا ڕێگای لێگرتووە هیچ شتێکی وا بکات پێچەوانەی فەرمانی ئەو
بێت(ل۸۲ پەراوێز) کە ئەمە نەک تەنها حاڵەتی پێش ئەنجامدانی کرداره
هەڵەکە دەگرێتەوه بەڵکو پاش کردارەکەش کە ئەمیان (ڕاستکردنەوەی هەڵە)
دەگرێتەوه.[۴۲]

پرسیارێکی ڕەواش لێردەا هەیە: بۆچی ئەسلّەن خودا ڕێگەی داوە بە
پێغەمبەر ئەو هەڵەیە بکاتو دوایی بۆی ڕاستبکاتەوە؟ ئەمە حیکمەتێکی
گەورەی تیایە چونکە تەئکیدکردنە لەسەر ئەوەی پێغەمبەر مرۆڤە، خودا بە
موسلّمانان بە ناڕاستەوخۆ دەڵێت پێغەمبەر مەخەنە ڕیزی من، ئەوەتا ئێوە
دەیبینن هەڵە دەکاتو من بۆی ڕاستدەکەمەوه. ئەمە وریاکردنەوەی مرۆڤە
لەلایەن خوداوە کەچی دەبینین لەسەردەمی جەهالەت بێئاگایان لە
سەرچاوەکانی ئاین پێغەمبەریان گەیاندۆتە ئاستی سەروو مرۆڤەکانو تەنانەت
ڕوو لە ئەوی مردوو دەکەنو وەکو خودا لێیا دەپارێنەوه.

ئەو جەهالەتەش تەشەنەی کردووە تا گەیشتۆتە مرۆڤەکانی خوار
پێغەمبەر وەک شێخی مردوو و زیندوو و ئەو کەسەی بڵێت هەڵەیەکیان
کردووە دەخرێتە خانەی کافران.

وەکو وتم میسری چەند بازێک دەدات تا جارێکی تر لە شوێنێکی نەشیاو
دەچێتەوه سەر باسی نووسینەوەی سوننەت ئەویش چونکە ئەو
سەرچاوەیەی سوودی ناڕەوای لێوەرگرتووە (کتێبەکەی یاسین) باسی

---

[۴۲] میسری دەنووسێت عیسمەت واته ڕێپێیدان (المنع) —کە ئەمە هەڵەیەو ڕاستەکەی
ڕێپێیندانە— بابڵێین هەڵەی چاپە، بەڵام دیسان هەڵەیە چونکە ئەو (منع)ــە لێرە
ڕێگەپێیندان نییە بەڵکو (پاراستن)ــە.

نووسـینەوەی سـوننەت دەکـات..ئێسـتاش کـاتی هـاتووە بچـینە سـەر ((بردنەکانی)) میسریو تێنەگەیشتنی لەو کتێبە.

سوننەت وەك سەرچاوەی دووەمی تەشریع

میسریو ((بردن)) لە کتێبی (السلطة فی الاسلام)ی
(عبدالجواد یاسین)و بەپاڵ ((بردن))
سەقەتکردنو پاش سەقەتکردن
قسەکردن لەسەر بابەتەکان

میسری دەنیشێتە سەر (عبدالجواد یاسین)و بەئارەزووی خۆی لە کتێبەکەی
(السلطة فی الإسلام، العقل الفقهي السلفي بین النص والتأریخ) زانیاریو
سەرچاوە ((دەبات))و لەکۆی بیست لاپەڕە (لاپەڕە ٨٦ تا ١٠٥)ی کتێبەکەی
میسری تەنها شەش جار ناوی ئەو کتێبە دەنووسێت. [43] بەڵام کارەکەی
میسری بە ((بردن)) ناوەستێت چونکە میسری وەکو سەرچاوەکانی تر کە بەر
شاڵاوی ((بردن))ی کەوتوون لە باسەکانی ئەو کتێبە تێناگات بۆیە باسەکان
تێکەڵوپێکەڵ دەکاتو زانیاری بەهەڵە نەقڵ دەکات، لەبەرئەوەش کە
کارەکەی بریتییە لە ((بردن))و شوێنپێ هەڵگرتن دەبینین چەند باسێك
دەهێنێتە پێشەوە کە لە کتێبەکەی یاسین شوێنی خۆیانە بەڵام لە کتێبەکەی
ئەو لە شوێنی نەگونجاو خۆیان قوت کردۆتەوە.
میسری ئاگای لەوە نییە کە (یاسین) سوننەت بەشێوەیەکی جیاواز

---

[43] ئەمە بەشی سەرەکی ((بردنەکانە)) دەنا پێش ئەوە (ل٧٩—٨٠) هەمان کاری لەگەڵ
کتێبەکەی یاسین کردووە.

وەردەگرێت. یاسین سوننەتی پێ قبوولە بەڵام رەتی ئەوە دەکاتەوە سەرجەمی ئەو فەرموودانەی لەبەردەست هەن سوننەت بن. مەبەستیشی لە فەرموودەی دانراو (موضوع)و لاواز (ضعیف) نییە کە کەس ئەمانە بە بەشێك لە سوننەت نازانێت، بەڵکو ئەو گومان دەخاتە فەرموودەی زۆری دوو صەحیحی (بوخاری)و (موسلم) چونکە بەپێی ئەو، واتە (یاسین)، سوننەت تەنها ئەو وتارو کردارانەی پێغەمبەرن کە بەشێوەی (التواتر المستفیض)‟ گەیشتوونەتە دەستمان(یاسین، ل۲٤٥-۲٤٦).

میسری چۆتە سەر خوانی خەڵکی تر بێئەوەی بزانێت چی لەسەر ئەو خوانە دەخورێتو بێئەوەی سوپاسی خانەخوێکەی بکات. پێویستە رەخنە لەو رەفتارەی میسری بگیرێت، ئەمما موناقەشەی بیرویۆچوونەکانی.. ئەوە لە میسرییەوە دوورو پێویستە میسری بخرێتە ئەولاوەو موناقەشەی بیرویۆچوون لەگەڵ یاسین بکرێت.

‟یاسین لێرە هەڵەی کردووە کاتێك ناوی ((التواتر المستفیض)) دەبات چونکە فەرموودەی موتەواتر جیایە لە ((موستەفیض))، فەرموودەی موتەواتر ئەوەیە ژمارەیەك هێندە زۆر دەیگێڕنەوە کە ناکرێت هەموویان لەسەر درۆکردن رێككەوتبن، ئەمەش لەهەموو ((چینەکانی)) سەندەدەکە، واتە ژمارەیەکی زۆری صەحابییەکان گێڕاویانەتەوە، ژمارەیەکی زۆری تابعییەکانیش لەو صەحابییانە گێڕاویانەتەوە.. تا دەکاتە کۆتایی سەندەدەکە، بەڵام فەرموودەی موستەفیض هاوواتای فەرموودەی (مەشهوور)ە یان نزیکە لێی ئەویش کە جۆرێکە لە فەرموودەی ئاحادو لەهەر ((چینێك)) سێ کەس بەرەوژوور گێڕابیتیانەوە بەڵام ناگاتە موتەواتر. بڕوانە: التهانوی، قواعد فی علوم الحدیث، ل۳۲، د. محمود الطحان، تیسیر مصطلح الحدیث..، ل۲۳.

۱۲۰

سوننــەت

نارێكییەكی (یاسین)

یاسین هەندێك بابەتی خستۆتە ڕوو كە جیگەی ڕەخنەن، بەڵام شتیشی هەیە شایەنی ئەوە بێت پشتگیریی لـێ بكرێت وەك كاری خۆسەپێنەری پێوانە (القیاس) بەسـەر شـەرعو مەسـەلەی تەسككردنەوەی بازنـەی رێگەپێدراو (المباح) كە دواتر دەچمەوە سەری.

مەرجی یاسین بۆ سوننەت وەك وتم ئەوەیە بەشێوەی (تـەواتور) بەدەستمان گەیشتبێت بۆیە لای هەموو فەرموودەكانی (ئاحاد)[٤٥] قودسییەتیان نییەو دەكرێت ڕەخنەیان لێ بگیرێت تەنانەت ئەگەر لـە دوو صـەحیحی (بوخاری)و (موسلم)یش هاتبن هەرچەندە زانراوە كـە ئوممـەتی ئیسلامی صـەحیحی بوخاریی بەڕاستترین كتێب پاش قورئان زانیـوە، دوای ئـەویش صـەحیحی موسلم.[٤٦]

یاسین دەیەوێت هەموو ئەو فەرموودانە بخرێنە ژێر لێكۆڵینەوەوە، نەك تـەنها لەڕووی ئیسنادەوە بەڵكو لەوە گرنگتر لـەڕووی ناوەرۆكـەوە(مـەتن)و دەڵێت زانایان تەنها لە كەمێك لە ناوەرۆكی فەرموودەكانیان كۆڵیوەتـەوە، ئـەویش بەشەرمەوە، دەنا چەندین فەرمووده هەن لەگەڵ عەقڵ یان لەگەڵ ڕووداوە

---

[٤٥] لە بەشی پێشوو وتبوومان فەرموودەی ئاحاد ئەوەیە لە چینەكانی سەندەكە كەسانێك گێڕابێتیانـەوە ژمارەیـان ناگاتـە ژمارەی (تـەواتور)، بڕوانـە سـەرەوە بـۆ فـەرموودەی موتەواتر.

[٤٦] ئەوە بەشێوەیەكی گشتی ئەگینا گومان لەوە نییە كە غەیری ئەهلی سوننەت ئەوەیان قبووڵ نییه.

مێژوویییه‌كان نـاگونجێن. نـاوبراو چـه‌ند فه‌رموودەیـه‌ك لـه‌م بارەیـه‌وه‌
دەهێنێته‌وه‌، له‌ به‌شێكی ئه‌و فه‌رموودانه‌ش هۆكاری سیاسی دەستنیشـان
دەكات كه‌ سه‌رچاوەی هه‌ڵبه‌ستنیانه‌. ئه‌و به‌ته‌واوەتیش ڕه‌تی فه‌رموودەكانی
(ئاحاد) ناكاتـه‌وه‌ به‌ڵكو كاتێك قبووڵیان دەكات كه‌ بخرێنه‌ به‌ر تیشكی
قورئانو عه‌قڵی كوللی(بۆ ئه‌مانه‌ بڕوانه‌ لاپه‌ڕه‌ ٢٤٧).

سه‌رەتا با له‌م بۆچوونه‌ی یاسین بكۆڵینه‌وه‌.

یه‌كه‌مو كوشنده‌ترین ڕه‌خنه‌ ڕوو له‌ یاسین دەكات ئه‌مه‌ی خوارەوەیه‌:
یاسـین به‌شـی هـه‌رە زۆری فـه‌رموودەكان ڕه‌تده‌كاتـه‌وەو بـه‌ به‌شـێك لـه‌
سوننه‌تیان نازانێت، یان با بڵێین داوا دەكات ئه‌و فه‌رموودانه‌ بخرێنه‌ ژێر
لێكۆڵینه‌وەو ته‌نانه‌ت ئه‌گـه‌ر بـه‌ سـه‌نه‌دێكی صه‌حیحیشـه‌وه‌ هاتبن، بـه‌لام
دەبینین ئه‌و بۆ سه‌لماندن یان بۆ به‌هێزكردنی بۆچوونه‌كانی خۆی پشت بـه‌و
فه‌رموودانـه‌ دەبه‌سـتێت كـه‌ لـه‌ خـوار صـه‌حیحه‌وەن، ته‌نانـه‌ت ڕووداوە
مێژوویییه‌كانی ناو كتێبه‌ كۆنه‌كانی مێژووش دەكاته‌ شایه‌ت هه‌رچه‌نده‌ ئه‌وه‌
شتێكی زانراوە كه‌ ئه‌و گیانی وردبوونه‌وەو حه‌زەركردنه‌ی لـه‌ گێڕانه‌وەی
فـه‌رموودەكانی پێغه‌مبـه‌ر هـه‌بووه‌ لـه‌ گێڕانـه‌وەی مێژوو كـه‌متر بـووه‌، یان
به‌واتایه‌كی تر: كتێبه‌كانی مێژوو (ته‌نانه‌ت كتێبه‌كانی سیرەتی پێغه‌مبه‌ریش)
له‌ڕووی دروستی یان به‌هێزی سه‌نه‌دەوە ته‌ساهوڵو چاوپۆشیی زۆرتریان تیا
كراوە.

بـه‌م جـۆرە به‌شـێك لـه‌ ئه‌نجامـه‌كانی یاسـین لـه‌ناو بازنه‌یـه‌كی داخـراو
دەسوورڕێنه‌وە: به‌پێی یاسین سه‌نه‌دی صه‌حیحی فه‌رمووده‌ به‌س نییه‌ بۆ
قبووڵكردنی ئه‌و فه‌رموودەیه‌ به‌ڵكو دەبێت فه‌رموودەكه‌ بخرێته‌ به‌ر تیشكی

مێژوو، بەلّام بەشێکی ئەو مێژووە[47] ئەنجامی گێڕانەوەیە کە لەباشترین حالّەتی بە سەنەدێکی صەحیح هاتووە (بەلّام بەم جۆرە حوکمی ئەو وەکو حوکمی ئەو فەرموودانەیە کە بە سەنەدی صەحیح هاتوون لەگەلّ ئەوەش دەخرێنە بەر تیشکی مێژوو) یانیش بە سەنەدێکی صەحیح نەهاتوون ئەمەش حالّەتێکی خراپترە (واتە گێڕانەوەیەکە سەنەدی صەحیحی نییە کەچی دەبێتە پێوانە بۆ گێڕانەوەیەك کە بە سەنەدی صەحیح هاتووە). لە هەردوو حالّەتەکەش ئێمە گێڕانەوەیەکی مێژوو دەکەینە پێوانە بۆ فەرموودەیەك کە بە سەنەدی صەحیح هاتووەو لەمەوە پرسیارە رەواکە خۆی دەسەپێنێت: ئەی کام شت دەبێتە پێوانە بۆ ئەو گێڕانەوەیە مێژووییە؟ بێگومان گێڕانەوەیەکی مێژوویی تر، ئەی چیی تر دەبێتە پێوانە بۆ ئەمیان؟ .. بەم شێوەیە بازنەکە بەدەوری یاسینو بۆچوونەکەی دادەخرێت.

یاسین نەك تەنها لەو بازنەیە دەخولێتەوەو نەك تەنها گێڕانەوەی مێژوو، کە چاوپۆشیی تیا کراوە، دەکاتە پێوانە بۆ فەرموودەکان بەلّکو کارێکی لەمە خراپتر دەکات کاتێك زانیاری لە کەسانێك وەردەگرێت کە ناکرێت ببنە سەرچاوەیەکی متمانەپێکراو هەروەك (إبن عبد ربه) لە (العقد الفرید)ی یان (ئەلمەسعوودی).

ئەم کەلێنە گەورەیە ناچارمان دەکات پەنا بەرینەوە بەر ((گێڕانەوە))و بنەماکانی کە بەر لەهەموو شتێك بریتین لە سەنەد. بەپێچەوانەی هەموو گومانەکانی یاسینیش سەبارەت بە سەنەدەکان، فەرمووده ببووه زانستێکی

---

[47] مەبەست: ئەوەی روویی داو برایەوە چونکە بەشێکی تری "مێژوو" ئەو رووداوانەن کە فەرمووده پێشبینیی رووبدان کردووه بەلّام هێشتا روویاننەداوه.

وردی ((پیاوانی فەرمووده))و بەهۆی ئەو زانستەوه پێژەیەکی گەورەی فەرموودەکان پاڵەفته کراون، ئەم کارەش تا ئێستا بەردەوامە[48]. ئەوەش کە دەتوانرێت باس بکرێتو پێویسته باس بکرێت دوو شته:

یەکەم: لەبەر ئەوەی فەرموودەکانی ئاحاد (ظني الثبوت)-ن، یان وەك وردتر دەوترێت (تفید الظن الراجح بصحة نسبتها الی النبي)، واتە لەرووی گێڕانەوەیان لە پێغەمبەرەوه سەد لە سەد ئەکید نییە بەڵکو ئەگەری بەمێزتریان هەیە پێغەمبەر بەراستی ئەوانەی وتبێت[49] نابێت بکرێنه بەڵگە بەسەر کەسانی موخالفەوه هەر لە عەقیدەوه تا وردەکارییەکانی فیقە. بەواتایەکی تر فەرموودەی ئاحاد لە عەقیدەوه تا فیقە بکرێتە بەڵگە لەسەر بۆچوونی خۆم بەڵام نەکرێتە بەڵگە لەسەر هەڵەی بۆچوونی بەرامبەرەکەمو ئەو بۆچوونانەی لەسەر بناغەی فەرموودەی ئاحاد دامەزراون بچنه خانەی خیلاف لە ئیجتهاد. لەڕاستیش زانایانی فەرمووده هەموو فەرموودەکان جگەلە فەرمووده موتەواترەکان بە (ظني الثبوت) دەزانن، واتە هەرچەنده فەرموودەکە بە سەنەدێکی صەحیحەوه هاتووه بەڵام ناتوانرێت بوترێت کە هیچ گومان نییە کەوا پێغەمبەر وتوویەتی بەو شێوەیەی قورئان کە (قطعي

الثبوت)ﻩ واتە بەدلّنیاییەوە لە خوداوە هاتووە. سەیریش ئەوەیە رەوتی سەلەڤی[50] کە باوەری بە (ظلنیة الثبوت)ی فەرموودەی ئاحاد هەیە باوەری بەوەشە کە فەرموودەی ئاحاد لە مەسەلەی عەقیدە بەلگەیە هەرچەندە دەشزانین کە عەقیدە مەسەلەیەکی هەستیارەو کوفرو ئیمانو بیدعەی لەسەر دادەمەزرێن.

دووەم: عەقلّ تەنها لە سنوورێك وەکو پێوانەیەك بۆ فەرموودە بەکاریهێنرێت چونکە ئەو پێوانەیە نیسبییەو ئەوەی ئەمرۆ لەرووی عەقلّەوە قبوولّ نییە سبەی دەبێتە شتێکی ئاسایی هەروەکو رووداوی شەوروەوی (ئیسراﺀ) کە لای موشریکەکانی مەککە جێگەی باوەر نەبوو ماوەی مانگێك پیادەرەویی نێوان مەککەو بەیتولەقدیس پێغەمبەر بە شەوێك بیبرێت کە ئاشکرایە ئەوە بەلگەیەك بوو بۆ ئەو سەردەمە دەگونجا بەلّام بۆ سەردەمی خۆمان کە هۆکارەکانی گواستنەوە ماوە دوورەکانیان نزیككردۆتەوە جێگەی قبوولّ نییە. رەخنەی دروست لە ناوەرۆکی فەرموودەی صەحیح ئەوەیە ناكۆکیی ئەو فەرموودەییە لەگەلّ دەقی قورئان بدۆزرێتەوەو پێویستە ناكۆکییەکە راستەقینەو ئەکید بێت نەك وەهمی یان تەنها گومان بێت، هەروەها ناكۆکیی لەناو خودی فەرموودەکە هەبێت بەجۆرێك فەرموودەکە خۆی حوکم بەسەر خۆی بدات.

ئەوەی سەرەوە کورتەی موناقەشەیەکی دوورودرێژە کە پێویستە بکرێتو بۆ بەرهەمێکی تر هەلّیدەگرم.

دەق و پێوانە و بازنەی ڕێگە پێدراو
ڕەخنە لە یاسین و پشتگیریکردنی

ئاشکرایە کە یاسین لەو تێڕوانینەی بۆ فەرموودە و بۆ دوو صەحیحی بوخاری و موسلم زیادەڕەویی کردووە، بەڵام ئەوەش ھەروەھا دیارە کە ھەڵەی تێڕوانینی موسڵمانان بۆ دوو صەحیحەکە بۆتە ھەڵەیەکی باو و موسڵمانان قودسیەتییان بەو دوو کتێبە، بەتایبەتی ئەوەی بوخاری، داوە کە لەگەڵ بنەما سەرەکییەکانی ئیسلام ناگونجێت. ڕاستە صەحیحی بوخاری، با زیاتریش باسی ئەو کتێبە بکەم، لە کتێبەکانی تری فەرموودە وردترە و مەنھەجەکەی بوخاری مەرجی قورستری تیایە بەڵام لەکۆتایی کارەکەی بوخاری کارێکی بەشەرییە، ھەم ئیشەکەی خۆی کە کۆکردنەوەی فەرموودەکانە و وەرگرتن و ڕەفزکردن بەپێی زانستی پیاوان و بەپێی مەرجەکانی خۆی و ھەم لەڕووی ئەو کەسانەی فەرموودەکانیان گێڕاوەتەوە کە نەك تەنھا ھەندێکیان جێگەی مشتومڕن بەڵکو ھەروەھا ھەر ھەموویان مرۆڤن و تووشی ھەڵەکانی مرۆڤ دەبن وەك لەبیرچوونەوە و لێتێکچوون و گێڕانەوەی فەرموودەی دریژ بەکورتی..تاد.

وەکو وتم یاسین زیادەڕەویی کردووە لە بۆچوونەکەی چونکە ئەگەر بمانەوێت نەشتەرگەری لە صەحیحی بوخاری و موسلم بکەین دەبێت بەئەمانەتەوە ئەو کارە بکەین و نەك تەنھا ئەو دوو کتێبە بەڵکو ھەرچی کتێب پێش ئێستا خوێندبێتمانەوە دەبنە جێگەی گومان ئینجا پێویستە لەڕێگەی کتێبێکی ((ڕاستتر))ـەوە بە زانیارییەکانی بوخاری و موسلم بچینەوە بەڵام ئەو کتێبە کامەیە؟ لەوەش زیاتر ھەرچی زانیارییە ھەمانە دەبێتە جێگەی گومان و پێویستە بۆ ئەمانەتی ((زانستی)) ھەموو زانیارییەکان بە یەك چاو تەماشا

بکەینو بە یەك دەست گریان تێپەریدەین بۆ ئەوەی لەسەرەتاوە دەستپێبکەین.

دیار نییە مەبەستی یاسین ئەوە بووبێت لەسەرەتاوە دەست پێبکەینەوە، بەلّام خودی بنەماکە وا پێویست دەکات، ئەگەر بشلّێین نەخێر مەبەستمان نییە لەسەرەتاوە دەست پێبکەینەوە ئەو کاتە خەلّك ماڵ ئەوەیان هەیە بلّێن بە چ حوکمێك رِۆشتیتو ئێمەت لەگەلّ خۆت بردو لەپرِ لەشوێنێك وەستایو وتت ئێوەش بوەستن.

زۆر لەسەر ئەم عەبەسییەتە ناڕۆم کە لە یاری دەچێت نەك لە زانستو دەچمە سەر کێشەیەکی تری ناو بۆچوونەکانی یاسین:

ئەو پشتگیری لە بنەمایەك دەکات کە بەم جۆرەیە: دەبێت دەق نەك قیاس(پێوانە) حاکم بێت، پێوانەش سنووری حەرامکراوەکانی فراوان کردو شتە رِێگەپێدراوەکانی کەمکردەوە، ئەمەش شایەنی پشتگیریلێکردنە، بەلّام دواتر دەبینین کە ئەوە لەگەلّ بۆچوونەکەی سەرەوەی سەبارەت بە دەق ناگونجێت. بەواتایەکی تر یاسین بۆ حەلّالّو حەرام پەنا تەنها بۆ دەق دەبات بەلّام لەهەمان کات سنوور بۆ دەق دادەنێت بەوەی کە نابێت تەنها رِەچاوی سەنەدی سەحیح بۆ دەق بکەین.

پشتگیریی یاسین دەکەین کە زالّبوونی پێوانە لەسەر حسابی دەق کێشەیەکی گەورەیە. بەپێی قوتابخانەی پێوانە بەتایبەتی قوتابخانەی (شافعی) حالّەتی زۆر هەن دەقیان لەبارەوە نەهاتووە بۆیە پەنا بۆ پێوانە دەبرێت بۆ دیاریکردنی حوکمەکەیان کە ئایا بەر حەلّالّ دەکەوێت یان بەر حەرام یان هەر یەکێك لە سێّ حوکمەکەی تر: وجووب، نەدب، کەراهەت (یاسین دەلّێت واجب یان حەرام کە ئەمە هەلّەیە چونکە ئەوەی دەق لێی بێدەنگ بووەو قیاس

کاری تێدەکات حوکمەکەی تەنها واجب یان حەرام نییه).

لەلایەکی تــرەوە (ئیبنو حــەزم)و قوتابخانەی (ظاهری) بەگشتی ئــەوە ڕەتدەکەنەوە چونکه لای ئەوان هەموو شتێک کەوتۆتە ژێر دەسەڵاتی دەق. بەپێی ئیبنو حەزم هەر شتێک دەق بەتایبەت باسی نەکردووە حەڵاڵە چونکه هەر دەق خۆیەتی که هەموو شتێکی بۆ مرۆڤ حەڵاڵ کردووە: (خلق لکم مـا في الأرض جمیعا-البقرة ٢٩)، هەر دەقیشه که حەرامەکانی دیاریکردووە: (وقد فصل لکم ماحرم علیکم-الانعام ١١٩)، ڕووەکەی تری ئایەتەکه دەڵێت که ئەوانەی خودا حەرامی نەکردوون حەرام نین. ئەرکەکانیش بەهەمان شێوه بە دەق دەستنیشان کراونو ئەوەی دەق نەیکردۆتە ئەرک بەسەر مرۆڤ کەس بۆی نییه بیکاته ئەرك.[٥١]

بەم شێوەیه هەموو شتێک لەژێر دەسەڵاتی دەقەو ئەوەی شەرع لێی بێدەنگ بووه هەر لەژێر حـوکمی دەقـه، لەبەرئەوەشه ئیبنوحـەزم ئـەو قسـەیه وەك

---

[٥١] گومان نییه فیقهی زاهیری شتی نەگونجاوی تیایه، هۆکەشی بۆ ئەوە دەگەڕێتـەوه که پێوانه بەتـەواوەتی ڕەتدەکاتـەوه. فیقهی زاهیری دەڵێت: ئـەوەی کاری پێوانـه دەکـات لەخۆیەوه شەرع دادەنێتو خۆی یەکسان دەکات به خودا که تـەنها ئـەو مـافی تەشریعی هەیه. بەڵام لەلایەکی ترەوه موبالەغـه لـه قیـاس لـەو خراپتره، ئـەوەتا فیقهـی زاهیری سنووری ڕێگەپێدراو فراواندەکات بەڵام پێوانه تەسکیدەکاتەوه. ئینجا ئەوه سەیر نییه که زاهیریەت که خۆی به دەق دەبەستێتەوه ئەو کاره بکات بەڵام قیاس که کارێکی عەقلییه پێچەوانه خراپەکه دەکات؟ دەڵێین ئایا ئەوه سەیر نییه؟ وەڵامەکەش نەخێر سـەیر نییه بەڵام هۆی ئەوەی وەکو ئەنجامێکی سەیر دێتەبەرچاو دەگەڕێتەوه بۆ تێگەیشتنی هەڵەی عەڵمانییەکانه که لاسایی یەکتر دەکەنەوەو کوێرانه ڕەخنه لە دەقو خۆبەستنەوه به دەق دووباره دەکەونەوه.

درۆکردن دەزانیت کە دەڵێت: (فلانە مەسەلە دەقی لەبارەوە نەهاتووە)
(یاسین ل١٥–١٧، هەروەها ٥١–٥٢، هەروەها ١٧٦ بەدواوە). دەشبینین کە
لێرە ئێبنو حەزم کێشەی نییە چونکە ئەو بەپێی فەرمووده دەڕوات، بەلّام
یاسین بزانیت یان نەزانیت کێشەیەکی گەورەی هەیە چونکە وەکو ئێبنو حەزم
لە پێگەی دەقەوە ڕەخنە لە پێوانە دەگریت، کەچی لەهەمان کات سنووریش
بۆ دەق دادەنێت، هێشتاش ڕەخنە لە ئێبنوحەزم دەگریت کە گوایە وەکو
پێویست ئاگای لە خەلەلی مەنهەجیەتە تەقلیدییەکەی زانستی فەرمووده
نەبووە (یاسین ل١٧١ هەروەها ل١٩٤)و نازانیت کە خەلەلی گەورە هی
خۆیەتی کە هەستی پێنەکردووە.

ئەوەی ئێبنو حەزمو قوتابخانەی (ظاهری) دەیڵێن چارەسەری گرفتی نۆری
تیایە. ڕاستەکەی ئەگەر نەکریت سەد لە سەد پێوانە ڕەتبکرێتەوە ئەوا
دەکریت، بەلکو پێویستیشە، دژ بەو موبالّغەیە بین کە لە پێوانە کراوە.
ئەوەش نۆد ڕاستە کە دەستوەردان لەو شتانەی کە قورئانو فەرمووده لێیان
بێدەنگ بوونو بەکارهێنانی پێوانە بۆیان تا حوکمی حەلّالّ یان حەرام
وەربگرن.. دەلّێم دەستوەردان لەو شتانە زولّمێکە لەهەردوو شەرعو مرۆڤی
موسلّمان دەکریت. ئەوەتا فەرمووده صەحیحەکە بەڕوونی پێمان دەلّێت کە
بەدوای ئەو شتانە نەچین کە پێغەمبەر نە فەرمانی داوە بکرێنو نە قەدەغەی
کردوون:

((ذرووني ماترکتم، فإنما هلك مـن کان قبلکم بکثرة سؤالهم واختلافهم علي
انبیائهم، فـإذا أمـرتکم بشـيء فـأتوا منـه مـا استطعتم ومانهیتکم عن شـي

فاڵتهوا).[52]

ڕاسته‌که‌ی ورِدبوونه‌وه له‌شته‌کان به‌و جۆره‌ی پێوانه کردوویه‌تی شه‌رعی له‌سه‌ر خه‌ڵک قورس کرد به‌وه‌ی حوکمی زۆری داوه به‌سه‌ر ئه‌و شتانه‌ی ده‌ق به‌تایبه‌ت له‌باره‌یانه‌وه نه‌هاتووه، هه‌روه‌ها چه‌ندین شتی له‌سه‌ر خه‌ڵک حه‌رام کردووه که‌ ده‌ق لێیان بێده‌نگ بووه (واته ده‌ق ناڕاسته‌وخۆ ‌وتوویه‌تی حه‌لاڵن)، ئه‌گه‌ر ته‌ماشای کتێبه‌کانی فیقهیش بکه‌ی سه‌رت ده‌سوڕمێت له زۆریی ئه‌و حوکمانه‌و هه‌ست ده‌که‌ی به‌شێکی ئه‌و فه‌قیهانه بێکار بوون بۆیه هه‌ر خه‌ریکی ده‌رکردنی حوکمی فیقهی بۆ شته ورده‌کان بوون[53]، قوتابخانه‌ی (ڕه‌ئی)ش که قوتابخانه‌ی ئه‌بو حه‌نیفه‌یه‌و پێش شافعی بووه له‌وه‌شی زیاتر کردووه‌و ته‌نانه‌ت باسی فه‌قیهه‌کانی ده‌کرێت که پێکه‌وه داده‌نیشتن‌و ده‌یانوت: وه‌رن با مه‌سه‌له دابمه‌زرێنین، ئینجا ده‌ستیان ده‌کرد به پرسیار

---

[52] ئیبنو حه‌زم کردوویه‌تی به به‌ڵگه، موسلم ڕیوایه‌تی کردووه (کتاب الفضائل)و یاسین باسی کردووه، ل۱۵، هه‌روه‌ها بوخاری ڕیوایه‌تی کردووه (کتاب الاعتصام بالکتاب والسنه) به‌ڵام (دعوني) له‌جیاتی (ذروني).

[53] هه‌روه‌کو فه‌رمووده ماوه‌یه‌ک خه‌ریکی خوێندنه‌وه‌ی فیقه بووم، له‌به‌رئه‌وه ڕه‌خنه‌کانم له موقعێکی فیقهییه‌وه‌یه ده‌خه‌مه ڕوو نه‌ک وه‌ک ئه‌وانه‌ی ڕه‌خنه ده‌گرن بێته‌وه‌ی شتێکی وا له‌باره‌ی فیقهه‌وه بزانن‌و پاڵنه‌ره‌که‌یان ته‌نها ڕه‌فزکردن‌و حه‌زپێنه‌کردنه. زۆربه‌ی هه‌ره زۆری ڕه‌خنه‌گره عه‌ڵمانییه‌کان زانسته ئیسلامییه‌کان‌و پابه‌ندبوون به ئیسلام به‌گشتی به مه‌مله‌که‌تێک‌و جیهانێکی جیاواز ده‌زانن که خۆیان تێی وه‌کو غه‌ریب ده‌بینن بۆیه چاوه‌ڕوانکراوه لێیان هه‌ڵه‌ی زه‌ق بکه‌ن‌و به‌گیانی ڕه‌فزه‌وه مامه‌ڵه له‌گه‌ڵ پابه‌ندبوون به‌ئیسلام بکه‌ن، له‌به‌رئه‌وه‌شه ڕه‌خنه‌کانیان، جگه‌له‌وه‌ی پڕ هه‌ڵه‌ن، له‌لایه‌ن ئه‌و که‌سانه‌وه قبووڵ ناکرێن که پابه‌ندی ئیسلامن.

کردن لەیەکتر: ئەگەر فلّان شت بوو حوکمەکەی چییە.. کارەکەی شافعیش بریتی بووە لە ڕێکخستنی بنەما زانستییەکان بۆ گەیشتن بە حوکمی فیقهیو خستنی پێوانە لەناو چوارچێوەیەکی زانستی، بەلّام هەر ئەو مەنهەجییەتە زانستییە بوو کە ژیانی ئالّۆزتر کردو وایکرد هەموو شتێک حوکمی حەلّالّو حەرام وەربگرێتو زۆر شت لە حوکمی بەڕائەتی ئەسلّی، واتە بێدەنگبوونی قورئانو فەرموودە کە ئەسلّی مەسەلەکە دەکاتە حەلّالّ، دەرکران.[٥٤]

دەقی فەرموودەکەی سەرەوە باسی (تیاچوون) دەکات، ئەوەش جۆرێکە لە تیاچوون کە ڕووی کردە موسلّمانان کاتێک ڕێژەیەکی گەورەیان خەریکی فیقه بوون وەک چۆن خودا تەنها فیقهی بۆ مرۆڤ ناردبێت. کاتی خۆشی (غەزالی) ڕەخنەی لەو خەلّکە گرتبوو کە خەریکی فیقه بوون چونکە دەبیینی لەگوندێک چەندین فەقیە هەن کەچی یەک پزیشکی لێ نییە بۆیە خەلّک ناچار دەبن ڕووبکەنە پزیشکە نەصرانییەکان.

خەریک بوون بە فیقه وایکرد موسلّمانان دووریکەونەوە لەو زانستانەی دەیانتوانی هێزێکی زیاتریان پێببەخشن بەتایبەت لە سەردەمەکانی لاوازیی دەولّەتی خیلافەت، بەپلەی یەکەمیش زانستە تاقیگەرییەکان کە ڕۆژئاوا پاش ماوەیەکی زۆر لە خەریک بوون بە فەلسەفەوە زانی چەند بۆ پێشکەوتن

---

[٥٤] نەک تەنها شافیعی بەلّکو سەرجەم ئیمامەکان خاوەن پایەو قەدرێکی بەرزنو خزمەتیان کردووە بۆیە ڕێزگرتن لێیان نیشانە ڕێزی ئەو کەسەیە، بەلّام ڕێزو پێزانین شتێکە و تەقدیسکردن شتێکی تر ە، شوێنکەوتووە نەزانەکانی ئەو ئیمامانەش زیادەڕوییان لە بەخشینی پایەی بەرز بە ئیمامەکانیان کردووە لەکاتێک زاناکان هەندێک حوکمی پێچەوانەی ئیمامەکانیان داوە.

گرنگن. بنەماکانی ئیسلام زۆر زیاتر لە شارستانیەتی یۆنانو دوای ئەوە سەردەمە مەسیحییەکانی سەدە ناوەڕاستەکانی ئەوروپا ئەو توخمە فیکریو عەقیدەییانەی تیایە کە مرۆڤ بەرەو بایەخدان بە زانستی تاقیگەری بەرن. فەلسەفەی یۆنانی دەیویست بە کەرەسەیەکی فەلسەفی، نەك بە کەرەسەیەکی تاقیگەری (ئیختباری) یان بەلایەنی کەمەوە ئەزموونگەری (تەجریی)[55]، تەنانەت لە جیهانی ماددەش بکۆڵێتەوە، فیکری مەسیحیش بووە میراتگری فەلسەفەی ئەرستۆو هەمان هەڵەی دووبارە کردەوە، لەگەڵ هەڵەیەکی گەورەتر ئەویش بایەخدان بە لاهووت.

جیهانی ئیسلامی لە سەدە ناوەڕاستەکان هەمان ئەو هەڵانەی دووبارە کردەوە، واتە بایەخدان بە فەلسەفەی یۆنانیو وەرگرتنی مەنهەجەکەی، لەلاکەی تریشەوە دووبارەکردنەوەی هەڵەی بایەخدان بە لاهووتی مەسیحی کە

---

[55] تاقیگەری(ئیختباریەت) experimentalism جیایە لە ئەزموونگەری(تجربییە یان تەجرییە) empiricism، یەکەمیان پەیوەندیی بە تاقیکردنەوەیەکی مەبەستانەی مرۆڤە هەروەکو ئەوەی لە تاقیگەکان دەکرێن، دووەمیشیان پەیوەندیی بە ئەزموونی مرۆڤە لە ژیان، بۆ نموونە کە مرۆڤ دەزانێت ئاگر شت دەسووتێنێت ئەمە تەجروبەییە بەواتای ئەزموونگەری، بەڵام زانینی پلە سەدەیی سووتانی ئەو شتە ئەنجامی کارێکی زانستییە لە تاقیگە. ئەو تیۆرەش کە هەموو جۆرەکانی زانین دەگەڕێنێتەوە بۆ ئەزموون بە تیۆری تەجریبی (ئەزموونگەری) ناسراوە، بۆ نموونە بیرۆکەی (سووتاندن) بەهۆی بینینی سووتاندنی شتەکانەوە دەزانین. تێکەڵکردنی تاقیگەریو ئەزموونگەریش هەڵەیەکی باوە، لە سەرچاوە عەرەبییەکانیش بەزۆری بۆ (تەجریی) (تەجریبی) بەکاردێت، وشەی تاقیگەریو ئەزموونگەری بۆ جیاکردنەوەی ئەو دوانە بەکاردەهێنم چونکە بەباوەڕی خۆم زیاتر مەبەستە فەلسەفەییەکە دەپێکن.

خۆی لە ((زانستێك)) بینییەوە كە وەكو بەشێكی گەورە لە فەلسەفەی یۆنانی، نەزۆكترین ((زانست)) بوو، ئەویش ئەو توپرەهاتەی پێی وترا (علم الكلام).[56] ئەوە كارەسات بوو بۆ شارستانیی ئیسلامی، بەڵام بەپاڵ ئەو كارەساتەوە گاڵتەجاڕییەك هەبوو (زۆربەی كاتیش كە كارەسات هەبێت گاڵتەجاڕی هاوڕێی دەبێت) ئەویش كە هەردوو تاقمەكە: ئەهلی كەلامو موتەفەلسفەكان گاڵتەیان بە ئەهلی فەرمووده دەكرد.

هۆكارێكی گەورە لەپشت بایەخدان بە بواره بێكەڵكەكەی (علم الكلام)و پێچوون لە فیقهو تەنانەت لە فەرموودەش[57] دەگەڕێتەوە بۆ خواستی ئەو كەسانە بۆ دەستكەوتنی ناو و ناوبانگ لەناو كۆمەڵگە، لەهەندێك حاڵەتیش دەستكەوتی ماددی، چونكە لەو سەردەمە كۆمەڵگە بەرز دیبوانییە ئەو

---

[56] وەكو لەسەرەوە وتم ئەوە ((دووبارەكردنەوە))ی هەڵەی مەسیحییەكان بوو بەڵام واتای ئەوە نییە لاسایی لاهووتی مەسیحی بوو، سەرهەڵدانی (علم الكلام) بەبۆچوونی خۆم ئیسلامییەكی پوخت بوو و هەوڵ بوو بۆ وەڵامی چەند مەسەلەیەكی كەمی دیاریكراو وەك قەدەر، دواتریش فراوان بوو و پەلی بۆ مەسەلەی تر هاویشت.

[57] زیاد لە پێویست خۆمەشغووڵكردن بە گێڕانەوەی فەرموودەو كۆكردنەوەی فەرموودەو قسه لەسەر پیاوانی فەرمووده هەڵەیەكی تر بوو بەڵام هەڵەكە به بۆچوونی خۆم ئەهوەنتر بوو چونكە جیاكردنەوەی فەرموودەكانی صەحیح (بەجۆرەكانییەوە) لە لاواز (بەجۆرەكانییەوە) كەرەسەی خاوی دەخسته بەردەم كۆمەڵگەو زانایان. لەگەڵ ئەوەش ئەو زانسته بەشی خۆی موباڵەغەی تێكەوت وەكو گەڕان بەدوای سەنەدی بەرزتری فەرمووده (ئەوەی ژمارەی ڕاوییەكانی كەمترن)...تاد. بێگومان پێش هەموو ئەوانەش كۆكردنەوەی فەرمووده بێنگوێدانه پلەی ڕاستییان كە هەموو كۆكن لەسەر ئەوەی كە ئەوە كارێكی نادروسته.

بوارانە. وەنەبێت ئەو نەخۆشییە تەنها لەو سەردەمانە هەبووبێت، ئەو نەخۆشییە لەهەموو کۆمەلگەو سەردەمێک هەیە، نموونەیەکی واقیعیی رۆشنبیریی ئەمرۆی کوردستانیش ئەوەیە کەسانێکی زۆر بۆ دەستکەوتنی ناوبانگ لەناو ناوەندی رۆشنبیری بێزار نابن لەدووبارە کردنەوەی ((فوکۆ وای وت.. وەك نیتشه دەڵێت..)).

بگەرێمەوە سەر زیانی پۆچوون لە (پێوانه):

لێرە بانگەشه بۆ فرێدانی پێوانه بەتەواوەتی ناکەم لەبەرئەوەی برِیارێکی وا پێویستی به لێکۆلینەوەیەکی ورده، لەکۆتاییش چ ئیمامی شافعیو چ ئیمامی ئیبنو حەزم دوو زانای بەرزن بەلام ئیسلام لەسەرووی هەموو شتێکەو دەمارگیری بۆ هەر کامیان یان بۆ هەر کەسێکی تر لادانه لەسەرچاوه ئەسلییەکه که ئیسلامەو کەوتنه ناو گوناهی عیسمەتدان به مرۆڤەکان[58].

لەمەوەو سەرەرِای قبووڵنەکردنی پۆچوونەکانی ترى (عبدالجواد یاسین)

---

[58] ماوەیەك بەر لەئێستا هەندێك لەوانەی تازه ببوونه (سەلەفی)و لەناو بازنەی عەقیدە دەخولانەوە رەخنەیان له ئیمامی شافعی دەرگرت بێئەوەی یەك لە ملیۆنی زانستەکەی شافعییان هەبێت. کەمێکیش لەمانه رەخنەکەیان دەگەیاندە رِاددەی تێپەرِاندنی سنووری ئەدەب. سەیر ئەوەشه ئەوانه بێ قەیدو شەرت قبوولّی قسەی ئەو زانایانەیان دەکرد که شوێنیان کەوتبوونو قسەکانی ئەوانەیان وەکو دەق وەردەگرت، بۆ نموونه بەس بوو شێخ (ئەلبانی) فەرموودەیەك به صەحیح یان لاواز بزانێت بۆ ئەوەی ئەوانیش به صەحیح یان لاوازی بزانن ئەویش بێئەوەی بپرسن بۆچی ئەلبانی ئەوەی کردووه، هەروەها ئەو شیۆه نوێژەیان پەسەند دەکرد که شێخ ئەلبانی پەسەندی کردبوو. بەم جۆرەش تەقلیدی ئەلبانییان دەکرد کەچی پاش ئەوه رەخنەیان له خەلکی تر دەگرت که تەقلیدی مەزهەبی شافعی دەکەن.

بۆچوونەکەی ڕاسته که بازنەی (موباح) سنووڕێکی زۆر فراوانی هەیەو پێوانە تەسکیکرێدتەوە بۆ حەلاڵو حەرام، لەگەڵ ئەوەش (یاسین) ئاگای لەوە نییە که خۆی خستۆتە ناڕێکییەکی گەورەوە ئەویش بەهۆی ئەو بۆچوونەی پێشتر باسمان کرد ئەویش: بەپێی یاسین مەرج نییە فەرموودەیەك قبوولٚ بکەین تەنها لەبەرئەوەی سەنەدەکەی صەحیحە، یاسین بۆ مەسەلەی بازنەی (موباح) پشت به ئیبنو حەزم دەبەستێت که ئەمیان پشت به فەرمووده دەبەستێت، گرنگترین فەرموودەش: (ذرونی ماترکتم)، کەچی هەر ئەو فەرموودەیە خۆی به تەواتور نەهاتووه که مەرجی یاسینه بۆ ئەوەی شتێك ببێتە سوننەت.[59]

ناڕێکییەکی هاوشێوەی ئەوەی سەرەوه ئەوەیه که یاسین تێیکەوتبوو سەبارەت به نووسینەوەی فەرمووده. ئەو دەڵێت که پێغەمبەر له ژیانی نەیهێشتووه هاوەڵان فەرمووده بنووسنەوە(ل٢٣٨ بەدواوه). ئەم قسەیه یان پێچەوانەکەی، واته پێغەمبەر ڕێگەی فەرمووده دابوو بنووسرێتەوه، کەسانێك دەتوانن بیلٚێن که بەپێی زانستی فەرمووده مامەلٚە لەگەلٚ ئەو فەرموودانه دەکەن که باسی قەدەغەکردن یان ڕێگەپێدانی نووسینەوەی سوننەت دەکەن، بەلٚام کەسێك گومانی له خودی فەرموودەکان بێت (جگه لەوانەی موتەواترن

وەك یاسین داوا دەكات) چۆن دەتوانێت فەرموودەیەك بكاتە بەلگە لەسـەر ئەوەی پێغەمبەر رێگەی داوە فەرموودەكان بنووسرێنەوە یان نووسینەوەیانی قەدەغە كردووە؟

رەنگە هێنده موناقەشەی بۆچوونەكانی (یاسین) بـەس بێتو لەمیانـەی ئـەو باسانەی دادێن موناقەشەی تر دێنه رێگەمان، ئینجا كاتێتی بپرسـین: یاسین باسی ئەو شتانەی كردووە، ئێمەش موناقەشەمان كردووە ئەی (میسری) تۆ لەكوێیتو چیت كردووە؟

((بردنەكان))و سەقەتەكردنەكانی میسری

ئیشی میسری تەنها نەقلکردنی قسەكانی یاسین بوو بەلام:

۱-وەك لەسەرەتای ئەم بەشە وتبووم، میسری تەنها شەش جار ناوی یاسینی وەكو سەرچاوه هێناوە، ئـەگینا بەدرێژایی بیست لاپـەرە كە بـریتین لـه قسەكانی ناوبراو ئەو سەرچاوانە ((دەبات)) كـه نـاوبراو نووسـیونی تـا وا لـه خوێنەر تێبگەیەنیٚ كە خۆی ئەو سەرچاوانەی بینیوەو بەكاری هێناون وەكو صەحیحی بوخاری (شەرحی ئیبنو حەجەر)و صەحیحی موسلمو (الرسالة)ی شافعی ...تـاد.

۲-میسری شوێن پێی یاسین هەلگرتووەو شتەكانی ئـەوی ((بردووه)) بـەلام نەیزانیوه كە ناوبراو له زۆربەی ئەوانه باسی شتێكی تری كردووه بەتایبەت كە ئەو دەیەوێت سنووری سوننەت بۆ سوننەتی موتەواتر تەسك بكاتەوه كەچی میسری وا تێگەیشتووه باس لەوەیه سوننەت سەرچاوەی دووەمی تەشریع نییه، یان لەوانەیه ویستبێتی لەقسەكانی ناوبراوەوه بگاته ئـەو ئەنجامـەی دەیـەوێت، ئـەوەش دیاره لـه سـەرەتای ((بردنی)) لـه (یاسـین)؛ میسری دەپرسێت ئەگەر بەپێی قورئان پێغەمبەر مردۆٚفـەو لەچـەند جێگـه قورئـان

ڕەخنەی لە پێغەمبەر گرتووەو ئەگەر پێغەمبەرو خەلیفەکان نەیانهێشتبێت
کەس فەرموودەکان بنووسێتەوە ئەی لەسەر چ بنەمایەک سوننەت کرایە
سەرچاوەی دووەمی شەریعەت؟(میسری لاپەڕە ٨٦).

بۆ ئەوەی پەیوەستێکیش دروست بکات لەنێوان ئەو پرسیارەو ((بردنەکانی))
لە یاسین دەپرسێت: هەر ئەم پرسیارە زنجیرەیەک پرسیاری تر بەدوای خۆی
دەهێنێت: ئاخۆ کارکردن بە سوننەتێک دوای سەدەیەک زیاتر دەست
بەنووسینەوەی کرابێ دروستە؟(ل٨٦).

لێرەشەوە دەنیشێتە سەر کتێبەکەی یاسینو تا لاپەڕە(١٠٥) دەنووکی تیا
دەچەقێنێت. وتمان کارەکەی میسری بریتییە لە ((بردن)): هەمان قسەکانی
یاسین دووبارە دەکاتەوە بێئەوەی ڕەبتێکی ڕەبتێکی وایان هەبێت بەو پرسیارەی
سەرەوە، بۆیە دەبینین باسی شافعیو پێوانە دەکات، باسی بوخاریو
صەحیحەکەی دەکات...تاد. بەڵام دیارە دوای چەند لاپەڕەیەک هەست دەکات
ڕەبتەک نییە بۆیە دەبینین ئەمجارە قسەیەکی خۆی دەنووسێت ئەویش بۆ
دروستکردنی ئەو ڕەبتە: ((بۆیە لەو کاتەوەی بوخاریو موسلم کۆتاییان بە
صەحیحەکەی خۆیان هێنا، ئیدی موجتەهیدانی سوننە کردیاننە سەرچاوەی
دووەمی شەریعەت)) (ل٩٧). سوپاس بۆ خوا میسری قسەیەکی خۆی هێناو
لە کەسی تری ((نەبرد))، بەڵام هەر بەم قسەیەی خۆی دەیسەلمێنێت کە
چەند لەبارەی ئیسلامو شەریعەتو سوننەتو هەرچی زانستی ئیسلامیو
مێژووی زانست لە ئیسلام هەیە نەشارەزایە. سوننەت کرایە سەرچاوەی
دووەمی شەریعەت؟ بەڵێ ڕاستە بەڵام ئەوە کێیە دەڵێت کە صەحیحەکەی
بوخاریو موسلم کرایە سەرچاوەی دووەمی شەریعەت؟ ئەوە کێیە وا
تێگەیشتووە ئەو دوو کتێبە دەتوانن بەتەنیا نازناوی سەرچاوەی دووەمی

شەریعەت پێکبهێنن؟ بێگومان تەنها ئەو کەسانەی بەگیانی چەتەگەرییەوە دەیانەوێت باسی ئیسلامو زانسته ئیسلامییەکان بکەن.

ئیبداعێکی تری میسری، کە لەسەرەوە تەنها ئاماژەمان بۆ کرد، ئەوەیه نووسینەوەی سوننەت لای ئەو یەکسانە بە کردنی سوننەت بە سەرچاوەی دووەمی تەشریع(ل٨٦ و ٨٨) وەك بلێیت گێڕانەوەی دەماودەمی سوننەت بەس نەبێت بۆ ئەوەی ببێتە سەرچاوەیەکی تەشریع. میسری دەلێت تا پێغەمبەر تا لەژیان بوو نەیهێشتووە سوننەتەکەی بنووسرێتەوە ئیتر لەسەر چ بنەمایەك سوننەت کرایه سەرچاوەی دووەمی شەریعەت؟(ل٨٦) ئەم قسەیەش هی کەسێکە له مەسەلەکە تێنەگەیشتووه بۆیه شتەکان تێکەڵ بەیەك دەکات، ئەگەر نووسینەوەی سوننەتیش یەکسان بێت بە کردنی سوننەت بە سەرچاوەیەکی تەشریعو ئەگەر پێغەمبەر لەسەر ئەو ئەساسە نەیهێشتووە سوننەتەکەی بنووسرێتەوە کەواته پێغەمبەر ناڕاستەوخۆ وتووییەتی بایەخ بۆ قسەو کردارەکانم دامەنێن ئەوەش یەکسانە بەوەی پێغەمبەر بلێت من لەخۆمەوەو بۆ خۆم قسه دەکەم، بەڵام خوێنەر ئێستا دەزانێت کێ لەخۆیەوه قسه دەکات. ڕێگەنەدانیش بە نووسینەوەی فەرمووده لەسەردەمی پێغەمبەر له ترسی تێکەڵبوونی بە قورئان بوو نەك لەبەرئەوەی پێغەمبەر داوای کردووه قسەکانیو کردارەکانی حسابی هیچیان بۆ بکرێت.

لیستی ((بردنەکانی)) میسری لە یاسین دوورودرێژەو ئەمانەی خوارەوه دەخەمە ڕوو، وەك باسیشم کرد مەسەلەکە تەنها ((بردن)) نییه بەڵکو هەروەها تێنەگەیشتنیشه له زانیارییەکانو سەقەتەکردنیان:

١–میسریمان بینی باسی ڕێگەگرتن لە نووسینەوەی فەرمووده لەلایەن پێغەمبەرو خەلیفه ڕاشیدەکان دەکات(ل٨٦) ئەوەشه كە یاسین باسی

کردووه(ل٢٣٨ بەدواوه).

٢-دوای ئەوه باسی فەرموودەکەی (ئەبو شاهـ) دەکات(ل٨٦) کە یاسین باسی کردووه(ل٢٤٢). یاسین لەبارەی ئەو فەرموودەیەوه دەلێت: ئەو فەرموودەیه ((بەهێزترین بەلگەیه)) کە مەنزومەی سەلەڕی (کە فەرموودەکانی نووسیبو وو زانستی فەرموودەی تیۆریزەکرد) پشتی پێوه دەبەستێت بۆ سەلماندنی دەعواکەی کە لەسەردەمی پێغەمبەر ڕێگە درابوو فەرمووده بنووسرێنەوه. میسریش لەبەرئەوەی ئەرکی لەگەلّ زانستی فەرموودەو سەرچاوەکانی نەکێشاوه ئاگای لەفەرموودەی تر نییە بۆیە وایزانیوه ئەو فەرموودەیه تاکە بەلگەیه بۆیه دەنووسێت: ((موجتەهیدانی ئەهلی سوننه تاقه بەلگەیەك که پشتی پێدەبەستن))(ل٨٦).

٣-فەرمانی نووسینەوەی وتاری حەجی مالّئاوایی بۆ ئەبو شاهـ حالّەتێکی تایبەتییه (میسری، ل٨٧) لەکاتێک یاسین نووسیویەتی مۆلّەتی نووسینەوەک تایبەت بووه بەو حالّەتە(٢٤٢).

٤- میسری دەپرسێت: بۆچی پەیامبەر سوور بوو لەسەر نووسینەوەی قورئان کەچی ڕێگەی به نووسینەوەی سوننەتی خۆی نەداوه(ل٨٧) کە ئەمە هەمان پرسیاری یاسینه (یاسین ناڵێت "سوور بوو")، بەلّام لەجیاتی (سوننەت) نووسیویەتی (فەرمووده)(٢٤٣) کە ئەمەیان وردتره چونکە باس لە نووسینەوەی وتارەکانی پێغەمبەر کراوه نەك سوننەت کە ئەمیان، واتە سوننەت، نەك تەنها وشە وتراوەکان دەگرێتەوه بەلکو هەروەها کردارەکانیشی هەروەها کردارو ڕەفتاری صەحابییەکان کە ئەو بە زمان پەسەندی دەکردن یان لێیان بێدەنگ دەبوو و ئەو بێدەنگییه واتای ڕەزامەندیی هەبوو.

٥-یاسین لەسەر پرسیارەکەی سەرەوە دەدویتو دەلێت جومهووری ئەهلی فەرمووده وای بۆ چووبوون کە رێگەنەدان بە نووسینەوەی فەرموودە لەسەرەتای ئیسلام بووە نەوەکو تێکەلٚ بە قورئان بێت، دواتریش کە مەترسییەکە نەما ئەو حوکمە نەسخ کراو رێگە بە نووسینەوەی فەرموودە درا(ل٢٤٣).

میسریش لەمە تێنەگەشتووە کە بۆچوونی ئەهلی فەرموودە ئەوەیە قەدەغەکردنەکەشو رێگەپێدانەکەش لە ژیانی پێغەمبەر بووەو وایزانیوە رێگەپێدانەکە دوای مردنی پێغەمبەر بووە بۆیە دەنووسێت: ((موجتەهیدان... بیانوویان ئەوەیە گوایە لە ترسی ئەوەی نەبا دەقی (حدیث) تێکەلٚ بە (قورئان) ببیٚ بەلٚام خۆ دوای مردنی پەیامبەر کۆتایی بە(وەحی) هاتووەو دەقی قورئان جێگیر بووە. لەحالٚەتێکی وا مەترسی تێکەلٚ بوون لەئارا نەماوە)) (ل٨٧)، ناهەقیشی ناگرین ئەوەی لیٚ تێك بچێت چونکە جگەلەوەی ئاگای لەو مێژووەو لە زانستی فەرموودە نییە لە قسەکانی یاسین تێنەگەیشتووە کە لەهەمان لاپەڕە هەن.

جگەلەوەش میسری لەنێوان (ئەهلی فەرموودە) و(موجتەهید) جیاناکاتەوە بۆیە دەبینین میسری ئیبداع دەکاتو تەعبیرەکەی یاسین (جومهووری ئەهلی فەرموودە) دەکات بە (موجتەهیدان)، ئەمەش یەکێکە لە دەیان بەلگەی نەشارەزایی میسری چونکە ئەهلی فەرموودەو موجتەهید نەك تەنها یەك شت نین بەلکو زۆربەی کات دوو کەسایەتیی جیاواز بوون، ئەوەی خەریکی فەرموودە بووە خەریکی فیقە نەبووە، ئیجتیهادیش لەناو فەقیهەکان بووە، تەنها هەندێك لەئەهلی فەرموودە لەهەمان کات فەقیە بوون، تەنانەت کێشەو ناحەزی لەنێوان دوو لایەنەکە هەبووەو وەك ئەحمەد کوری حەنبەل دەلێت

ئێمەی ئەهلی فەرمووده نەفرەتمان له ئەهلی رەئی (که ئەو کاتە فیقە لەناو ئەهلی رەئی بوو) دەکردو ئەوان نەفرەتیان لێکردین تا شافعی هاتو هەردووکمانی تێکەڵ بەیەك کرد.[60]

٦- یاسین دوای قسەکانی سەرەوەی رەتی ئەوە دەکاتەوە پێغەمبەر رێگەی داوه فەرموودەکانی بنوسرێنەوه، یەکێکیش له موناقەشەکانی له پەراوێز کردووه سەبارەت به قسەیەکی (ئەبوهورەیره) که ئەوەی تیا هاتووه که عەبدوللا کوڕی عەمر فەرموودەی دەنوسییەوه (ل٢٤٣ پەراوێز).

میسریش هەمان باس دەکات بەڵام بەسەقەتیو بێئەوەی بزانێت پێش کەمێك چیی وتبوو. ئەو پێش کەمێش وتی بیانوویەکی موجتەهیدان بۆ رێگەنەدان به نوسینەوەی سوننەت ئەوه بوو تا تێکەڵ به قورئان نەبێت، کەچی لێره دەڵێت که بیانوویەکی تری موجتەهیدان ئەوه بوو ئەبوهورەیره وتوویەتی عەبدوللا فەرموودەی دەنوسییەوه (٨٧)، که ئەمەیان ((بیانووی موجتەهیدانە)) به نوسینەوەی فەرمووده نەك نەنووسینەوەی!

بێگومان که ئاستەکەی میسری هەرئەوەندە بێت ئیتر ناتوانێت هەڵەیەك بۆ یاسین چاكبکاتەوه. یاسین لای سەیره چۆن عەبدوللا کوڕی عەمر کوڕی ئەلعاصو ئەبو هورەیره زۆرترین کەس بن فەرمووده له پێغەمبەر بگێرنەوه لەکاتێك کورتترین ماوەی هاوەڵێتیی پێغەمبەریان هەبووه (ل٢٤٣ پ ٢٤)، بۆیه یاسین گومانی هەیه ئەبو هورەیره فەرموودەی زۆری گێراوبێتەوه، بەڵام ئەو ئاگای له قسەیەکی ئەبو هورەیره نییه که تیا رەوونی دەكاتەوه بۆچی له

---

[60] تەعلیقی عبدولفەتتاح ئەبو غودده لەسەر (قواعد فی علم الحدیث)ی (تەهانەوی)، ل٣٨٤.

سەحابییەکانی تر زیاتر فەرموودەی لایە. ئەبو هوڕەیرە دەڵێت کە سەحابییەکان خەریکی کەسابەت بوون بەڵام ئەو بۆ خۆتێرکردن لای پێغەمبەر دەمایەوە بۆیە ئەو فەرموودانەی دەبیست کە ئەوان نەیاندەبیست.[61]

لەبارەی عەبدوللاشەوە کە لەژیانی پێغەمبەر فەرموودەی دەنووسییەوە، عەبدوللا هەندێک فەرموودەی لە ((سەرچاوەیەکەوە)) دەگێڕایەوە کە لەناو ئەهلی فەرمووده به (الزاملتان) ناسراوه ئەوانیش دوو حوشتری بار بوون لەشەڕی یەرمووک دەستیکەوتبوونو نووسراوی ئەهلی کتاب بوون، زۆربەی ئەوانەش بریتی بوون لەبابەتی ڕوودداوەکانی ڕابوردوو و قیامەت..تاد نەك نزاو دوعا وەك یاسین وایزانیووه. خۆش ئەوەیه میسری تەنانەت ئەو قسه هەڵەیەی یاسینیش بەهەڵە نەقڵ دەکات، ئەوەتا دەڵێت:((زۆربەی هەره زۆری ئەو بابەتانەی لەزمانی عەبدوللاوه گێڕدراونەتەوه نزای ئاینینو ناچنه خانەی حەدیسەوه))، ئێمه وتمان ئەوانه نزا نین، خۆ نزاش بن ئایا سەرچاوەکەیان چییه؟ لەخۆوه وتراون یان لەڕێگەی حەدیسەوه هاتوون؟ هاوەڵانی پێغەمبەر نزاو دوعاشیان بەپێی سوننەت بووه، واتـه لـه ((خانەی حەدیسەوه)) وەرگیراون.

٧- یاسین ئینجا باسی فەرموودەی (ئەبو شاه)ی دەکاتـەوه(٢٤٤)، بێگومان میسری دوای ئەوه ئەویش باسی دەکاتەوه(ل٨٧).

٨-میسری باسی ئەوه دەکات که قورئان شتی حەڵاڵ کردووەو شتی حەرام کردووه بەڵام عەقڵ فیقهی بەهۆی پێوانەوه سنوورەکانی حەرامی فراوان

---

[61] صحیح البخاری، کتاب العلم، باب حفظ العلم.

کردووه(ل٨٨–٩٠) پاشان دەچێتە سەر مەسەلەی دەسەلّات کە لێرەش پێوانە کاری خۆی کردووه(ل٩٠). ئەمەش شوێن پێ هەلّگرتنی (یاسین)ـە کە بۆچوونەکەی ئەمەیە: کاتی پێغەمبەرو خەلیفە رِاشیدەکانو ماوەیەك دوای ئەوە کاریان بە قورئان دەکرد هەروەها سوننەتی موتەواتر کە دەماودەم دەگێرِدرایەوە بۆیە بازنەی رِێگەپێدراوە فراوانتر بوو(٢٤٦).

٩–میسری باسی ئەو مەسەلەیە دەکات کە یاسین وەوژاندبووی و پێشتر باسمان کردبوو: ئەوەی لەقورئان نەهاتووە حوکمی رِێگەپێدراو (موباح)ی هەیە بەلّام بەهۆی (قیاس)ـەوە فەقیهەکان (بەتایبەت شافعی) وازیان لەو (موباحانە) نەهێناو هەموو ئەو شتانەی قورئان باسی نەکردوون بوونە دوو بەش (واجب)و (حەرام) (یاسین لاپەرِه ٥١ بەدواوە).

یاسین بۆیە ئەوە دەلّێت تا دواتر گوناهێکی تر بخاتە ئەستۆی قیاس ئەویش بەکارهێنانی قیاس لە مەسەلەی دروستیی خیلافەتی ئەبو بەکر(٥٥) بەلّام وەك بینیمان میسری ئاگای لەم کەینوبەینە نییەو هاتووە قسەکانی یاسینی نەقلکردووە سەبارەت بەوەی (قیاس) بازنەی حەرامی فراوانتر کرد(٨٨–٨٩). میسری دوای ئەوە دەلّێت کە مەسەلەکە بەوە تەواو نابێت و حەلّالّێك و حەرامێك کە شافعی ئیجتیهادی بۆ دەکات دەبیّ جێبەجی بکرێت، ئەوەشی جێبەجێیان دەکات دەسەلّاتە، ملکەچکردنیش بۆ دەسەلّات بەپێی حوکمی شەریعەت ئەرکێکی ئاینییەو ناشیّ موسلّمانان لێی دەربچن(٨٩).

ئەوەش بۆ پێکەنین دەشێت چونکە میسری وایزانیوە ئەم قسەیەی سەرەوە کە لە یاسینی وەرگرتووە هی شافعیو موجتەهیدە کۆنەکانە لەکاتێك هی یاسین خۆیەتی، مەسەلەکەش ئەوە نییە کە میسری تێگەیشتووە، یاسین دەیەوێت بلّێت کە ئەو شتانەی دەق لێیان بێدەنگ بووە دەکەونە بازنەی

ڕێگەپێدراو، ئیجتیهادیش لەناو ئەو بازنەیە هەیە بەڵام ئەم ئیجتیهادە ناخرێتە پاڵ خودا (وەكو ئیجتیهادەكەی شافعی) بەڵكو دەخرێتە پاڵ دەسەڵاتی موسڵمان كە دەتوانێت لەو بازنەیە هەندێك لەو ڕێگەپێدراوانە بكاتە ئەرك یان هەندێكیان قەدەغە بكات [٦٢] بەپێی شەرعیش گوێپڕایەڵیكردنی ئەو دەسەڵاتە واجبە بەڵام ئەو گوێپڕایەڵییە پەیوەستە بە كات وشوێنو تا هەتا بەردەوام نابێت(یاسین ٥٣). بەواتایەكی تر قسەكەی سەرەوە هی یاسینە نەك شافعی، باسی گوێپڕایەڵیش بۆ دەسەڵات لەو حاڵەتە پێشنیاری یاسینە نەك ڕەخنەیە لە قسەیەكی شافعی كە نەیكردووە. بێگومان میسرییەك دەرك بەو مەبەستە نەكاتو بەهەڵە لێی تێبگات ناتوانێت ڕەخنە لە یاسین بگرێت كە ئەوەی بە دەستێك لە فیقهی سەندەوە (كردنی ڕێگەپێدراو بە حەڵاڵ یان حەرام) بەدەستەكەی تر دەیداتە دەسەڵات، هەموو جیاوازییەكەش ئەوەیە یەكەمیان دەدرێتە پاڵ خوداو ئەوەی تریان دەدرێتە پاڵ دەسەڵات، لەكاتێك دەكرێت كێشەكە بەوە چارەسەر بكرێت ئیجتیهاد بدرێتە پاڵ موجتەهیدو نەوترێت ئەوە حوكمی خودایە. [٦٣]

١٠-هەر لەبارەی دەوری پێوانە لە حەڵاڵكردنو حەرامكردنی ئەو شتانەی دەق لەبارەیانەوە بێدەنگ بووە میسری باسی چەند نموونەیەك دەكات وەك سزای

---

[٦٢] مەبەستی لێرە دەسەڵات بە یاسایەك ئەو شتانە قەدەغە بكات كە دەقیان لەبارەوە نەهاتووە (واتە حەڵاڵن) یان دەیانكاتە ئەرك بێنەوەی دەقێك لەبارەی واجبێتییان هاتبێت، بۆ هەموو ئەمانەش دەسەڵات نەڵێت ئەم یاسایە حوكمی خودایە.

[٦٣] ئەوەش جگەلەوەی ئەو بژچوونەی یاسین واتای ئەوەیە مافێكی گەورەتری تەشریع بدرێتە دەست دەسەڵات كە تەرەفە لە سەرهەڵدانی ئیستبدادو ستەمكاری لەكاتێك موجتەهیدان جێگەی ئەو مەترسییە نین بەتایبەت ئەگەر سەربەخۆ بن لە دەسەڵات.

مەیخواردنەوەو سزای لەئاین وەرگەڕان کە لەقورئان نین، ئەم قسەیەش هێندە سادەیە کە مەگەر بۆ کەسانی سادە ڕوونیان بکەینەوە: حوکمەکان مەرج نییە تەنها لەقورئان بن بەڵکو لە سوننەتیش حوکمی زۆر هەن و دوو سزاکەی سەرەوە لە سوننەت هەن، یەکەمیان پێغەمبەر بە کردار کردوویەتی و دووەمیان بەلای کەمەوە دەقی فەرموودەی لەسەرە. نموونەیەکی تری میسری، کە پێشتر باس کرا، سزای سەد جەلدەیە کە بە وتەی خۆی لە قورئان هەیە بۆ ((ئەو ژن و پیاوەی بەشێوەیەکی ناشەرعی سێکس بکەن)) و دوایی گێڕاوە بۆ بەردبارانکردن. وتیشمان هەر کەسێك شارەزاییەکی کەمی هەبێت دەزانێت ئەو سزایە نەگێردراوەو لەکۆنەوە بۆ ئەوانەیە کە هاوسەریان نییەو زینا دەکەن لەکاتێك بەردباران بۆ ئەوانەیە کە هاوسەریان هەیە، دووەمیشیان بە سوننەت سەلمێندراوە جگە لەو ڕوایەتانەی دەڵێن کە ئایەتی بەردباران لەقورئان هەبوو و خوێندنەوەکەی نەسخ بووە بەڵام حوکمەکە ماوە، جگەلەوەی ئەوە هەڵەی تێگەیشتنە لە قسەی شافعی.

١١-دەڵێت موجتەهیدەکان شتیان حەرام دەکرد کە لەقورئان حەرام نەکراوە، حەرامێکیش قورئان سزای بۆ دیاری نەکردووە ئەمان بۆیان دیاری کردو دەبێت دەسەڵات سزا جێبەجی بکات و دەبێت ئەو دەسەڵاتە ئاینی بێت، ئەم سەرەنجامەش ناچاری کردن تیۆرێك لەسەر مەسەلەی دەسەڵات گەڵاڵە بکەن و شەرعییەت بدەنە دەوڵەتی خیلافەت(ل٩٠)، ئەمەش ئەوپەڕی بێئاگایی میسرییە چونکە دەوڵەتی خیلافەت تا زیاتر لە ١٣٠٠ ساڵ پاش پێغەمبەر شەرعیەتی هەبوو و پێویستی بە موجتەهید نەبووە تا شەرعیەتی پێبدات، هەروەها دەسەڵاتی ئاینی هەر هەبووە، ئەوەش کە گێراوە کەسی خەلیفەیە، گەرانیش بەدوای شەرعیەت بۆ خاتری دەوڵەتی خیلافەت نەبووە بەڵکو بۆ

کەسـێکی دیـاریکراو یـان بنەماڵیـەکی دیـاریکراو تـا بسـەلمێنرێت مـافی خیلافـەتیان هەیە، خەڵكیش دەیانزانی کە خیلافـەت وەزیفەیـەکی ئاییـنـە، کێشەش ئەوە بوو ئەو خەلیفەیە چەند پابەندبووە بە ئاین.

۱۲–(یاسین) گومان دەخاتە گێڕانەوەکانی (ئەبو هوڕەیرە) سەبارەت بەوەی پەیوەندیی بە بەنو ئومەییەوە هەیە(ل۲۷۰) میسریش شوێنی دەکەوێت(ل۹۲). یاسین لە لاپەرەکەی دوای ئەوە دەڵێت مەسەلەکە مەسەلەی ئەبو هوڕەیرەو ڕەخنەگرتن لە سەحابی نییە چونکە لای ئەو سەحابی مەعسووم نییە(ل۲۷) لەهەمان لاپەرەش دەڵێت لامان یەکسانە ئەگەر ئەبو هوڕەیرە ئەمانەی گێڕابێتەوە یان بەدەمییەوە هەڵبەسترابن. میسری شوێن ئەو دەکەوێت بەڵام لەجیاتی کەوتن بەسەر کەلاکێکی چەور بەسەر ئێسقان دەکەوێت: ((هەڵبەت مەبەستی ئێمە (بڕوانە وشەی "ئێمە") لەم نموونانە ئەوە نییە مۆری تاوان بنێین بەتەختی تەوێڵی ئەبوهوڕەیرە))(ل۹۳). بەختی ئەبو هوڕەیرە شامێنی دوو چاوی تیژی میسری سەری کرد (لەگەڵ پزیشیک بۆ نالی).

۱۳– ئەمەش نموونەیەکی دووردرێژ:

میسـری لەفـەرمووده ((سیاسـییەکان)) لـە سـەردەمی ئومـەوی(ل۹۱–۹۴) دەفڕێتو بەسـەر ئـەو فەرموودەیـه دەنیشـێت کـه حـوکمێکی فیقهیـی تیایـه ئەویش شیردان بە کەسی گەورە پاشان فەرموودەی (ئوم حەرام) (ل۹۴–۹۶) ئێنجا دیسان دەگەرێتـەوە بۆ مەسـەلەی سیاسـی (ل۹۶ بـەدواوە) کـە ئـەوە شوێنکەوتنی کوێرانەی یاسینە، ئەمەش ڕوونکردنەوەکەیە:

یاسین سەرەتا باسی دانانی دەقی (واتە فەرموودەی) سیاسی لـە سـەردەمی ئومـەوی دەکـات(ل ۲۵۸–۲۷۷) دوایـیش لەسـەردەمی عەباسـی (۲۷۷ بەدواوە). ئەی بۆچی باس لە فەرموودەی شیردان بەگەردەو فەرموودەی (ئوم

حەرام) دەکات؟

یاسـین سـەرەتا باسـی فـەرموودەی دووەم دەکـات کـە لـەبارەی یەکـەم هێرشەوەیە بۆ سەر قوستەنتینیە، دواییش باسی ئەو لەشکرە دەکات کە هێرشـی کـردە سـەر قوسـتەنتینیەو لە سـەردەمی عوسمـان کوڕی عـەففان نێردراو یەزید کوڕی موعاویە سەرکردەی بوو(ل٢٦٧–٢٦٨). یاسین ئەمـە بە فـەرموودەیەکی هەڵبەستراو دەزانێت هەرچەندە لە صـەحیحی بوخاری هەیە ئەویش چونکە بۆ مەبەستێکی سیاسی هەڵبەستراوە ئەویش شکۆمەندکردنی یەزیدو ئومەوییەکان بەگشتی. یاسین کە دەزانێت ئەو فەرموودەیە لەڕووی سەنەدەوە کێشەی نییە دەیـەوێت وات لەڕووی واتاوە ڕەتیبکاتـەوە ئەویش بە گومادخستنە سەر چۆنێتیی گێڕانەوەی کە بـەم جۆرەیـە: پێغەمبـەر لـەماڵی (ئوم حەرام) دەبێتو ئەو ئافرەتە قژی لە ئەسپیْ بۆ دەپشکنی، پێغەمبـەر خـەوی لێدەکـەوێتو پاشـان خەبـەری دەبێتـەوەو ئـەو مژدەیـە دەدات کـە لەشکرێک هێرش دەباتـە سـەر قوسـتەنتینیە..[٦٤] یاسـین دەپرسێت چۆن پێغەمبەر لای ئافرەتێکی نامەحرەم دەمێنێتـەوەو ئەو ئافرەتـە دەست لە سەری دەدا. لەمەشـەوە فەرموودەکە ڕەتدەکاتـەوە، بەواتایـەکی تـر یاسین دەڵێت نەك تەنها گومان هەیە فەرموودەکە بۆ ستایشی موعاویەو یەزیدی کوڕی دانرابێت بەڵکو ئەوەتا لەڕووییەکی فیقهیشەوە دروست نییە بۆیە زیاتر ڕێـی تێدەچـێت هەڵبەسـترابێت، بەواتایـەکی دووەم مەسـەلە فیقهییەکـەی خستۆتە خزمەت موناقەشە سیاسییەکە، بۆیە دەبینین یەکسەر دوای ئەو

---

[٦٤] صحیح البخاری، کتاب الجهاد والسیر (هـەروەها کتابی تـری صـەحیحەکە)، صحیح مسلم، کتاب الامارة، باب فضل الغزو فی البحر.

دەگەڕێتەوە سەر ئەو فەرموودانەی بۆ ستایشی بەنو ئومەییە وتراون چونکە یاسین لەبیری نەچووە کە باس باسی دانانی فەرموودەیە لەسەردەمی ئومەویو باسە فیقهییەکەی خستۆتە خزمەتی ئەو مەبەستە.

یاسین فەرموودەکەی (ئوم حەڕام) دووبارە دەکاتەوە(ل٢٨١) ئەویش کاتێک دەچێتە سەر باسی دانانی فەرموودە لەسەردەمی عەبباسیو لێرە قسەی مونەسسیرەکان دەهێنێتەوە تا پیشانی بدات لەبارەی ئەو فەرموودەیەوە چەند سەریان لێتێکچووە(٢٨٢ بەدواوە)، پێش ئەوەش باسی فەرموودەی شیردان بە کەسی گەورە دەکات[٦٥] (٢٧٩) ئەمەش هەمووی بۆ ڕەخنەگرتن لە زانایانی کۆن کە زۆریان نەکۆڵیوەتەوە لە ناوەڕۆکی فەرموودەکان بەتایبەت فەرموودەکانی (ئاحاد)و فەرموودەکانیان قبووڵ کردووە ئەگەر سەنەدەکەیان صەحیح بووبێت هەتا ئەگەر ناوەڕۆکەکەیان نامەعقووليش بێت یان ئەگەر لەگەڵ دەقی تر نەگونجابێت. یاسین دوای موناقەشەیەکی زۆر (تا لاپەڕە ٢٨٨) ئینجا دەچێتە سەر مەسەلەی هەڵبەستنی فەرموودەی سیاسی لە سەردەمی عەبباسی بۆیە لێرە زۆرتریش لەسەر فەرموودەی ئاحاد دەڕوات چونکە سەردەمی عەبباسی سەردەمی نوسینەوەی زۆرتری فەرموودەیە بەتایبەتی فەرموودەی ئاحاد.

کەواتە یاسین بەمەبەست لە باسێکی سیاسییەوە دەچێتە سەر باسێکی فیقهیو فەرموودەناسی، بەڵام میسریی داماو نازانێت چی لە جەواڵ هەیە؛ لێرەی زەرد یان دووپشکی ڕەش... دەستی پیا دەکاتو شتی لێدەردەهێنێت، بۆیە وەك وتم لە فەرموودەی سیاسییەوە باز بۆ دوو فەرموودەی شیردان بە

---

[٦٥] صحيح مسلم، ج٤، كتاب الرضاع، باب رضاعة الكبير.

کەسـی گـەورەو فـەرموودەی ئوم حـەرام دەدات، پاشـان دەگەرێتـەوە بـۆ فەرموودەی سیاسی بێنەوەی رەبتێك لەو بازانه بکات، بەلکو بێنەوەی لەخۆی بپرسێت چ رەبتێکیان تیایه.

خۆش ئەوەیه میسری دوای ئەوه دەلّێت: ((ئەم حەدیثانەو دەیانی تر دەهێنن قسەوباسی زۆریان دەربارەوه بکرێ))(ل٩٥).. بۆچی تۆ زانیوته باس لەچی دەکەی تا قسەو باسی زۆریان لەبارەوه بکەی؟!

میسری یەکسەر دوای ئەوه باسی فەرموودەکەی (ئوم حەرام) دەکاتو زۆریی قسەکانی یاسین لەبارەیەوه دووباره دەکاتەوه بەلّام دیسـان نازانێت بۆچی باسکراوه(٩٥–٩٦).

۱٤–میسـری تەنانـەت ((بردنەکـه))ش بەتـەواوی ناکات، ئەوەتا ئامـاژه بـۆ فەرموودەیەکی تر دەکات که ئەویش لە یاسینی ((بردووه))و تیا هـاتووه: (إنما الرضاعة من المجاعة) واته شیردان لەبرسێتیەوەیه. یاسین خۆی شەرحی دەکات که ئەو شیرەی دوو کەس پێی دەبنه خوشكو برا ئەو شیرەیه که مندالّ کاتێك برسیی بوو دەیخوات (ل٢٨٠) کەچی میسری پاش ((بردنی)) قسەکه ئەتکی دەکات: ((شیرپێدان ئەنجامی برسێتیو قاتو قرییه))(ل٩٥)، واته ئەو مەجاعەیەی باسکراوەو که برسێتیی مندالّه میسری به مەجاعەی گشتیی زانیوه واتـه برسێتی خـەلكو قـاتوقرییی ولّات، بێگومان بێنەوەی بپرسێت بۆچی ئەو شیردانەی دوو مندالّ پێی دەبنه خوشكو برا به قاتوقرییی ولّات دەبەسترێتەوه. بەلگەی ترمان ناوێت بۆ سەلماندنی ئەوەی میسری ئەو لاپەرانەی ئەو بابەتەی لە یاسین ((بردووه)) ئەویش پاش سەقەتکردن، بەلّام بۆ خۆشیو کەیف نموونەیەکی تر دەلّێین:

یاسین تەفسیری (ئیبنو عبدولبەڕ) دەهێنێتـەوه سـەبارەت بەوەی چـۆن

پێغەمبەر لای ئافرەتێکی نامەحرەم دەمێنێتەوەو لەدەقی (ئیبنو عبدولبەڕ) ئەوە هاتووە کە ئەم حەرام: ((مەحرەمی پێغەمبەر بووە ئەویش لەتەرەڧی خوشکانی دایکییەوە چونکە عەبدولموتتەلیبی باپیری پێغەمبەر لە (بنو نەججاڕ) بووە)). یاسین ئەوە ڕوون دەکاتەوەو دەڵێت: مەبەستی لەوەیە کە ئەم حەرام خوشکی دایکی عەبدولمەتتەلیب بووە(٢٨٣) قسەی یەکەم هی (ئیبنو عبدولبر)ـە بۆیە یاسین خستوویەتییە ناو جووتەکەوانەی وەرگرتنی دەقاودەق، قسەکەی دوای ئەوەش ڕوونکردنەوەی یاسین خۆیەتی بۆیە لەناو جووتەکەوانە نییە. میسری وایزانیوە ئەوەی دووەمیش هەر قسەی ئیبنو عبدولبەڕە بۆیە قسەکەی خستۆتە ناو کەوانەوەو نەزانینەکەیمان بۆ تەئکید دەکاتو دەنووسێت: بۆیە تەئویلی دەکات (واتە ئیبنو عبدولبەڕ)ـەو دەڵێت: (پەیامبەر بۆیە ڕێگای داوەتە ئەم حەرام دەست بخاتە ناو سەرو قژییەوە چونکە پووری –خوشکی دایکی– عبدولموتتەلیبی باپیرەی بوو) کەوانەکەش دادەخاتو ژمارەی پەراوێزی (٢٠٠) دادەنێتو ناوی شەرحی ئیبنوحەجەری صەحیحی بوخاری واتە کتێبی (فتح الباری) وەک سەرچاوەی حەلاڵی خۆی دەنووسێت (ل٩٦) کە نە حەلاڵ و نە پێی دەشێت چونکە قسەی یاسینە.[66]

١٥-میسری نەشارەزایی خۆی دەسەلمێنێت کاتێك دەڵێت: هەردوو صەحیحی بوخاری و موسلم ئەگەر چی لەسەردەمی عەبباسییەکان نووسراونەتەوە بەلام

---

[66] میسری ژمارەی بەرگی ئەو کتێبەی گۆڕیوە، واتە لەجیاتی بەرگی ١١ بەرگی ١٢ـی نووسیوە. گۆڕینی بەرگو ژمارەی لاپەڕە بۆ ئەوەیە چاپی ئەو کەسەی کاری ((بردن)) دەکات جیا بێت لە چاپی ئەو کەسەی زانیارییەکانی لێ ((بڕاوە)). ئەمە سپیکردنی ((بردنە)) هەروەکو سپیکردنی پارەی تلیاك بەوەی بخرێتە ناو پڕۆژەی یاسایییەوە.

<u>زۆریـەی</u> بابەتـەکانیان کاریگـەریی دەسـەڵاتی ئومـەوییان پێـوە دیـارە. ئـەو دەقانە ئەوەنـدەی خزمـەتی دەسـەڵاتی ئومـەوییان کردووە دە ئەوەنـدە لـە خزمـەتی دەسـەڵاتی عەبباسیش بـوون (٩٦) ئەوەش قسـەی کەسـێک لـەژیانی ئـەو دوو صـەحیحەی نـەدیوە چـونکە دوو صـەحیحەک پـڕن لـەو بابەتـانەی پـەیوەنـدییان بـە سیاسـەتەوە نییـە: نوێـژ، ڕۆژوو، حـەج، زەکـات، کـڕیـنو فرۆشتن، باسـەکانی مردنو قیامـەتو بەهەشتو جەهەننـەم، زوهد...تادو ئـەو فـەرموودانـەی باس لـە شتی سیاسی دەکـەن تەنها بەشـێکی بچـووکن ئیتر ئـەوە ئـەوپـەڕی نەزانینـە بوترێت ((زۆریـەی بابەتـەکانیان کاریگـەریی دەسـەڵاتی ئومـەوییان پێـوە دیـارە)) ئیتر ئـەگـەر ئـەم ((زۆریـە))یـە هـەبێتو ((دە ئەوەندە))شی بچێتە سەر چی لەو دوو کتێبە دەمێنێتەوە؟

میسری ئەمەی لە کێ ((بردووە))؟ ئەمەیان ئیبداعی خۆیەتی... پیرۆزە !

ئێستاش تەنها بەئامـاژە ((بردنەکانی)) میسری دەستنیشان دەکـەم:

لەلاپـەڕە ٨٩ تا نـاوەڕاستی لاپـەڕە ٩١ ی میسری لـە یـاسینـەوە بڕاوە (ل٥٥، ٥٧، ٦٢)، لاپـەڕە٩٧ میسـری/ لاپـەڕە٢٨٩ یـاسین، لاپـەڕە ٩٨ میسـری/ لاپـەڕە٢٩١ یـاسین، ل٩٨ میسـری/ ل٢٩٥ یـاسین، ل٩٩ میسـری/ ل٢٩٩ یـاسین، ل١٠٠ میسـری/ ل٣٠٠ یـاسین، ل١٠١ میسـری/ ل٣٠٤ بـەدواوە یـاسین، ل١٠٢ میسـری/ ل٣٠٦ یـاسین، ل١٠٣ میسـری/ ل٣١١ یـاسین، ل١٠٣ میسـری/ ل٣١٣ یـاسین، ل١٠٤ میسـری/ ل٣١٣ یـاسین. بەدرێـژایی لاپـەڕە (٩٧) تـا (١٠٥)ش میسری تەنها یەك جار ئامـاژە بۆ یـاسین دەکات.

ڕه‌وتی نوێ و هاوچه‌رخی ئیسلامی

((بردنه‌کان))ی میسری له‌ کتێبی
(الأحزاب والحركات والجماعات الإسلامية)
ئه‌ویش به‌ سه‌قه‌تکردنو پاش سه‌قه‌تکردن
قسه‌کردن له‌سه‌ر بابه‌ته‌کان
وه‌ک ((پسپۆڕێك))

میسری له‌ لاپه‌ڕه‌(١٨٤)ی کتێبه‌که‌یه‌وه‌ ده‌ستده‌کات به‌ سوودوه‌رگرتن له‌ کتێبه‌که‌ی دکتـۆر فه‌یصـه‌ل ده‌ڕپاچو جه‌مال بارووت: الأحـزاب والحركـات والجماعات الإسلامية.

ئـه‌و دوانـه‌ ئاماده‌کـاری کتێبه‌کـه‌ن کـه‌ له‌لایـه‌ن چـه‌ند که‌سـێکه‌وه‌ نوسراوه‌ته‌وه‌و کـه‌ یـه‌کێکیان جه‌مال بارووتـه‌. ناوبراو به‌شه‌ یه‌که‌مه‌کانی هه‌ردوو به‌رگی یه‌که‌مو دووه‌می نووسیوه‌، میسریش سوودی لـه‌وه‌ی به‌رگی یه‌که‌م وه‌رگرتووه‌ بۆیه‌ به‌درێژایی ئه‌م باسه‌م ناوی (بارووت) به‌کارده‌هێنم بۆ ئاماژه‌کردن بۆ کتێبه‌که‌.

وتم میسـری سـوودی لـه‌و کتێبـه‌ وه‌رگرتـووه‌، بـه‌لام ئـه‌و هـه‌روه‌کو سه‌رچاوه‌کانی تر به‌ سوودوه‌رگرتن نه‌وه‌ستاوه‌ته‌وه‌و کاری ((بـردن))یشـی له‌گه‌لٚ کردووه‌. جگـه‌ لـه‌ ((بـردنیش)) میسری به‌ئاره‌نووی خۆی زانیاری هه‌لٚده‌بژێرێت.. به‌ئاره‌نووی خۆی واته‌ ئـه‌وه‌ی مه‌به‌ستێتی، ئـه‌ویش لـه‌ یـه‌ک مه‌به‌ست کورت ده‌بێته‌وه‌ کـه‌ دروستکردنی وێنه‌یه‌کی ناشیرین بۆ کۆمه‌لٚه‌

ئیسلامییەکانو بەتایبەتی کۆمەڵەی ئیخوانی موسلمین. هەروەکو لەسەرەتای ئەم کتێبەش باسم کردبوو ئەم کارە بریتییە لە گێڵکردنی خوێنەر هەر وەك هەر کارێکی تری هەڵبژاردنی بەئارەزوو. ڕەنگە میسریش ئەنجامەکەی پێیکابێت بەڵام زەرەرمەند خوێنەری نەشارەزایە کە فیکرەیەکی بۆ دروست دەبێت لەبارەی سەردەمێكو لەبارەی کەسانو لایەنی کارای ناو ئەو سەردەمە .. فیکرەیەکی سادە وای لێدەکات هەڵوێستێکی سادەی هەبێت.. سادەشو ناتەواویش.

وەك وتم میسری لە لاپەڕە(١٨٤)ەوە دەستدەكات بە ((سوودوەرگرتن)) لە کتێبی (الأحزاب والحرکات..). کتێبەکە لە بەشی یەکەمی ئەو بەرگە باسی نەهێشتنی خیلافەتی عوسمانی دەکات تا دەگاتە دروستبوونی کۆمەڵەی ئیخوانی موسلمین کە لە بەشەکانی تر بەدوورودرێژی باسی دەکات. میسریش کە شوێنیکەوتووە بەهەمان شێوە باسی ئیلفاکردنی خیلافەتی عوسمانی دەکاتو بەهەمان تەرتیبو زانیارییەکانی (بارووت) کاتی باسەکە دەگەیەنێتە سەرەتای دروستبوونی ئیخوان.

(بارووت) لە دوا دێڕەکانی ئەو بەشە پاش باسکردنی جیاوازیی نێوان سەلەفیەتی ئیسلامیی ڕۆژهەڵات، کە (محمد رشید رضا) کەسی دەرکەوتووی بوو، باسی بۆچوونەکانی (عبدالحمید بن بادیس) دەکات کە بە (لامووتیەتی تەحریری مەغریبی– مەغریبی: واتە ڕۆژئاوای جیهانی عەرەبیو ئیسلامی) ناویان دەبات دەڵێت کە دامەزراندنی کۆمەڵەی ئیخوان بریتی بوو لە بەدەزگابوونی بزوتنەوەی سەلەفیەتە ڕۆژهەڵاتییەکە(ل٣٧) میسریش لە دوادێڕەکانی ئەو بەشەی کتێبەکەی (ل٢٠٠) دەنووسێت:

((مەبەستی سەرەكی لەم بەراوردکردنە (لە نێوان بن بادیسو ڕەزا/ ف.ق)

ئەوە بوو خوێنەر تا رادەیەك لە ناوەرۆكی گوتاری ئوسوولی تێبگا كە یەكێكی وەكو (موحەممەد رەشید رەزا) چۆن چۆنی لەدوای هەرەسی دەوڵەتی خیلافەتەوە پیادەی كردووە، بەتایبەتی ئەو تێزەی كە پەیوەندیی هەیە بە سروشتی دەوڵەتو شێوەی دەسەڵاتی ئیسلامەوەو دوای خۆی بووە گوتاری بزوتنەوەی (ئیخوانولموسلمون)و لەبەرگێكی تر فیكری ئوسوولیەتی بەرهەم هێناوە)).

ئەو خوێنەرەی كە میسری دەیەوێت لەناوەرۆكی وتاری ئوسوولی تێبگات پێویستە ئەوەش تێبگات كە چۆن چۆنی میسری دەستی بەسەر بەرهەمی خەڵكی تر گرتووە.

بەكورتی ئەمە چۆن چۆنیی شوێنكەوتنی بارووتە لەلایەن میسرییەوە، بە سوودوەرگرتنو ((بردن))ـەوە:

بارووت باسی تەوژمەكانی ناو دەوڵەتی عوسمانی دەكات، میسریش باسیان دەكات، بارووت باسی نەهیشتنی خیلافەتی عوسمانی دەكات، میسریش باسی دەكات، بارووت ئینجا باسی كاردانەوەی ئەزهەر دەكات، میسریش دوای ئەوە باسی دەكات.. زنجیرەكەش بەردەوام دەبێت: ئیدیعاكردنی خیلافەت لەلایەن مەلك حسێن، هەوڵی مەلك فوئادی میسر بۆ خەلیفە بوون، باسكردنی بۆچوونەكانی (رەزا) لەبارەی خیلافەتەوە، باسی ئەو حزبەی كە (رەزا) بیری لە دامەزراندنی دەكردو بەتەمابوو مستەفا كەمال (ئەتاتورك) بچێتە ناویەوە، رەزاو بزوتنەوەی نەتەوایەتی، باس لە(عەلی عەبدولرازق)و كتێبەكەی، باسی جیاوازیی نێوان بۆچوونەكانی رەزاو بن بادیس، كۆتاییش چەند دێرێك بۆ ئامادەكردن بۆ بەشی داهاتوو ئەویش دامەزراندنی كۆمەڵەی ئیخوانی موسلمین.

بـەم شـێوەیە میسری پـێ بـەپێی شـوێنی بـارووت کـەوتووە و لـەو
شوێنەکەوتنە لەبیرینەچووە دوو شت بکات:

١– سەرچاوەکانی بارووت ((ببات)).

٢– هەندێک داهێنانو قسەی خۆی زیاد بکات. [67]

هـەروەکو سـەرچاوەکانی تر ناکرێت برگە بە برگە بەراوردیی نێـوان ئـەوەی
بـارووتو میسری بخەمە بەردەم خوێنەر بۆیە ناچارم چەند شتێک هەلّبژێرم:

١– بـارووت باسـی رێککـەوتنی ئاگریەسـتی ٣٠ی تشرینی یەکـەمی ١٩١٨
دەکات (لە نێـوان دەولّەتی عوسمانو هاوپـەیمانان)و هەلّهاتنی سـەرکردایەتیی
نەتـەوەیی تـۆرانی لـە تورکیاو هەلّوەشانی کۆمەلّەی ئێتیحادو تـەرەقیو
دامـەزراندنی کۆمەلّەی بەرگری لە مافەکانی ئەنادۆلّو رۆمللی لەلایەن مستەفا
کەمالـەوە کە زۆریـەی کورسییەکانی ئەنجوومـەنی نیشتمانیی بەدەستهێنا
(سالّی ١٩٢٠)و برپاردان لەسەر پـەیمانی میللی (نەتـەوەیی) یاخود پـەیمانی
ئەنقـەرە بـۆ رزگـارکردنی هـەموو ئـەو ناوچانەی زۆرینەیەکی عوسمـانیی
موسـلّمانیان تیا دەژیاو سـەریەخۆبوونیانو یـەکگرتنیان لـەژێر دەسـەلّاتی
سولّتانی عوسمانی بەلّام سولّتان لەلایـەن خۆیـەوە کۆمەلّەکەی هەلّوەشاندو
هێرشی چەکداری بردەسەر .. تاد. (بارووت، لاپەرە ١٦).

میسری (ل١٨٦–١٨٧) ئەمانە نەقلّ دەکات (بەلّام لەجیاتی تشرینی یەکەم
دەنووسێت نۆڤەمبەر کە دەکاتە تشرینی دووەم)، ئەوەشی سـەیرە، یاخود

---

[67] سەرچاوەیەکی تر لەو لاپەرانە هەیە کە میسری زۆر ناوی دەبات ئەویش (الصراع
بین التیارین الدینیو العلمانی فی الفکر العربی)ی (د. محمد کامل ظاهر) کە لە کتێبەکەی
بارووت کۆنترەو بەداخەوە دەستم نەکەتووە. با بەراوردکردنی ئەو کتێبە لەگەلّ کتێبەکەی
میسری رابهێنان بێت بۆ ئەو خوێنەرە، یان ئەو رەخنەگرە، کە ئەو کتێبەی دەستدەکەوێت.

ڕاستتر بڵێم سەیر نییە ئەوەیە سەرەڕای نووسینەوەی هەموو زانیارییەکانی بارووت لەجیاتی ئەو سەرچاوەیە ناوی سەرچاوەیەکی تـر دەنووسێت کە بارووت نووسیویەتی ئەویش: (الدكتور وجيه كوثراني، الدولـة والخلافـة في الخطاب العربي ابان الثورة الكمالية) ئینجا میسری هەمان قسەکانی بارووت دەکات سەبارەت بە هەبوونی دوو دەسەڵات لەو کاتەی دەوڵەتی عوسمانی: دەسەڵاتی شەرعی(ئەوەی سوڵتان لە ئیستەمبووڵ)و دەسەڵاتی ڕاستەقینە (ئەوەی ئەنجوومەن لە ئەنقەرە)، بەڵام میسری ئەو ڕاستییە دەکاتە ئەنجامێك كە خۆی پێی گەیشتووە(ل١٨٧).

دوای ئەوە بارووت باسی هەڵهاتنی سوڵتان وحید الدین لە ئیستەمبووڵ دەکاتو کۆبوونەوەی ئەنجوومەنی نیشتمانی لـە تشرینی دووەمی (١٩٢٢) (ل١٧) میسریش (ل١٨٧) باسی ئەوە دەکات بەڵام ئەمجارە بە پێچەوانەوە تشرینی دووەم دەکاتە ئۆكتۆبەر لەجیاتی نۆڤەمبەر.

ئەوی نە میسریو نە غەیری میسری نایانەوێت لەسەری بوەستن ئەوەیە دەسەڵاتەکەی مستەفا کەمال(کە نازناوی ئەتاتورك=باوکی تورکی لەخۆی نابوو) کۆششی کردبوو بۆ نەهێشتنی ڕێککەوتننامەی (سیڤر)و ئیمزاکردنی ڕێککەوتننامەی (لۆزان) لەجیاتی ئەو. بارووت باسی ئەوەی کردووه(ل١٦) میسریش هەر باسی کردووه(ل١٨٧ پەراوێزی ٤٠٢) بارووت پێویستی بەوە نەبووە لەسەری بوەستێت چونکە باسەکەی لەبارەی کوردەوە نییە بەڵام میسری کە دەزانێت ئەتاتورك عەلمانیـەتی لە تورکیا دامەزراند(ل١٨٨) نایەوێت بڵێت ئەتاتورکی عەلمانی لۆزانی سەپاند. میسری تەنانەت پێچەوانەی ئەوە دەڵێت کاتێك دەنووسێت کە لۆزان ئەو زەمینەیەی بۆ مستەفا کەمال ڕەخساندو ڕێككەوتننامەکە شەرعیەتی دایە پەیمانی ئەنقەرە.. تاد (ل١٨٧

پەراوێزیی ٤٠٢) [68] ، واتە کاری ئەتاتورک سوودوەرگرتن بوو لە (لۆزان) بۆ دامەزراندنی دەولّەتی نەتەوەییو پێشێلکردنی رێککەوتننامەی (سیڤر)و بەم جۆرە میسری ناراستەوخۆ ئەتاتورک لە هاتنەدنیای رێککەوتننامەی لۆزان بێتاوان دەکات.

میسری (ل١٨٧) ((بردن))ێکی تـر دەکات کاتێک باسی شـەرعیەتدان بە جیاکردنـەوە لـەنێوان پلـەی خیلافـەتو پلـەی سـەلّتەنەت لەلایـەن فەقیـه تورکەکانی سەر بە کەمالیەت دەکات (واتە خەلیفە تەنها پێشەوایەکی روحی بێت). میسری قسەی باروت دەکاتـەوە کە ئەمیان لە کتێبی (الخلافة وسلطة الأمة) وەرگێرانی عبدالغنی سنی بەگ وەریگرتووە ئەویش نەک راستەوخۆ لـەو کتێبە بەلّکو لەرێگەی کتێبەکەی سەرەوەی دکتۆر (وجیه کۆثرانی) (بارووت ل ١٧و پەراوێزی ٩ ل٣٨)، میسریی خۆشمان هەمان ئەم ئامارانە دەنووسێتو پالّێک بەبارووتو کتێبەکەیەوە دەنێت.

بەلّام ئایا ناکرێت میسری بەراستی کتێبەکەی (کۆثرانی)ی بـەکارهێنابێتو ئەو دەقەی (الخلافة وسلطة الأمة)ی تیا بینیبێت؟ نەخێر چونکە ناکرێت بارووت باسی (أ) بکاتو میسری باسی(أ) بکات (بارووت) یەکسەر دوای ئـەوە باسی (ب) بکات میسریش هـەروەها، بارووت بلێت(ج)و میسریش بەهـەمان تەرتیب بلێت (ج)، دواییش کە بارووت نۆر رۆیشتو میسری شوێنیکـەوت میسری لەپر باسی ئەو دەقە بکاتو بلێت بوەستن ئیلهامم بۆ هاتووەو من خۆم بینیومە، بەمەرجێک هـەر لەسـەر رێگەکـەی بارووتـەو بارووت بەهـەمان

---

[68] جگە لەوە میسری شتەکانی تێکەلّ کردووە بەلّام باسکردنی ئـەو تێکەلکردنـە زۆری دەوێت.

تەرتیب باسیکردووە.. ئەوە ئیلهام نییە ئەوە ((بردنێکی)) زەقە. ⁶⁹

ئیلهامی میسری بەردەوام دەبێتو یەکسەر دوای ئەوانەی سەرەوە بەبێ ئاماژەکردن بۆ هیچ سەرچاوەیەك (کەواتە ئەمە بۆچوونی خۆیەتی) باسی فەتواکەی فەقیهانی تورك سەبارەت بە جیاکردنەوەی خیلافەت لە دەسەڵات ⁷⁰ دەکاتو دەڵێت ڕیشەیەکی مێژوویی هەیەو دەچێتە سەر ئیجتهادەکانی (ئەلماوەردی) بەڵام چەمکی خیلافەت بەو جۆرەی کە ببێتە دەسەڵاتێکی ڕووحیو بەس ئەو سنوورە دەبەڕزێنێت کە کاتی خۆی (ئەلماوەردی) بۆ پایەی خیلافەت دەستنیشانی کردبوو چونکە موجتەهیدانی تورك بەم فەتوایە پایەی خیلافەتیان کرده هاوشێوەی دەسەڵاتی پاپا (ل۱۸۷ – ۱۸۸) ... ئەمەش دیسان ئیلهام نییە بەڵکو قسەی بارووتە (ل۱۷)و میسری ئاماژەی بۆ نەکردووەو کردوویەتی بەهی خۆی.

لەسەرەوە سەرچاوەیەکمان بینی (ئەوەی دکتۆر کۆثرانی) کە میسری لە بارووتی ((بردووە))، سەرچاوەیەکی تر بریتییە لە کتێبێك کە دیسان بارووت ناوەکەی نووسیوە ئەویش وەك سەرچاوەی قسەیەك لەبارەی بەیاننامەی

---

⁶⁹ بەڵام ڕێشی تێدەچێت ئەو کتێبەی بینیبێت بەم بەڵگەیەی خوارەوە: میسری ل۱۹۰ پ ٤۱۳ دەڵێت سوودی لە چاپە نوێکەی کتێبەکە وەرگرتووە.. واتە ئەمە یەکێکە لەو سەرچاوە کەمانەی میسری ئیعتراف دەکات کە بەراستی بینیوونی...ئینجا کەسێك دەیان سەرچاوەی نووسیوە گوایە بینیونیو بەکاریهێناون چ پێویستی بەوەیە بۆ سەرچاوەیەکی دیاریکراو بڵێت بینیومە؟ ئەوە قسەیەکە لەگەڵ خۆی دەیکات: ئەمەیانم بەراستی بینیوەو لە کەسم نەبردووە.

⁷⁰ وشەکەی میسری "دەسەڵات" هەڵەیەو راستەکەی "سەڵتەنەت"ـە چونکە لەو نیزامە کە هاوشێوەی سەردەمەکانی دوایی دەوڵەتی عەبباسییە خەلیفە هێشتا بەشێك بوو لە دەسەڵات بەڵام دەسەڵاتی فیعلی (سوڵتان) دەیکرد.

شانزه زانای ئەزهەر کە لابردنی خەلیفە عەبدولمەجیدو ئیلغاکردنی خیلافەت
بە نادروست دەزانێتو داوا دەکات بەپەله کۆنگرەیەك لەبارەی خیلافەتەوە
ببەسترێت(بارووت ل٢٧). بارووت دوای ئەوە باسی شتی تر دەکات: بابەتی
شێخ موحەممەد حەسەنەین سەبارەت بە بەردەوام بوون لەسەر بەیعەتی
عەبدولمەجیدو ئیدیعای خیلافەت لەلایەن مەلیك حسێنەوەو هەولّی مەلیك
فوئاد بۆ هەمان شتو دامەزراندنی لیژنەیەك بۆ خیلافەت... دوای هەموو
ئەمانه ئینجا بارووت پەراوێزێك بۆ سەرچاوەکەی خۆی دادەنێت کە ئەمەیه:
د. محمد حسین (الإتجاهات الوطنیة في الأدب المعاصر) بەرگی دووەم، (ل٤٧-
٤٩). میسری (ل١٨٨-١٨٩) تەنها بۆ زانیاریی یەکەم، واتە بەیاننامەی شانزه
زانای ئەزهەر ئەو کتێبە وەکو سەرچاوەیەکی خۆی دەنووسێت (بەهەلّەش
دەنووسێت سولّتان عەبدولحەمید لەجیاتی عەبدولمەجید)، بەپالّ ئەم
سەرچاوەیەش کتێبەکەی بارووتیش دەنووسێت. چۆن رێکەوتێکی سەیریشه:
بارووت بۆ ئەو زانیارییانە کتێبێك بەکاردەهێنێت بەناوی (رەوتە
نیشتمانپەروەرەکان له ئەدەبی هاوچەرخ) کە دیاره باس له ئەدەبو سیاسەت
دەکات نەك سیاسەت بەتەنیا، میسرییش لەهەمان خالّو وێستگه هەمان
سەرچاوەی ((دەستدەکەوێت))و ((دەیبینێت))و ((بەکاریدەهێنێت)).

میسری دوای ئەوە باسی بابەتەکەی شێخ محمد حەسەنەین وەکیلی
پێشووی ئەزهەر دەکات کە داوای له موسلّمانان کرد ((بەردەوام بن له سەر
بەیعەتکردن بە سولّتان عەبدولمەجید ئەگەر بەئارەزووی خۆیشی کارکەنار
بووەو دەستی لەپایەی خیلافەت هەلّگرتووه، دەبیّ موسلّمانان بەیعەت بە
خەلیفەیەکی تر بکەن)) (ل١٨٩).

سەرچاوەی میسری ئەم کتێبەیه کە ئەیدیوه: تطور الفکر السیاسي في

الإسلام له نووسینی د. فتحیة النبراوي و د. محمد نصر مهنا، بەرگی دووهم ل٣٨٨.

ئەو کتێبە (ل٣٨٨-٣٨٩) باسەکە بەشێوەیەکی تر دەنووسێت: شێخ حەسەنەین ئەوەی نووسیبوو: ئوممەتی میسری شایەنی خیلافەتەو لەهەموو میللەتێکی تر مەقتره وەریبگرێت چونکه چەندین هەزار زانای ئاینیو قوتابیی عیلمی تیایەو ئەزهەریش هەر له میسره.

جیاوازیی دوو دەقەکەش بەسە بۆ سەلماندنی ئەوەی میسری سەرچاوەکەی نەبینیوه. خۆشیش ئەوەیه میسری ئەو قسەیەی خستۆته ناو کەوانەوه که نیشانەی وەرگرتنی دەقاودەقه.

بارووت سەبارەت به هەوڵی دامەزراندنەوەی خیلافەت له میسر دەڵێت وا دیاره مەلیك فوئاد هاندان(تەشجیع کردن)ی بەریتانیای دەستکەوبێت، بەریتانیاش بیری لەوه دەکردەوه پایەی خیلافەت بۆ ئیحتواکردنی موسڵمانانی هندستان بەکاربهێنێت(ل٢٨) بەڵام میسری یان لەو قسەیه تێناگات یان تێدەگاتو دەیەوێت وای پیشان بدات حەزکردنی بەریتانیا مەسەلەیەکی براوەیه بۆیه دەڵێت: ((سەرچاوه مێژووییەکانیش بەگشتی جەخت لەسەر ئەوه دەکەنەوه که بەریتانیا ڕۆڵێکی دیاری هەبووەو هانی پادشای میسری داوه هەوڵ بدا پایەی خیلافەت بۆ خۆی مسۆگەر بکات)) (ل١٨٩-١٩٠).

بڕگەکەی میسری دەستکارییەکی تەواوی ئەوەی بارووته چونکه بەپێی ئەو کتێبە نازانین کامانەن ((سەرچاوه مێژووییەکان)) چونکه سەرچاوەکەی میسری ئەوەی بارووته، بارووتیش لەو شوێنه ئاماژەی بۆ هیچ سەرچاوەیەك نەداوەو تەنها دوای بڕگەیەکی تر که باسی مستەفا کەمال دەکات ناوی

کتێبەکەی ئەرمسترۆنگ (گورگی بۆر) دەهێنێت. ئەمە یەك، دووش ئەوەیە ئەو ((سەرچاوە مێژووییانە)) جەخت لەسـەر دەوری بـەریتانیا ناکـەن چـونکە بینیمـان سەرچاوەکەی میسری (واتـه بـارووت) دەڵێت ((وادیـاره)) یاخود ((واپێدەچێت)).

میسری لە دێڕەکانی دوای ئەوە مەبەستی خۆی ڕوونتر ئاشکرا دەکات: ئەو دەیـەوێت خوێنەر تێبگەیەنێت کە بـەریتانیا مانەوەی خیلافەتی مەبـەست بـوو ئەوەتا دەنووسێت: ((پێشتریش بەریتانیا هەوڵێکی زۆری دا نەهێڵێ (مستەفا کەمال) پایەی خیلافەت ئیلغا بکات. لەڕێگای چەند ڕێبەرێکی ئاینییەوە هانی موسڵمانی هیندستانی دا دژ بە هەڵوێستی تازەی تورك بوەستنو ڕێگا نەدەن پایـەی خیلافـەت لەبـەین بچیّ!! کـاتێکیش (مستـەفا کـەمال) بـەکردەوە سیستـەمی خیلافـەتی نەهێشت هـەڵێکی باشـتر بۆ بـەریتانیا ڕەخسا هـەوڵی دامـەزراندنی خیلافـەتێکی عـەرەبی–ئیسلامی بدا، لەو کاتـەش کـەس لە پادشای میسر گونجاوتر نەبوو، خودی پادشای میسریش زۆری مەبەست بـوو.. تـاد)) (ل۱۹۰).

دوو سیّ دێڕی یەکەمیش ڕاستەکەی هـەر لە کتێبەکەی بارووت هاتوون بەڵام بەشێوەیەکی ترو میسری بەئارەزووی خۆی تێکیداون. وەك چۆنیش میسری بڕگەی سـەرەوەی دوای باسی بـەریتانیا نووسیوە، بارووتیش دوای باسی بەریتانیاو خیلافەت وفوئادو موسڵمانانی هیندستان دەڵێت: پێشـتر مستـەفا کـەمال هەڵمـەتێکی مەنهـەجیی کرد بۆ ناوزڕاندنی دوو پێشـەوای موسـڵمانی هینـدی (ئاغا خـان)و (ئـەمیر عـەلی) کـە بـەناوی موسـڵمانانی هیندستان داوایان لێکردبوو ڕێز لە پایەی خەلیفه بگرێت مستەفا کەمالیش بە داردەست (صنائع)ی ئینگلیز ناوی بردن (ل۲۸).

هەلگێڕانەوەی زانیارییەکانیش بەردەوام دەبێت کاتێک میسری دەڵێت کە هەلێکی باشتر بۆ بەریتانیا ڕەخسا هەوڵی دامەزراندی خیلافەتێکی عەرەبی ئیسلامی بدا (ل١٩٠) لەکاتێک بارووت باسی هاندانی مەلیك فوئاد بۆ دەستکەوتنی پایەی خیلافەت وەك بەشێك لە سیاسەتەکەی بۆ دامەزراندنی خیلافەتێکی عەرەبی دەکات ئینجا بارووت ئەوە بەشێوەیەکی ئەکید ناڵێت بەلکو دەڵێت: ((دەتوانرێت وا دابنرێت)) بارووتیش باسی خیلافەی عەرەبی– ئیسلامی ناکات، بەڵام میسری مەبەستێتی ناوی ئیسلام بەهەموو شتێکی عەرەبییەوە بلکێنێتو بەپێچەوانەوە.

ڕەنگە لەم شوێنە گونجاوترمان نەبێت بۆ باسکردنی بەریتانیاو فوئادو خیلافەت:

بارووت باسی دەکات کە یەکدەنگی نەبوو لەبارەی دانانی فوئاد بە خەلیفە وەکو ئەوانەی ولاتی میسریان بە شوێنی شیاوی دامەزراندنی خیلافەت نەدەزانی وەکو شێخی ئەزهەرو ڕەزا، ئا لەو کاتە بوو (ساڵی ١٩٢٥) شێخ عەلی عەبدولڕازق کتێبە ناوادارەکەی بڵاوکردەوە (ئیسلامو بنەماکانی فەرمانڕەوایی–الإسلام وأصول الحكم) (ل٢٨–٢٩).

باوکی عەبدولڕازقیش پەیوەندییەکی توندوتۆڵی هەبووە لەگەڵ ئینگلیزو ئەو بۆچوونە هەیە کە بڵاوکردنەوەی ئەو کتێبە لەو کاتە دەگەڕێنێتەوە بۆ خواستی ئینگلیز دژ بە زیندووکردنەوەی خیلافەت [71].

هەڵوێستی ئینگلیز لە خیلافەت لەوە دەردەکەوێت کە پڕۆژەکەیان بە جیددی وەرنەگرتبوو ئەگینا ئەگەر بەلایانەوە گرنگ بوایە دەیانتوانی وەکو

---

[71] زانیارییەکی دوورودرێژ لەو بارەیەوە هەیە لە کتێبێك بەناوی فصل الدین عن الدولة کە بەداخەوە ئێستا لەبەردەستم نییە.

هێزێکی داگیرکەر دەوڵەتی خیلافەت لە میسر بسەپێنن، ئەوان تەنانەت پشتگیریی خاونەکەی شەریف حسێنیشیان نەکرد کە نیازی بوو بەپشتیوانیی ئەوانەوە خیلافەتێکی عەرەبی دابمەزرێنێت بەڵکو بەپێچەوانەوە وڵاتانی شام و عیراق و حیجازیان پەرت کرد.

بەکورتی بۆچوونێکی لاوازە گەر بڵێین ئینگلیز هانی فوئادی دا بۆ دامەزراندنی خیلافەت، وەك وتیشم لەبەر ئەم هۆیەیە بارووت دەڵێت: ((وا پێدەچێت)) واتە دەیخاتە خانە خانە بەڵام ئەگەر میسرییەکەی کوردستان ئەو شتانە نازانێت و بەپێی نیازەکەی خۆی پێویسته ئەو هاندانەی ئینگلیز ڕاستییەکی حاشا هەڵنەگر بێت.

میسری لەبارەی ڕەزاو مستەفا کەمالەوە لە بارووت وەردەگرێت بەڵام ناوی کتێبەکەی ئەو ناباتو لەجیاتی ئەوە ناوی ئەو سەرچاوەیە ((دەبات)) کە بارووت نووسیویەتی. بارووت ئەمانه دەڵێت:

ڕەزا نەیدەویست خیلافەتی عوسمانی زیندووبکرێتەوە چونکه ئەو وەکو فەقیهانی سەر بە مستەفا کەمال ئەو دەوڵەتەی وەکو خیلافەتی (تەغەللوب) و پادشایەتییەکی (عەضووض) دەبینی بەڵام ئەنجوومەنی نیشتمانیی تورك کە بەڕاستی ئەهلی حەل و عەقد پێکدەهێنێت (تەغەللوب)ێکی تری خسته جێگەی ئەو (تەغەللوب)ــە، بەواتایەکی تـر ئـەو خیلافەتـە ڕووحییـەی لـەکاتی ئەنجوومەنی نیشتمانی بڕیاری لەسـەر درا خیلافەتێکی شـەرعی نییه بەڵکو خیلافەتێکی نوێی (تەغەللوب)ــە، بەڵام لەهەمان كات ئەو ڕازییه بەوەی ناوی خیلافەتی لێ بنرێت(ل٢٣).

پەراوێزی ٢٣ له لاپەڕه ٣٩ ئاماژه بۆ کتێبەکەی ڕەزا دەکات (الخلافـة أو الإمامـة العظمـی) ل٨٧ کـه لـه دووتـوێی کتێبەکـەی (کـوثرانی) جـارێکی تـر

بڵاوکرایەوەو دەڵێت: لەبارەی دیدی ڕەزا سەبارەت بە خیلافەتی ڕووحی وەکو خیلافەتێکی نوێ (تەغەللوب) بڕوانە ل٧٤.

دوای ئەم بڕگەیەی سەرەوەش دەڵێت کێشەی ڕەزا لەگەڵ بڕیارەکەی مستەفا کەمال سەبارەت بە خیلافەتی ڕووحی بریتییە لە کێشەی جیاکردنەوەی تەواوی دینو دەوڵەت (ل٢٣) لێرەش ئاماژە بۆ هەمان سەرچاوە دەکاتو دەنووسێت لاپەڕە (٥٣).

میسری (ل١٩٢) دوور لەئەمانەتەوە ئەو قسانەی بارووت وەردەگرێتو لەجیاتی ئاماژە بۆ نووسینەکەی بارووت لەپەراوێز دەنووسێت: محمد رشید رەزا الخلافة أو الإمامة العظمى ، بڕوانە (الدكتور وجیه كوثراني، الدولة والخلافة ...) ل٤٧. [72]

لەلایەکی ترەوە میسری سەڵماندوویەتی کە هیچ شارەزاییەکی لەو زاراوانە نییە کە لە بواری فیقهی سیاسیی ئیسلامی هەن. میسری نەیزانیوە خیلافەتی (تغلب)و پادشایەتی (عەضووض) چین بۆیە دەنووسێت: ((سیستەمی لەمێژینەی پاشایەتی))، هەروەها ئەو بۆچوونەی ڕەزا کە بارووت نەقڵی دەکات ئەویش کە ئەنجوومەنی نیشتمانی لای ئەو ئەهلی حەلو عەقد پێکدەهێنێت لای میسری وای بەسەردێت: ((لەبەرئەوە بە ئیجتیهادی خۆی جەمعییەتی نیشتمانیی تورك دەخاتە شوێنی خەڵکی خاوەن دیدو

---

[72] لێرە نموونەیەکە لەسەر ((بردنی)) کوێرانە کە شوێنەوار لەدوای خۆی جێدەهێڵێت چونکە وەك بینیمان ئاماژەکەی بارووت بۆ ئەو سەرچاوەیە بریتییە لە لاپەڕەکانی (٨٧)و (٧٤)و (٥٣) کە هیچیان لاپەڕە (٤٧) نین کە میسری نووسیویەتی. میسری تەنها لاپەڕە (٧٤)ی بینیوەو بە(٤٧) ی زانیوەو ژمارەی لاپەڕەکانی تری پشتگوێ خستووە هەرچەندە ئەو شتانەی میسری دەیانووسێت لەو لاپەڕانە هاتوون.

تەجرویەوەو پەسەندی دەکات)) ..تەعبیر ئەهلی حەلو عەقد، کە میسری دەلێت ((خەلکی خاوەن دیدو تەجروبە))، زاراوەیەکی فیقهی سیاسیی ئیسلامییەو چەند بۆچوونێکی لەبارەوە هەیە: زانایانن یان زانایانو سەرۆکانو پیاوە دەرکەوتووەکانن.. تاد، تەعبیرەکەی میسریش نەک تەنها بەلای ئەو واتایە ناچێت بەلکو تەعبیرێکی شێواوەو هیچ واتایەکی نییە.

میسری نۆد پێش ئەوانەی سەرەوە لە بارووت ((دەبات)) .. واتە باسی رەزاو هەلوێستەکەی لە ئیلغاکردنی خیلافەتو لەیەکچوونو جیاوازیی بیروبۆچوونی ئەو لەگەل فەقیهە تورکەکانی سەر بە ئەتاتورك. پێشتریش مەسەلەی ئیلغاکردنی خیلافەتو هەولەکەی مەلیك فوئاد بۆ خیلافەت .. بەلکو نۆد پێشتریش (ل۱۸۳ بەدواوە).

بارووت باسی ئەو حزبە دەکات کە لە مێشکی رەزا بووە بەناوی(حزبی چاکسازیی ئیسلامیی میانرەو)و بەتەما بووە مستەفا کەمال بچێتە ناو ئەو حزبە کە دەتوانێت هەموو ئەو کەسانە لە هەردوو لایەنەکەوە رابکێشێت کە ئامادەن ئوممەتی ئیسلامی نوێبکەنەوە(بارووت ل۲۳)، میسریش کە دەبینێت دوای ئەوە بارووت باسی بەشداریکردنی رەزا لە بزاڤی قەومی دەکات لەو قسەیەی سەرەوە تێناگاتو دەلێت رەزا دەیەوێت ئەو حزبە ببێتە ((ئامرازێکی سیاسی بۆ هەموو ئەو کەسانەی ئامادەن گیان بکەنەوە بەبەر نەتەوەکەیانو لە پێناو ژیاندنەوەی تێدەکۆشن)) (ل۱۹۲–۱۹۳) لێرەش سەرەرای تێنەگەیشتن ناوی کتێبەکەی رەزا، لە دوو توێ کتێبەکەی (کوثرانی)، ((دەبات))و دەنووسێت: سەرچاوەی پێشوو ۹۱–۹۲–۹۳ میسری لێرە تەنانەت شێوەی نووسینی لاپەرەکەش لە بارووت دەبات چونکە ناوبراو بە هەمان شێوەو رەسم دەینووسێت واتە: ص ۹۱–۹۲–۹۳.

زانیارییەكی تری بارووت كە میسری نەقڵی دەكات بەڵام سەرچاوەكەی بارووت ((دەبات)) هەروەها زانیارییەكە دەشێوێنێت باسی بەشداریكردنی رەزایە لە بزاڤی قەومی بەڵام لەهەمان كات بەتوندی دژ بەو ((بێباوەرانە)) دەوەستێتەوە كە دەیانەوێت پەیوەستی ئیسلامی بگرنەوە بە پەیوەستی رەگەز، موسڵمانە قەومییەكانیش بە ((موسڵمانە جوگرافییەكان)) ناو دەبات (بارووت، ل٢٣–٢٤). میسری لە باسی بەشداریكردنی رەزا لەو بزاڤە كەرەستەیەكی دەستدەكەوێت بۆ مەبەستەكەی خۆی: لكاندنی سیفەتی نەتەوەیی بە هەموو رێكخراو و كەسایەتییە ئیسلامییە دیارەكان. میسری دەنووسێت: رەزا لەبنەرەت خاوەنی پرۆژەیەكی نەتەوەییە بەڵام لەبەرگێكی ئاینی، بەكردەوەش لەناو حزبی وا كاریكردووە نە لە بەرنامەی سیاسیو نە لە هیچ ئەدەبییاتێك باسی پەیرەوكردنی شەریعەتی ئیسلامیی نەكردووە... تاد (ل١٩٥) میسری قسەكەی سەرەوەی بارووت هێندە دەشێوێنێت تا دەیگەیەنێتە رادەی تەزویركردن، ئەوەتا دەنووسێت: ((یەكێتیی جیهانی ئیسلام كە زۆر پەرۆشی بووەو بەرگریی لە بوونو بەردەوامی دەكرد بۆ ئەوە بوو بیكاتە فاكتەری زیندووكردنەوەی رۆڵی عەرەبو رێبەرایەتیی موسڵمانانی جیهانی پێ بسپێرێ)) ل١٩٦.

ئینجا ئەو هێرشە توندەی رەزا دژی ئەوانەی پەیوەستی ئیسلام دەگرنەوە بە پەیوەستی رەگەزو بە بێباوەر ناویان دەبات و جارێكی تر موسڵمانە قەومییەكان بە موسڵمانە جوگرافییەكان ناو دەبات... لەسەر دەستی میسری دەگاتە پلەیەكی بەرزی تەزویر كاتێك دەڵێت: ((ئەوەندەش پەرۆشی ئەم مەسەلەیە بووە خسوسیەتی نەتەوەیی لە گەلانی موسڵمانانی غەیری عەرەب دەستێنێتەوە پێی وایە ئەوانەی قسە لە جیاوازیی نەتەوەیی

دەکەن فڕیان بەسەر ئیسلامەوە نییەو (موسلّمانی جوگرافیاین))) ل١٩٦.

تەزویرەکەش قێزەونتر دەبێت کاتێک لای بارووت ئەوە دەخوێنینەوە کە رەزا دەرکەوتنی مەسەلەی نەتەوەیی لە جیهانی ئیسلامی دەبینی بەلّام ئەو هەمیشە بە یەکێتی ئەو جیهانەی دەبەستەوە (بارووت، ل٢٣)... کە دیارە ئەمــە چــەند دوورە لــە تەزویرەکــەی میسـری: ((ســەندنەوەی خسوسیەتی موسلّمانانی غەیری عەرەب)).

ئەم جۆرە تەزویرە لە شوێنی دیکەی کتێبەکەی دەبینینەوە چونکە مەبەستی میسری (یان با بلّێین مەبەستێکی میسری چونکە مەبەستێکی تـری هەیەو پەیوەندیی بە قازانجی شەخسییەوە هەیە) ئەوەیە هەموو کەسایەتیو رێکخراوەکانی جیهانی ئیسلامی بە بەرژەوەندیی نەتەوەییەوە بەبەستێتەوەو لەوەش وردتر: ئەو کەسو رێکخراوانە ئەگەر عەرەب بن ئیسلام دەکەنە پەردەیەك بۆ شاردنەوەی ئامانجەکانی عەرەبایەتیو تەماعی نەتەوایەتی.

دوای ئەوە میسری باسـی بەرەنگاریوونـەوەی بۆچوونـەکانی رەزا لەلایـەن عـەلی عەبـدولرازق دەکـات، لێـرەش هـەمان کـار دەکـات واتـە نـەقلّکردنی زانیارییەکان لە بارووتو ((بردنی)) نـاوی سەرچاوەکانی کە یەکەمیان هـەر کتێبەکەی رەزایە بەلّام دیسانەوە دەیسەلمێنێت کە بەپالّ ((بردن)) باش لـە قسەکانی تێناگات. بارووت باسی دوو رەوت دەکات کە یەکێکیان ئـەوەی رەزایـەو بـە (تـەوژمی سـەلەفیەتی رۆژهـەلّاتی) نـاوی دەبـاتو کە داوای بەرنامەیـەکی تایبـەتی کردبـوو بـۆ ئامـادەکردنی پـالّیوراوانی خیلافـەتو هەلّبژاردنی خەلیفەی موجتەهید (بارووت، ل٣٥) کەچی میسری دەنووسێت: رەزا لـە تێڕوانینێکی سـەلەفیەوە داوای کـرد کە دەبـیّ بـە پشتبـەستن بـە بەرنامەیەکی تایبەت چەند کەسێك بۆ پایەی خیلافەت کاندید بکرێن... تاد(ل

۱۹۸)... ئەمەش نەشارەزاییەکی تەواوە: ئەوەی تەرح کراوە پەیوەندیی بە سەلەفییەتەوە نییە بەڵام لەبەر ئەوەی میسری ناوی (تەوژمە سەلەفییە ڕۆژهەڵاتییەکە) دەبینێت تەرحەکەی ڕەزا دەکاتە تێڕوانینێکی سەلەفی!

دوای ئەوە میسری شوێن پێی بارووت هەڵدەگرێتو باسی (عبدالحمید بن بادیس) دەکاتو قسەکانی نەقڵ دەکات سەبارەت بەستایشکردنی ئەتاتورک لێرەش سەرچاوەیەکی تر لە بارووت دەبات ئەویش کتێبی د. محمد عمارە: الإسلام والعروبة والعلمانية.

میسری وەکو دەڕپاسەی جووتیارێکی تەمبەڵ بەرهەمی خەڵکی دەدوڕێتەوەو بێئەوەی بەخۆی بزانێت گەنمو مرۆڤ تێکەڵ بە یەک دەکات.

سەرەتا بن بادیس سەبارەت بە مەسەلەی خیلافەت، وەك لەخوارەوە دەبینین، خۆی بە مەسەلە فیقهییەکە سەرقاڵ ناکات (بارووت، ل۳۵) کەچی میسری پاش باسکردنی جیاوازیی نێوان بۆچوونی ڕەزاو بن بادیس دەڵێت کە ئەوە بەڵگەیە لەسەر ئەوەی <u>فیقهی ئیسلام</u> نەیتوانیوە مەسەلەی دەسەڵاتو دامەزراندنی دەوڵەتی ئیسلام یەکلایی بکاتەوەو هەر هەوڵێک کە بەدرێژایی مێژووی ئیسلام لەو بارەوە دراوە نەیتوانیوە لەسەر بناغەی <u>دەق خۆی</u> بسەپێنێت (میسری، ل۱۹۸).

بەواتایەکی تر بارووت کە باسی بن بادیس دەکات دەڵێت لە لایەنە فیقهییەکەی نەکۆڵیوەتەوە چ جای ئەوەی بن بادیس بێتە سەرچاوەیەکی فیقهی ئیسلامی سەبارەت بە خیلافەت. بەکورتی جیاوازیی نێوان تەوژمەکەی (ڕەزا)و (بن بادیس) ئەوەیە یەکەمیان داوای دەکرد پاڵێوراوانی خیلافەتو پاشان خەلیفە دەستنیشان بکرێن لەکاتێک دووەمیان دەیوت خیلافەت خەیاڵەو نایەتەدیو لەجیاتیی ئەوە دەزگای ئەهلی حلو عەقد هەبێت، بەم

جۆرەش دوو هەڵویستەکە سیاسینو باسی دەق نەکراوە، باسیش لە تەنها دوو کەس کراوە بەڵام میسری ئەوەی باس نەکراوەو عەیب نییە دەیکاتە عەییبیّک بۆ هەموو فیقهی ئیسلامی ئەویش ((بەدریّژایی میّژوو)).

بارووت بە ئاماژەکردن بۆ کتیّبەکەی (عمارة) باسی بۆچوونەکانی (بن بادیس) دەکات کە لەبارەی مەسەلەی خیلافەتەوە خۆی ناخاتە ناو موناقەشەی فیقهی کە ئایا مەسەلەیەکی شەرعیو ئاینییە یان مەسەلەیەکی سیاسییە (ل٣٥)و نیزامی خیلافەت دەگوّریّت بۆ دەزگای ئەهلی حەلو عەقد کە لای ئەو مەرجیعەتیّکی ئاینیی ڕووتەو دوورە لە سیاسەت (ل٣٦). میسریش ئەمانەو قسەی تری بارووت نەقلّ دەکات بەڵام ناوی کتیّبەکەی د. محمد عمارة ((دەبات)) سەرەڕای ئەوەش هەڵە لەو ((بردنە)) دەکات وەک قسەی بن بادیس سەبارەت بە خەیالّی خیلافەت کە قەت نایەتەدیّو کە بارووت بەم جۆرە دەیهیّنیّتەوە:

لەسەرەتای ئیسلام، ماوەیەکیش دوای ئەوە (بەڵام لەحالّەتی پەرتەوازەییو پشیّوی —علی فرقة واضطراب) پووّیدابوو کە تاکە کەسیّک دەبووە خەلیفە، پاشان پیّویستی کرد چەند خەلیفەیەك لە ڕەژهەلّاتو ڕۆژئاوا هەبووناپایە، دوای ئەوەش لەواتا ئەسلّییەکەی جیابووەوەو وەکو هیّمایەکی ڕوالّەتیو تەقدیسی مایەوە کە هیچ پەیوەندییەکی بە وەزعەکانی ئیسلامەوە نییەو هیّمایەك بوو بۆ خیلافەتی ساختە (بارووت ل٣٦).

بزانین چۆن میسری ئەو قسەیە ((دەبات)):

جا ئەگەر لەسەرەتای ئیسلامەوە یان دوای ئەو قۆناغە کەسیّك کەلّکی لەئاژاوەو ناکۆکی وەرگرتبیّتو لەسایەی پشیّوی ئانئارامی گەیشتبیّتە پایەی خیلافەتو دوای ئەویش چەندەها جار پایەی خیلافەت بۆ ئەمو ئەو تازە

کرابێتەوە بەڵگەی ئەوەیە کە خیلافەت ڕەمزێک بووەو هیچی تر فڕی بەسەر بنەماکانی ئیسلامەوە نەبووە. (بن بادیس) لەوەیشی تێدەپەڕێنێو سیستەمی خیلافەت بە ڕەمزی ساختە دەزانیّ (میسری ل٢٠٠).

دەبوایە خەتمان بەژێر هەموو بڕگەکە بهێنانە چونکە سەرتاپا شێوێنراوەو هەر ڕستەیەکی بەڵگەیەکی تێنەگەیشتنی میسری لە دەقەکە دەسەلمێنێت، ئەوەش جگە لە تەزویرکردنی دەقەکە. هەر لەسەرەتاوە جیاوازیی نێوان وشەی (اذ)و (اذا) نازانێت، پاشان جگە لە سەلماندنی ئەوەی ناتوانێت دەقەکە بەدروستی بخوێنێتەوە تا بزانێت کابرا مەبەستی لە سەردەمی دوای سەرەتای ئیسلامە کاتێک باسی پەرتەوازەییو پشێوی دەکات نەشارەزایی خۆی لەبارەی مێژووی ئیسلام دەسەلمێنێت چونکە وادەزانێت لەسەرەتای ئیسلام(صدر الاسلام) کەس هەبووە کەڵکی لە ئاژاوە وەرگرتبێتو لەسایەی بووبێتە خەلیفە، بەڵام ئەوە هیچ لە چوار خەلیفەی یەکەم ناگرێتەوە مەگەر (عەلی) کە پاش ئاژاوەکەی دوای کوشتنی (عوسمان) خەلکێک هەبوون چووبوونە لایو داوایان لێکردبوو ببێتە خەلیفە، دوای ئەوەش کە (بن بادیس) باسی فرەخەلیفەیی دەکات دەڵێت: (ثم قضت الضرورة بتعدده فی الشرق والغرب). هەر کەسێکیش ئاگای لە مێژووی سەردەمە ئیسلامییەکان بێت دەزانێت مەبەستی لە هەبوونی خەلیفەی عەبباسی لە ڕۆژهەڵاتو خەلیفەی ئەمەوی لە ئەندەلوس(ڕۆژئاوا)و دوایی خەلیفەی فاتیمی لە ڕۆژهەڵاتی جەزائیرو توونسو دواتر لە میسرو پاشان لە شام، ئەوەشە واتای وشەی (تعدد) بەڵام میسری دەنووسێت: ((دوای ئەویش چەندەها جار پایەی خیلافەت بۆ ئەمو ئەو تازە کرابێتەوە))، ئەمەش جگە لە تێنەگەیشتن لە دەقو نەزانینی مێژوو قسەیەکی بێمانایە چونکە یانی چی پایەی خیلافەت بۆ

کەسێک تازە کرابێتەوە؟ تازەکردنەوەی خیلافەت واتای هەبوونی شێوە هەڵبژاردنێک یان دامەزراندنێک کە ساڵی جارێک یان دوو ساڵ جارێک یان دە ساڵ جارێک تازە دەکرایەوە.

دوای ئەوە بن بادیس باسی سەردەمەکانی دواتر دەکات کە خیلافەت بووە هێما کەچی میسری خراپ تێدەگات و دەنووسێت کە ئەوە بەڵگەیە لەسەر ئەوەی خیلافەت تەنها رەمزێک بووە، ئەوەش نەشارەزاییەکی تره لە مێژووی ئیسلام دەنا هەر کەسێک شتێکی کەمی لەو مێژووە خوێندبێتەوە ناڵێت خەلیفە راشیدەکان یان موعاویه یان عەبدولمەلیک کوری مەروان یان سولەیمان یان هیشام یان ئەبو جەعفەر ئەلمەنسوور یان هاروون ئەلرەشید تەنها رەمزێک بوون.

میسری کۆتایی بەو فەزاحەتە دەهێنێت کاتێک قسەکەی بن بادیس هەڵدەگێرێتەوە سەبارەت بە سەردەمەکانی دواتری خیلافەت (تێبینی بکە: سەردەمەکانی دواتر نەک هەموو سەردەمەکان) کە ئەو خیلافەتە لە واتاکەی دەرچوو و بوو بە هێمایەک و پەیوەندیی بە هیچ وەزعێکی ئیسلامەوە نەماو بووە هێمایەک بۆ خیلافەتی ساختە. میسریش قسەکە هەڵدەگێرێتەوەو ئەو حاڵەتە نوێیه دەکات بە حاڵەتی کۆن و ئەسلی کاتێک قسەکەی بن بادیس کە خیلافەت ((پەیوەندیی بە هیچ وەزعێکی ئیسلامەوە نەما)) دەکاتە ((فری بەئیسلامەوە نەبووە)). بینیشمان قسەکەی بن بادیس کە خیلافەت لە سەردەمە نوێترەکان بووە رەمزێکی ساختە لای میسری دەبێتە ئەمە: ((بن بادیس ئەوەش تێدەپەرێنێت و سیستەمی خیلافەت بە رەمزی ساختە دەزانێت)).

ئەو هەموو فەزاحەتەش کە لە پێنج شەش دێر هەن ئەنجامی

چاوەڕوانکراوی کاری کەسێکە ((بردن)) پیشەی بێتو لەسەر بەرهەمی خەلکی تر بژی.

میسری ئەوانەی سەرەوە دەنووسێتو تەنها پێنج دێڕی دەمێنێت بۆ کۆتایی ئەو بەشە کە باس لە کەسانێکو بزاڤێك دەکات کە نەماون، دوای ئەوەش دەچێتە سەر بەشی ئیخوانی موسلمین کە تا ئێستا هەن، دیاردەیەکی زانراویشه کە مرۆڤ بەرامبەر هاوسەردەمەکانی خۆی، ئەگەر لەگەلیان ناکۆك بێت، ڕەقتترە، کەواته دەبێت میسری چی لە ئیخوان بکات؟

لەبارەی ئیخوانەوە

تێنەگەیشتن.. ((بردن)).. تەزویر.. بەرگری لە
دیكتاتۆریەت.. نیەتی خراپ..
ئێرە كوێیە؟

ئەگەر حساب بۆ نیازەكانی میسری لە نووسینی كتێبەكەی بكەین پێویستە
چاوەڕێی توندتریوونی هێرشەكان بین ئەویش كاتێک باسەكان دەگەنە
سەردەمی نوێ چونكە كتێبەكە بۆ مەبەستێک نووسراوەتەوە كە زیاتر
پەیوەندیی بەم سەردەمەوە هەیە. مەبەستی میسری ئەوەیە هێرش بكاتە
سەر ڕەوتی ئیسلامی كە حاڵەتێک كە ئەمڕۆ هەیە. بەشێكی هێرشەكان بەر
مێژووی ئیسلامی دەكەون، كە باسەكانیش دەگەنە سەردەمی نوێ
مەبەستەكە دەچێتە مەیدانی خۆی بۆیە هێرشەكان توندتر دەبنو ئەو
وەسیلانەی كە پێشتر ڕەوا بوون ئێستا دەبنە زەروورەت. ئەگەر حسابیش بۆ
نیازەكەی تری میسریش بكەین (خۆنزیككردنەوە لە دەسەڵات) دەرگاكە
بەتەواوەتی بەڕووی نەرمیو ئینسافو مەوزووعیەت دادەخرێت.
كۆمەڵەی ئیخوانی موسلمین بابەتێكی زۆر باشی هێرشە چ لە كوردستانو
چ لە وڵاتانی عەرەبی، بەتایبەتی ئەو وڵاتە عەرەبییانەی ئیخوان تێیان
مونافەسەی دەسەڵات دەكات. لەبەر ئەوەش كە شەڕەكە كەمتر مێژووییەو
زۆرتر می ئەم سەردەمەیە شەڕەكە دەبێتە شەڕی دەستەویەخەو هەر
نەرمییەک یان مەوزووعییەتێک شكستی ئەكیدی بەدواوەیە.

ئەوانەی خوارەوە تەواوکەرەوەی مامەڵەکردنی میسرین لەگەڵ کتێبەکەی (دەرپراج)و (بارووت)و هەڵبژاردەیەکی هێرشەکانە (ناڵێم رەخنەکان) لە بەشی دووەمی کتێبەکەی میسری: (ئیخوان ئەلموسلمون : میراتگری بیری ئسووڵی ئیسلامی-ل٢٠١ بەدواوە)، هەڵبژاردەیەکە بەپێی شێوەی هێرشەکە پۆلێنمان کردووە .

بەر لەهەموو شتێکیش ئەوەمان لەبیر نەچێت کە کۆمەڵەکە ئیجتهادێکی بەشەرییە بەشی خۆی راستیو هەڵەی هەیە، خۆ ئەگەر ئەم کتێبە بۆ هەڵسەنگاندنی رەوتی ئیسلامی بوایە چەندەی ئینساف رێگە دەدات رەخنەمان لەو کۆمەڵەیە پێشکەش بە خوێنەران دەکرد، بەڵام لەبەر ئەوەی کتێبەکە رەخنەیە لە کتێبێکی تر ناچارین هەندێک شوێن نەبێت بۆچوونی خۆمان دەربارەی رەوتو مێژوو وفیکرو فیقهی ئیسلامی نەڵێین.

جارێکی تریش باسی مەبەستی میسریو هاوشێوەکانی بکەین کە بریتییە لە نووسینی تاواننامەیەك بۆ رەوتی ئیسلامی، لەبەرئەوە پرسیارەکەم دەکەمەوە کە بەشی پێشوو کۆتایی پێهێنا: ئەگەر رەزاو بن بادیس لەسەر دەستی میسری وایان بەسەرهاتبێت ئەی دەبێت حاڵی ئیخوان چی بێت کە میسریو هاوشێوەکانی بە ئەرکی دەزانن دژایەتییان بکەن بەتاییەتی لەبەرئەوەی تا ئیستا ماونو درێژبوونەوەو کارگەرییان هەر ماوە؟

ئێستاش نموونەکانی تۆمەتبارکردنو بێئێنسانو هەڵبژاردنرەوی (انتقائیە)و مەوڵی خەڵەتاندنی خوێنەر دەخەینە روو کە مەمووی دەنگدانەوەی نووسینەکانی خەڵکانی تر (لەگەڵ هەندێك لە ئیبداعاتی میسریش) بەپاڵ ((بردن))و نەپاراستنی ئەمانەتی زانستیو تێنەگەیشتن لە نووسینەکانو دیسان هەوڵی خەڵەتاندنی خوێنەر.

دەرکردن لەسیاقی مێژوویی

یەکەم هەنگاوی رەخنەی مەوزووعی لە هەر دیاردەیەك ئەوەیە ئەو دیاردەیە لە سیاقی مێژوویی –ئەگەر باس لە رابوردوو بکەین– و سیاقی گشتیی کۆمەڵگە و رەوتو رووداوەکانی دەرنەکرێت، بۆ نموونە توندوتیژییەك لە ئاستێکی مامناوەندی لەروانگەی کۆمەڵگەیەك یان سەردەمێکی توندوتیژ وەکو دیاردەیەکی ئاسایی تەماشا دەکرێت، کۆمەڵگەیەکیش ئاستێکی مامناوەندیی توندوتیژیی هەبێت کۆمەڵگەیەکی شەرانگێزە لەروانگەی کۆمەڵگەیەك توندوتیژی تیا لە نزمترین ئاست بێت.

سەبارەت بە رەوتی ئیسلامی، یان هەر رەوتێکی تر، ئەو باسانەی دەووژێنرێن رەچاوی ئەو خاڵی بەراوردییە ناکەنو حساب بۆ ئەو کۆمەڵگەیە ناکەن کە ئەو رەوتە تیا کار دەکات، ئەگەر باسی مێژووش بکەین، رەچاوی ئەو سەردەمە ناکەن کە ئەو رەوتە تیا چالاك بوو.

زۆریەی ئەوانەی رەخنە لە رەوتی ئیسلامی دەگرن مەبەستێکی سیاسی پاڵیان پێوە دەنێت لەبەر ئەوە نەك تەنها رەچاوی جیاوازیی کۆمەڵگەکانو سەردەمەکان ناکەن بەڵکو ئەگەر دەرك بەو جیاوازییانەش بکەن بازیان بەسەر دەدەن. مەبەستی ئەوانە وەك وتبووم ناشیرینکردنی رەوتی ئیسلامییەو دوورخستنەوەی جەماوەرو توێژی رۆشنبیران لەو رەوتە، راستییەکەیانیش بۆ جەهەننەم.

ئەمانەی خوارەوە چەند نموونەیەکن لەو رەفتارە، واتە دەرکردنی رووداوەکان لە سیاقی مێژوویی خۆیان. ئایا میسری هەستی بەو جیاوازیانە کردبوو بەڵام پشتگوێی خستوون ئەوەیش بۆ بەجێهێنانی مەبەستی خۆی (سووکایەتی کردن بە رەوتی ئیسلامی) یان ئەسڵەن هەستی پێنەکردووونو

لەكوێ شتێكی بینیوە جێگەی ڕەخنە بێت هێناویەتیو خستووەتییە ناو كتێبەكەی؟ هەردوو ڕاستن، لەشوێنێك وای كردووەو لـه شوێنێكی تـر وای بەسەر هاتووە

<u>یەكەم</u>: میسری ڕووداوەكانی سـەر بە ئیخوان جیادەكاتـەوە لـه ڕووداوە گشتییەكانی میسر. یەكێك لـه نموونە زۆرەكانی ئـەو جیاكردنـەوەو كاری هەڵبژاردنه ئەوەی لاپەڕه (٢٣٤)ـه كه تیا باسی ئیخوانی میسر دەكات كه لەنێوان سالآنی ١٩٤٢–١٩٤٣ پەیوەندیی ئەو كۆمەڵەیه به حكومەتەوه چەند جار گۆڕانكارییی بەسـەر هاتبوو و ئیخوان توانیبـووی كەڵك لـه بارودۆخەكه وەربگرێـتو بـەهۆی سـەپاندنی حـوكمی عـورفیو قەدەغەكردنی چالاكیی سیاسیی حزبەكانی ترەوە توانی لەسەر حسابی هێزه سیاسییەكانی تر گەشه بكات.

ڕووداوەكان زۆر لەم كلێشەیه وردترن كه لەم كتێبەو كتێبه هاوچەشنەكانی دووباره دەبنەوه. ئەو كتێبەی كه میسری كردوویەتی به سەرچاوەی خۆی، واته كتێبی (الاحزاب والحركات..)ی (دەرڕاج)و (بارووت)و بەئارەزووی خۆی لێی هەڵبژاردووه باسی سیاقێكی تری ڕووداوەكان دەكات:

ئینگلیز لەو كاته لەسەر سنووری میسر دژ به ئەڵمانیا شەڕیان دەركردو وەزعیان له بەره خراپ بوو، بارودۆخی ئەمنیو سیاسیی میسر داڕووخابوو، ئینگلیـز فشـاریان خسـتبووه سـەر حكومـەتی (حسـێن سـری پاشـا) بـۆ سنووردانان بۆ چالاكییەكانی ئیخوان، بەنناش له قامیره گواسترایەوه بـەلآم لەژێر فشاری پەرلەمان گەڕێنرایەوه، دوایی لەگەڵ دوو قیادیی تر گیرا، پاشان بەردرا. لەگەڵ داڕووخانی بارودۆخی ئەمنیو سیاسیش تانكەكانی ئینگلیز گەمارۆی كۆشكی پاشای میسریان داو ئەمیان ناچار كرد حكومـەتی (حسـێن

سری) لابەرێتو پێکهێنانی حکومەتێکی نوێ بە ئەلنەححاس پاشا، سەرۆکی حزیــی (ئەلوەفد)، بسـپێرێت. ئــەو حکومەتـە نوێیەش پەرلـەمانی هەلّوەشاندەوەو هەلّبژاردنێکی پەرلەمانیی راگەیاندو ئەلبەننا خۆی پالّاوت بەلّام ئەلنەححاس لەســەر ئــەوە رازی نەبوو ئەویش لەبەر تیشکی ڤیتۆی ئینگلیز کە نەیاندەویست ئەلبەننا خۆی بپالّێوێت، ئیخوانیش سازشیان لەسەر ئەوە کرد کە ئەلبەننا خۆی نەپالّێوێتو لەبەرامبەر چەند داواکارییەکی ئیخوان بەجێبهێنرێن. دواییش لەناو حکومەت ناکۆکییەك دروست بوو سەبارەت بە چۆنێتیی مامەلّە لەگەلّ لایەنە نەیارەکان (کە ئیخوان یەکێك بوو لەو نەیارانە)، پاشانو لەکۆتایی سالّی ١٩٤٢ هــەموو لقــەکانی ئیخوان داخران جگ لــە نوسینگەی گشتیی راپەرایەتی، بەلّام لـە سەرەتای سالّی ١٩٤٣ بارودۆخ گێراو وەفدێکی حکومی سەردانی نوسینگەکەی کرد. لەنێوان شوباتی ١٩٤٢ و تشرینی یەکەمی ١٩٤٤ و لەکاتی حکومەتی (ئەلوەفد) ئیخوان زۆر گەشەی سەندو بوو بە هێزێکی ملیۆنی (بارووت، ل٧٤–٧٧)، ئەمە کورتەی سیاقی رووداوەکانە کە لەو کتێبە هاتووە، لێرەش باسی ئەوە کراوە کە ئیخوان سوودمەند بوون لــە وەستانی چالاکیی حزیی بەهۆی سەپاندنی حوکمی عورفییەوە هەروەها بەهۆی وەستانی چالاکیی حزیە مونافسەکەی ئەویش (مصر الفتاة). ئەوە لەگەلّ ئەو دێرانەی سەرەوەی میسری نووسیونی بەراورد بکە تا بزانی میسری چۆن وێنەکەی شێواندووە.

<u>دووەم</u>: میسری دەیــەوێت خوێنــەر تێبەگەیـەنێت کە ئیخـوان بەتـەنیا سیستەمی تایبەتی هەبووە یان هەبوونی رێکخراوێکی نهێنی داهێنانی ئیخوان بووەو هەر ئەوان هەیانبووە، مەبەستیشی دیارە: ئەو دەیەوێت تۆمەتی تیرۆر بخاتە پالّ ئیخوانو ئیسلامییەکان بەگشتی. راستییەکەش ئەوەیە کە ئەو

١٧٧

جۆرە رێکخراوانە نەك تەنها لە حزبەکانی تری میسر هەبوون بەڵکو ئەوان پێش ئێخوان دایانمەزراندبوون. یەکێك لەو سەرچاوانەی که میسری لەبارەی ئێخوانەوە سوودی لێوەرگرتووڕ که دیسان کتێبی (الاحزاب والحرکات..)ـە و دەبوایە میسری وەکو ئەمانەتی مێژوویی باسی بکردایە، ئاماژە بۆ سیستەمە نهێننییەکانی حزبە میسرییەکان دەکاتو دەڵێت یەکەم سیستەمی فیدائی یان نهێننیی تایبەت هی حزبی وەفد بوو کاتی شۆڕشی ١٩١٩ و بۆ کوشتنی سەربازو ئەفسەرە ئینگلیزەکان دامەزرابوو، بەڵام وەفد لەهەمان کات بۆ لێدانی ئەو کەسانە بەکاریهێنابوو که لێی جیابووونەوە، بۆیە بەوە تۆمەتبار کرابوو که هەردوو حەسەن پاشا عەبدولڕازقو ئیسماعیل بەگ زوهدی لە ١٧ ی تشرینی دووەمی ١٩٢٢ی کوشتبوو کە سەر بە حزبی ئازادیخوازانی دەستووری بوون که ئەو حزبە لە حزبی وەفد جیابووەوە. ساڵی ١٩٣٦ حزبی وەفد رێکخراوی کراسه شینەکانی دامەزراند که نیمچە سەربازی بوو و کاری بەرپەرچدانەوە (ردع)ی سیاسیی دەکردو دەیتوانی گەمارۆی سەرکرده نەیارەکان بداتو تەقەیان لێ بکات. یەکەم کوشتنی سیاسیش پەیوەست بوو به رێکخراوی کراسە سەوزەکان که سەر به بزوتنەوەی (مصر الفتاة) بوو و ساڵی ١٩٣٧ هەوڵی کوشتنی ئەلنەحماس پاشای دا که سەرۆکی حکومەت بوو و سەر به حزبی وەفد بوو.

لەنێوان ١٩٤٠و ١٩٤٢ چەندین رێکخراوی ئیرهابیی نیشتمانپەروەر دامەزرانو سەربازو سەربازگەکانی ئینگلیزیان کرده ئامانج، یەکەم ئامێری تایبەتیش لەنیوەی یەکەمی چلەکان بوو که ئامێری تایبەتی رێکخراوی ئایڵنیی میسری بوو. ئەو ئامێرەشی هەوڵی تەقاندنەوەی ئەو ئوتێلەی دا که پەیماننامەی جامیعەی عەرەبی ساڵی ١٩٤٤ ی تیا ئیمزا کرا، هەروەها

کوشتنی وەزیری بەریتانیی نیشتەجێی ڕێژەھەلاتی ناوەڕاست. لە نیوەی دووەمی چلەکانیش، کە توندوتیژیی سیاسی چڕ ببووەوەو ڕواڵەتەکانی توند بوون وەک خۆپیشاندانو مانگرتنو ئاژاوەگێڕیو کوشتنو تەقاندنەوە، چالاکیی ئامێرە تایبەتە نهێنییەکانی ئیخوان بزووتنەوەی (مصر الفتاة)و حزبی نیشتمانی دەرکەوتن. ئەو ڕێکخراوانەش ھەوڵیان دا تەنزیمی سەربازیی خۆیان لەناو سوپا دابمەزرێنن یان ھەماھەنگ لەگەڵ ھەندێک کوتلەی ڕادیکالیی بەسیاسیکراوی سوپا بکەن، ئەوەش تەنانەت حزبی وەفدیشی گرتەوە کە ڕێکخراوی لاوانی خۆی بەناوی (پەیوەندیی وەفدی) ھەندێک کاری تەقاندنەوەی ئەنجام دا، ھەروەھا ڕێکخراوە کۆمۆنیستە سەرەکییە کاریگەرەکە ئەویش بزووتنەوەی دیموکراتی بۆ ئازدابوونی نیشتمانی (حدتو) شانەی سەربازیی لە سوپا پێکھێنابوو. کتێبەکەی (بارووت) دەڵێت: دەکرێت بوترێت کە ساڵانی ١٩٤٦–١٩٤٩ بەرزترین ڕێژەی توندوتیژیی سیاسیی، ھی ڕەسمیو ناڕەسمی، ھەبوو بەجۆرێک دەتوانرێت ئەو ماوەیە بە ماوەی توندوتیژیی بەردەوام ناوببرێت کە چەندین لایەن تیا بەشدار بوون (بڕوانە بارووت ل١٢١–١٢٢، بۆ نموونەی تریش بڕوانە ل١٢٣).

بەم شێوەیە ئەو چەند چالاکییەی ئامێری ئیخوان دژی ئینگلیزو پیاوانی حکومەت کاری تایبەتی ئەوان نەبووە، بەڵکو بە حوکمی ئەوەی پاش ھەندێک لەو حزبانە دامەزرابوو درەنگتر ئەو کارەی کردبوو چونکە یەکەم کوشتنی سیاسیی ئامێرەکەی ئیخوان ساڵی ١٩٤٥ بوو (واتە ھەشت ساڵ دوای یەکەم کوشتنی سیاسی لە میسر)، ئەو کەسەش کە ئەنجامی دابوو خۆی وەکو ئەندامی لیژنەی باڵای حزبی نیشتمانی ناساندبوو نەک وەکو ئەندامی ئیخوان، ئەو کارەش تۆڵە بوو لە کوژراوەکە، سەرۆکی حکومەت ئەحمەد ماھر پاشا،

چونکه ساختهکاریی لـه هەڵبژاردنـهکان کردبوو و پاڵێوراوانی ئیخوانی لـه هەڵبژاردن دوورخستبووهوهو بهئاشکرایی دژایـهتیی ئیخوانی دهکرد(بڕوانه بارووت، ل١٢٤).

ئهمانه هیچیان لای میسری گرنگ نین چونکه میسری تـهنها ئـهو ڕووداو و قسـانه هەڵدهبژێرێت کـه تۆمـهتبارکردنی ئیخوانیـان تیایـه. میسـری باسـی تێکچوونی باری نێـوان ئیخوانو حکومـهت دهکاتو دهڵێت که ئائومێدیو گوشکگیری پاڵیان به بهنناوه نا پهنا بۆ شیـوازه دێرینهکـهی ڕهوبهڕووونـهوه بهرێت ((شیوازێك که ههر خۆی داهێنـهرو بنیاتنـهری بووه))، ئینجا باسـی کوشتنی سـهرۆك حکومـهت (ئهلنهقراشی) دهکات. میسـری بـهردهوام دهبێت لهسـهر پشتگوێخستنی ڕاستییهکانو دهڵێت که حکومهت لهو ماوهیه ئامادهی وتوێـژ بـوو(ل٢٦٢)، بـهڵام چـۆن؟ بـارووت، کـه وهك وتم سهرچـاوهیهكی میسرییهو لێره ناوی دهبات، باسـی ئهوه دهکات که پاش کوژرانی ئهلنهقراشی جێگرهکـهی، ئیبراهیم عهبدولهادی، ئامێری توندوتیـژیی بۆ بهرزترین پلـه دژی ئیخوان خسته گهڕو چوار هەزار ئهندامی گرتو ئهو ئهشکهنجه درندهی که لهگهڵیان پیادهی کردبوو وڵاتی میسر تا ئهو کاته له مێژووی نوێی نهیبینیبوو و خۆی سهرپهرشتیی ئهشکهنجهدانی دهکرد، فهتواشی بـه موفتیی میسـر دهرکرد که ئهندامێتیی ئیخوان حهرامه هـهروهها بهیاننامـهی بـه دهستـهی گـهورهی زانایانو شێخی ئهزههر بۆ هـهمان مهبهست دهرکرد. ئهو ئهشکهنجهیه خێـزانو خزمـانی بهندکراوهکانیشـی گرتبـووهوه بـهجۆرێك ڕای گشتی، بـه لیبراڵییهکانیشـهوه، لهگهڵ گیراوهکان هاوسـۆز بوو(بارووت، ل١٤٠). هاوکاتی ئهو کارانه حکومـهت نیازی وتوتێژی دهریڕی.. بارووت ئهو نیازه به ئیدیعا ناو دهبات.

بەم جۆرە میسری بۆ مەبەستەکەی خۆی مێژوو دەشێوێنێتو حکومەت وەکو قوربانییەکی ((تیرۆر)) نیشان دەدات، بەتایبەت ئەگەر باسی ئەوەی عەبدولهادی بکەین کە ئیخوان ((تەنها دوای لابردنی ئەو حکومەتە هەناسەی دا، ئەو حکومەتەی ناوی پەیوەست بوو بە سەختترین توندوتیژیی دەوڵەتو تۆقاندنی نەیارەکانی— بارووت ل۱٤۲)). با قسەکەی میسریمان سەبارەت بە کوشتنی نەیاران لەبیر نەچێت کە دەڵێت شێوازێک بوو بەننا خۆی داهێنەرو بنیاتنەری بوو! خەڵەتاندنی خوێنەر دەگاتە ئەم ئاستە !

سێیەم : میسری دەڵێت کە ئیخوان نەیدەتوانی لە کێشەی بێ بەرنامەیی رزگاری بێت، بۆ نموونە : ((لەجیاتی ئەوەی ببێتە هاوپەیمانی هێزە دیموکراتخوازەکانو لایەنێک بۆ پاراستنی یەکێتیی ریزەکانی گەل، لە مەوقعی رژێمی دەسەڵاتدارەوە سەنگەری لە هێزەکانی بەرەی میللەت دەگرتو لەسەر زەمینەی واقیع سیاسەتی داگیرکەرانی وڵاتی پیادە دەکرد)) ئینجا دەڵێت : ((ئیخوان دڵنیا بوو لەوەی کە ئەگەر ببێتە هاوپەیمانی حزبە عەلمانییەکان دەبێ پەیرەوی پرەنسیپەکانی دیموکراسیەت بکا، رێز لە دەستوور بگری)) (ل۲٥۳).

پێویستمان تەنها بەوەیە جارێکی تر رووداوەکانی سەرەوە بخوێنینەوە بۆ ئەوەی تێر پێکەنین بەو قسانەی میسریو بەو زاراوەو تەعبیرانەی بەکاریان دەهێنێت: سەنگەرگرتن لە هێزەکانی بەرەی میللەت.. پەیرەوی پرەنسیپەکانی دیموکراسیەت.. وێنەیەکی کاریکاتێرییە بۆ سەردەمێک هەمووان تیا بەشێوەیەکی نیمچە سەربانی بیرو رەفتاریان دەکرد.

تێنەگەشتنە لە نووسینەکان یان تەزویرکردنیانە یان قسەکردنە بەئارەزوو؟

ئەمەش چەند نموونەیەکی دیکەی مامەڵەی میسرین لەگەڵ سەرچاوەو زانیارییەکانیان:

یەکەم: میسری دەگاتە سەر کتێبێکی (هەیکەل)و قسەیەکی دەهێنێتەوە کە رێک پێچەوانەی ئەو قسەیە کە لەو کتێبە هاتووە، هەیکەل باسی دامەزراندنی کۆمەڵەی ئیخوان لەشاری ئیسماعیلیە دەکاتو دەڵێت رەنگە حەسـەن ئەلبەننا موعارەزەیەکی بـەدی کردبێت چونکە شارێکی نیمچە ئەوروپی بوو،[73] هیچیش لەبارەی باری کۆمەڵایەتییەوە ناڵێت. میسری قسـەکەی هەیکـەل تـەواو هەڵدەگێرێتـەوەو دەنووسێت: شارەکە ئـەو کاتـە بەهۆی کۆمپانیای (کەناڵی سویس)ـەوە پر بوو لـە کارمەندی ئینگلیـز، خۆشــگوزەرانیی کارمەنـدو فەرمانبـــەرە بیانییــەکانو ئـەو جیاوازییـە کۆمەڵایەتییەی دانیشتوانی ناوچەکە بە چاوی خۆیان دەیانبینی فاکتـەرێکی بەهێز بـوونو رێگایان لەبـەردەم ئەلبەننا ئاسان کرد ژمارەیەکی باش لـە دانیشتوانی ئەو شارە بە بیروباوەری خۆی ئاشنا بکا (ل٢٠٤). ئینجا ئەمە یەکێکە لە دوو حاڵەت: یان ئەوەیە هەڵگێڕانـەوەی قسـەکە ئیبداعێکی تـری میسـرییە یانیش ئەوەیە(باوەڕیشـم بـەمیان زیـاتر هەیـە) ئەو قسـەیەی لەسەرچاوەیەکی تر (با بڵێین أ) وەرگرتووە کە تیا ناوی کتێبەکەی هەیکـەل وەکو سەرچاوە نووسراوە. بێگومان کە ئەو کتێبەی هەیکەلی بەکارنەهێناوەو ((بردوویـەتی)) نەشـیزانیوە کە نووسـەری (أ) بەهەڵـە قسـەکەی هەیکـەلی

---

[73] محمد حسنين هيكل، خريف الغضب، ل ٢٨٧، میسری نووسییەتی ل٢٧٨.

وەرگرتووە .

دووەم : میسری لەبەرئەوەی کاری ((بردن))ی کردووە تەنانەت نەیزانیوە خۆیشی چی دەڵێت ئەوەتا پاش ئەو قسەیەو لەیەك لاپەڕە دوو شتی دژ بە یەك دەنووسێت. سەرەتا دەڵێت ئەلبەننا لەسەرخۆو بەنهێنی دەستیکرد بە بڵاوکردنەوەی بیروڕای خۆی(ل٢٠٤) کەچی دوای پێنج دێڕ دەڵێت کە ناوبراو لە مزگەوتو لەناو خوێندنگاو کاتی وانەوتنەوەو لەکۆڕو کۆمەڵی گشتیو تایبەتی بیروڕای بۆ خەڵکی باس دەکردو بانگهێشتی دەکردن پەیوەندی بە بزوتنەوەکەیەوە بکەن (ل٢٠٤) ئینجا ئەگەر ئەوە بانگەوازی نهێنی بێت ئەی بانگەوازی ئاشکرا چییە؟

تێگەیشتنی هەڵە دەچێتە پاڵ تێنەگەیشتن. بارووت باسی ئەلبەننا دەکات کە نەویست ئەو نەواتە تازە پەیدابووە ناوێکی تەنزیمە هەڵبگرێت بۆیە ناوەکەی کرد بە برایانی موسڵمان(ل٤٧) کەچی میسری دەڵێت ئەلبەننا لەو قۆناغە نەیدەویست هیچ ناوێك لە ڕێکخراوەکەی بنێت(ل٢٠٥).. هیچ ناوێك؟! ئەی (الاخوان المسلمون) چییە؟

سێیەم : تێگەیشتنی هەڵەش هاوشانی نیازی خراپ دەرهات؛ بارووت باسی قەرزەکانی بازرگانەکانی ناوچەکە دەکات کە ئەو کاتە یارمەتیی ئیخوانیان دەدا بۆ دروستکردنی خانەیەکی ئیخوانو مزگەوتێك پاشان دوو قوتابخانە؛ یەکێکیان بۆ کوڕانو ئەوەی تر بۆ کچان، ئینجا باسی کۆمەکی کۆمپانیای ئینگلیزیی کەناڵی سویس کە ٥٠٠ جونەیهی میسریی بوو کە بەهۆیەوە بارەگاکەو مزگەوتەکەی پێ تەواو کرا(ل٤٨) کەچی میسری قەرزەکان وەکو یارمەتی باس دەکاتو ئەو تاکە یارمەتییەی کۆمپانیاکە لەگەڵ ئەو چەند یارمەتییە تێکەڵ بکات: ماوەی چوار ساڵ (١٩٢٨–١٩٣٢) ئیخوان توانی

((لەڕێگای ئەو کۆمەكو یارمەتییانەوە كە بازرگانەكانی ناوچەكەو کۆمپانیای کەنالّی سویسی ئینگلیزی پێیان بەخشیوە بارەگایەكو مزگەوتێك بنیاد بنرێ))(ل٢٠٥) [74] .

نیازەکە جگە لەو گشتکردنە لە شتی تریش دەردەکەوێت: میسری باسی ئەوە دەکات كە بەننا دژی ڕەخنەگران، كە چۆن پارە لە كافران وەردەگرێت بۆ دروستکردنی مزگەوت، نەیشاردۆتەوە کە پارەکەی وەرگرتووەو پاشان دەلّێت تاكە پاساو بۆ ئەوە عەقلّیەتو هەلّوێستی پراگماتیی ئەو کەسەیە کە لە پێناو گەیشتن بە ئامانجەکانی سلّ لە هیچ ڕێگاو شێوازێك نەکاتەوە(ل٢٠٥-٢٠٦).. ئەمەیە مەبەستی میسری، بەلّام باروت وەلّامی بەننا دەهێنێتەوەو میسری ئەو وەلّامەی نەنووسیوە ئەویش كە ڕەخنەگران پەنا بۆ فیقهێکی لار دەبەن چونکە پارەی کۆمپانیاکە بریتییە لە پارەی میسرییەکان كە ئەوانە دەستیان بەسەر گرتووە ئینجا باروت دەلّێت كە ژیانی کورتی داهاتووی بەننا سەلماندی چەند لەڕووی سیاسییەوە نەزان بووەو شارەزاییە پراگماتییەکەی سەرسوڕهێنەر بوو و لەو مەسەلەیە مەبەستی نەك تەنها یارمەتیی کۆمپانیاکە بووە بەلّکو مەبەستی بوو سەری لێ بشێوێنێت کە گوایە کۆمەلّەکە ئایینییەو هیچ ئامانجێکی سیاسیی دژ بە ئینگلیز نییە، بەننا لێرە بەپێی قەبارەی ڕاستەقینەی خۆی مامەلّەی دەکرد نەك بەپێی ئامانجەکانی (باروت٤٨-٤٩).
بەکورتی باروت باسی لێهاتوویی سیاسیی بەننا دەکات بەلّام نیازەکەی

---

[74] میسری دەلّێت ئەمە لە نێوان (١٩٢٨-١٩٣٢) بوو، واتە دروستکردنی بارەگایەكو مزگەوتێك چوار سالّی برد! خەتاکەش هی تێگەیشتنە چونکە باروت لەسەرەتا باسی ئەو سالّانە وەکو قۆناغی دامەزراندنی کۆمەلّەکە دەکات نەك ماوەی دروستکردنی بارەگاو مزگەوتو دوو قوتابخانەکە.

میسری ئەو لێهاتوییە دەکاتە سڵنەکردنەوە لە گرتنەبەری هەر ڕێگایەك [75] .

چوارەم: میسری وەك كەسێك ئیسلامییەكانی پێ قبوڵ نییە دەرفەت دەدۆزێتەوە بۆ ئەوەی ((بیسەلمێنێت)) كە ئاواتەكانی بیری ئیسلامی خەیاڵن، ئەوەتا ئەو قسەیەی ئەلبەننا لە قۆناغێكی دیاریكراوی كارەكەی دەهێنێتەوە كە بە وتەی میسری: ((گەیشتۆتە باوەڕێك كە هەوڵدان بۆ دامەزراندنەوەی دەوڵەتی خیلافەت خەو و خەیاڵەو مەحاڵە لەسەر زەمینەی واقع جێبەجێ ببێ–ل٢٣٦)).

سەریاری ئەوەی میسری ناوی ئەو سەرچاوەیە ((دەبات)) كە ئەو قسەیەی تیا هاتووە، ئەویش كتێبەكەی میچڵ سەبارەت بە ئیخوان كە خۆیو زانیارییەكانی لە كتێبەكەی بارووت ((بردوویەتی))، ئەو قسەیە بەو جۆرە نییە وەك لە بارووت باسكراوە، كە ئاماژە بۆ كتێبەكەی میچڵ دەكات، ئەلبەننا نەیوتووە دامەزراندنەوەی دەوڵەتی خیلافەت خەیاڵەو مەحاڵە بەڵكو ئەوە باسێكی نادیارەو ئامانجێكە دەكەوێتە دواڕۆژێكی دوور بۆیە باسكردنی بۆ ئێستا باسێكی بێواتا دەبێت (بارووت، ل ١٤٩، پەراوێز ١٥٥).

پێنجەم: میسری سەریاری ((بردنی)) سەرچاوە جارێكی تر دەیسەلمێنێت كە لە باسەكانی تێناگات جگەلەوەی كە بەئارەزووش مامەڵە لەگەڵ زانیارییەكان دەكات. (بارووت) باسی كۆمپانیای ئیخوان دەكات كە دەرگای بەشداریكردن تیا بە پشك (سەهم)ی بۆ غەیری ئەندامانی ئیخوان كردەوە.. تاد(بارووت، ل٩١)، بەڵام میسری كە لەوە تێنەگەشتووە وا دەزانێت ئەو كارەی بە پشك دەكرێت بریتییە لە سووخواردن (ڕیبا) بۆیە توانج دەگرێتە

---

[75] هەموو وەرگرتنەكە لە بارووتەوە بوو بەڵام میسری ناوی ناباتو لەجیاتی ئەوە ئاماژە بۆ مذكرات الدعوة والداعية.... ل١٢٧–١٢٨و رسائل الإمام الشهيد (ل٦٦) دەكات.

ئێخوانو بەننا کە سووخواردنیان حەلاڵ کردووه کە قورئان حەرامی کردووه(میسری، ل٢٤٠). بەپاڵ ئەوەشەوه میسری ((کردنەوەی بەشداری بۆ غەیری ئێخوان)) دەکاته کردنەوەی بەشداری بۆ غەیری موسڵمانان. پێش ئەمەشو لەباسی کاروباری ئابووری میسری ئاماژه بۆ کتێبەکەی بەننا دەکات (مذکرات الدعوة والداعیة) کە ڕاستەکەی ئەو سێ زانیارییانەی نەقڵی کردوون بەهەمان تەرتیب لەهەمان ئەو لاپەڕەیەی کتێبەکەی (بارووت) هەنو لەجیاتی ناوبردنی ئەو کتێبه ناوی کتێبەکەی بەننای نووسیوه تا لیستی سەرچاوەکانی قەرباڵغ بکات. بەپاڵ ئەم ((بردن))ـانەش میسری قسەیەکی بەننا بەئارەزووی خۆی نەقڵ دەکات. بەننا باسی ئەوەی کردووه کە نابێت تێکەڵی لەنێوان چالاکیی بانگخوازیو چالاکیی ئابووری بکرێتو کاروبارەکانی کۆمپانیاکە بەناوی ئێخوانەوه نەبێت بەڵکو بەپێی نیزامێکی ماددیی ئابووری کە هیچ سۆز یان کەمتەرخەمییەکی تیا نەبێت(بارووت، ل٩١) کە ئەمه نیشانەی کارکردنێکی عەقڵانییه لەبواری ئابووری، کەچی میسری ڕستەی دوایی وا دەنووسێت: ((...و گوێ بۆ هیچ شتێکی تر نەگری)).. کام شت؟ ئینجا میسری ئەو باسەی بەننا دەکاته ((بەڵگه)) لەسەر ئەوەی بەننا ویستبووی خۆی لە حەلاڵو حەرام قوتار بکات!

شەشەم: ئەمەیان تەزویرکردنه: (بارووت) باسی پشک (سەهم)ـەکانی ئەلبەننا لە کۆمپانیاکانی ئێخوان دەکاتو دەڵێت ئەلبەننا لە زۆربەی ئەو کۆمپانیایانه بەشداریکردووه بەڵام بەپێی یاسا تەنها چەند پشکێکی کەمی هەبوو. سەد جونەیهی هەبوو وەك قەرەبووی مانگانه بەرامبەر بەوەی کە سەرۆکی ئەنجوومەنی بەڕێوەبردنی کۆمپانیای پێژنامەنووسی، سەد جونەیهی تریشی هەبوو بۆ سەرۆکایەتیی ئەنجوومەنی کۆمپانیای چاپەمەنی بەڵام هیچ

لـــەو پارەیـــەی وەرنـــەدەگرتو مەبەسـتی بـوو وەکـو خۆبـەخش دەریکەوێت(بارووت، ل٩٢)، کەچی میسری بەئارەزووی خۆی ئەو زانیارییە سەقەت دەکاتو دەڵێت: ((خـودی رێبـەریش ئەگـەر چی بەپێی یاسا تـەنها خاوەنی چەند شەیرێك بووەو مانگانەیەكی ٢٠٠ جونەیهی بۆ برِاوەتەوە، بەڵام نەیهێشتـووە سـەروەتو سـامانی پێـوە دیار بێـڕو تەنانـەت مووچەکەیشی وەرنەگرتووەو وەك کەسێکی خۆبەخش خۆی نیشان داوە)). میسری ئەوە دەنووسـێت بـە ویـژدانێکی ئاسـوودەوە نـاوی کتێبەکـەی (بارووت) وەك سەرچاوە دەنووسێت.

میسری بەهەمان ویژدانەوە زانیارییەکی تـر وەردەگرێت: رِۆژنامەگـەریی حزبی وەفد کە لەو کاتە لەگەڵ ئیخوان نـاکۆك بـوو بەڵگەنامـە بڵاودەکاتـەوە سـەبارەت بـە سـامانەکانی بەننـاو بەشداریکردنی بـە هـەزاران جونەیه لـەو کۆمپانیایانەو هەزاران جونەیهی لە حکومەت وەرگرتووە(بارووت، ل٩٢). ئـەو تۆمەتە کە رِۆژنامەگـەریی حزبێك دەیخاتـە پاڵ نەیارەکـەی لای میسری دەبێتـە رِاستییەکی حاشاهەڵنەگرو دەڵێت کە بەننا ((دەرکـەوت)) خاوەنی هـەزاران جونەیهو سەدان شـەیر (سەهم)ی کۆمپانیاو پرۆژە ئابوورییەکانە(میسری، ل٢٤١). زانیشمان کـە رِۆژنامەگـەریی حزبی وەفد خۆی ئـەو زانیارییانـەی بڵاوکردبووەوە کەچی میسری دەڵێت: رِۆژنامەکانی حزبی وەفد ئەم مەسەلەیە دەقۆزنەوەو بە بەڵگەو دەلیلو دیکۆمێنتەوە (برِوانە چۆن میسری سێ وشە بەکاردەهێنێت بـۆ وشـەی بەڵگەنامـە تـا کـاری قسـەکردنەکەی گـەورەتر بێت/ف.ق) سەلماندیان کە هـەزاران جونەیه کۆمەكو یارمـەتیی لـە حکومـەت وەرگرتووە.

ئینجا تـەزویر کردن دەگاتـە لوتکـه. (بارووت) باسـی ئـەو عـەرزەی

باڵیۆزخانەی ئینگلیزی دەكات كە چل هەزار دۆلارو سەیارەیەك بداتە ئیخوان تا چالاكیی سیاسی دژی پرۆپاگندەكانی ئەڵمانیاو هاوپەیمانانی بنوێنێت، ئەندامانی بزوتنەوەی (مصر الفتاة) باوەڕیان وابوو ئیخوان ئەو پارەیەی وەرگرتبوو، بەڵام (میچڵ) دەڵێت كە ((شت نییە هێندەی ئەوە لەڕاستییەوە دوور بێت)) [76] (ل٩٣). میسری نەك تەنها ناوی كتێبەكەی (میچڵ) لە بارووت ((دەبات))و دەیكاتە حەڵاڵی خۆی بەڵكو زانیارییەكەش هەڵدەگێڕێتەوەو دەنووسێت كە باڵیۆزخانەكە ئەو پارەیەو ئەو سەیارەیەی بە ئیخوان دابوو، ئینجا ناوی كتێبەكەی (میچڵ) وەكو سەرچاوە دەنووسێت.

مرۆڤیش ئەوە كاری بێت خۆشی نازانێت چیی نووسیوە

دووبارەشی دەكەمەوە كە ئەوەی وەكو میسری پیشەی بێت خۆشی نازانێت چی دەنووسێت، ئەوەتا میسری لە یەك لاپەڕە دوو شتی دژ بە یەك دەڵێت. ئەو لە لاپەڕە ٢٨٠ دەنووسێت: ڕاستە عەبدولناصر دەویست و مەبەستی بووە سنوورێك بۆ دامەزراوەی ئاینیی دابنێ، بەڵام هەرگیز باوەڕی بە جیاكردنەوەی ئاین لە دەوڵەت نەبوو. میسری دوای شەش دێڕ دەنووسێت كە بەپێی تێگەیشتنی عەبدولناصر ئاین پەیوەندییەكە لەنێوان خواوەندو ئادەمیزاد لەبەر ئەوە ئاینی نەكردە بناغەی دەسەڵات.

پەیوەندیی نێوان ئیخوان و كۆمۆنیستەكان

میسری (ل٢٥٩) ئەو تۆمەتانە دەژمێرێت كە ساڵی ١٩٤٨ ئاڕاستەی ئیخوان كرابوون و لەوانە سێ تۆمەت نانووسێت كە دوانیان بریتین لە سووتاندنی

 میچڵ ئەمەریكییەو نووسەری كتێبی (ئیخوانی موسلمین)ـە. بارووت پاش ئەوە دەڵێت سەرچاوە ئیخوانییەكان ئەوە دووبارە دەكەنەوەو چەوساندنەوەی ئیخوان گرتنی ڕابەرەكەیو یارمەتیدەرانی دەگەڕێننەوە بۆ قبووڵ نەكردنی ئەو بەرتیلەی ئینگلیز.

موڵکەکانی یەکێک لە مەللاکەکانو هاندانی جووتیاران بۆ زیادکردنی کرێکانیان (بڕوانە بارووت، ل١٣٧). بێگومان بۆ ئەوەی میسری لەگەڵ خۆی ناڕێک نەبێت پێویستە ئەو دوو تۆمەتە لەلای تۆمەت نەبن بەڵکو سەروەری چونکە هەمان ئەو کارەن کە بزوتنەوە سۆشیالیستەکان، بەتایبەتی کۆمۆنیستەکان، دەیکەن، هەر لەبەر ئەوەشە زانی کە ناوبردنی ئەو دوو تۆمەتە زیانی پێدەگەیەنێت. میسری بێگومان باسی بڕیاری ئەو قازییەش ناکات کە قەزییەی (سەیارەی جێبەکە) کەوتبووە ئەستۆی کە بریتی بوو لە بێتاوانکردنی بەننا: ((هەندێک لە ئەندامانی کۆمەڵەکە هاوسەنگیی خۆیان لەدەست دابوو و لەو ڕێگەیە لایان دابوو کە سەرکردەکانی کۆمەڵەکە گرتبوویانە بەر بۆ بەدیهێنانی ئامانجەکانیان))(بارووت، ل١٣٥). میسری لەجیاتی ئەوەو بۆ ئەو مەبەستەی کە ئێستا خوێنەر شارەزای بووە خودی بەننا تاوانبار دەکات.[77]

تێبینیی تر: میسری ئەو تێبینییەی لە کتێبەکەی بارووت هەیە، کە سەرچاوەیەکی سەرەکییەتی لەبارەی ئیخوانەوە، پشتگوێ دەخات. بارووت باسی ساڵی ١٩٥١ کە دەکاتە کاتی ڕاپەری دووەمی ئیخوان، ئەلهوزەیبی، دەکات. لەو ساڵە تەوژمێکی ڕادیکالی لە ئیخوان سەریهەڵدا وێنە تەقلیدییەکەی گۆڕی لە بزوتنەوەیەکی دژ بە کۆمۆنیزم بۆ بزوتنەوەیەک ((باڵ پێشکەوتنخوازەکەی)) بەڕاشکاوی تەئکید لەسەر هاوکاریی ئەوانو کۆمۆنیستەکان دژی ئیستعمار دەکات(بڕوانە ل١٥٨)، ئەوەش بۆ میسری کە

---

[77] هەرچەندە میسری ناوی کتێبەکەی بارووت وەک سەرچاوە نانووسێت بەڵام ئاشکرایە کە ئەو کتێبە سەرچاوەیەکێتی و ئەو کە ناوی کتێبەکەی میچڵ دەنووسێت لە کتێبەکەی بارووت ((بردوویەتی)).

جارجار خۆی وەکو کۆمۆنیستێك پیشان دەدات گرنگ نییە، بەڵام ڕاستمان بوێت ئێمە نازانین ئایا ئەوە لای میسری گرنگ نییە یان ئەو پیشتگوێخستنە دەگەڕێتەوە بۆ ئەوەی میسری دەربەست نەبووە بەوردی سەرچاوەکانی بخوێنێتەوەو تەنها مەبەستی ئەوە بووە کتێبێك بنووسێت بیگەیەنێتە ئامانجەکانی.

میسری لەبارەی ئەو تەوژمەی سەرەوە جگەلە بێدەنگی بەشێوەیەکی تر باسی دەکات. ئەو دەڵێت کە ڕابەری ئێخوان بارودۆخەکەی وەکو ئەوەی مەککە دەبینی کە پێغەمبەر بەهێمنی بانگەوازی دەکرد بەڵام ئەو سیاسەتەی بۆ نەچووە سەر ((چونکە ئەندامانی ئێخوان لەمێژ بوو گەیشتبوونە ئەو باوەڕەی کە بانگهێشتن بەبێ توندوتیژیو زەبروزەنگ سەرکەوتن بەدەست ناهێنێ))(ل٢٦٧–٢٦٨).

تەماشا میسری چۆن وشەکان بەکار دەهێنێت: باسی ((تەوژمێکی ڕادیکالی))ی ئێخوان لای خەلکی تر لای ئەو دەبێتە خواستی ئەندامانی ئێخوان (هەموو ئێخوان) بۆ گەیشتن بەئامانج لەڕێگەی توندوتیژییەوە.

تێبینییەکی تر سەبارەت بەو تەوژمە ڕادیکالییە: بەرگریی سەید قوتب لە کۆمۆنیستەکانو داواکردنی بەردانیانو وەك خۆی دەیوت: چونکە ئەوانیش هەر دژایەتیی ستەمکارییان دەکرد...و چونکە ئەوان لەو شەریفانەن کە پێویستە بە بۆچوونو بەلگە وەلامیان بدەینەوەو بە ئاگرو ئاسن پێشوازییان لێ نەکەین(بارووت، ل١٧٠).

میسری باسی ڕووداوێك بەئارەزووی خۆی نەقڵ دەکات. لەو سەرچاوەیەی ناوی بردووە باسی سالیادی شەهیدانی زانكۆ لە شەڕی کەناڵی سوێس کراوە کە سالی ١٩٥٤ (کاتی عەبدولناصر) قوتابییانی ئێخوان بە هەماهەنگی لەگەڵ

قوتابیانی کۆمۆنیست سازیان دابوو، لەکاتی ئاهەنگەکە سەیارەیەکی جێبی سەربازی بلّندگۆی هەلّگرتبوو دێت کە سەر بە رێکخراوی لاوانی (دەستەی ڕزگاریکردن)ی حکومی بووە. هاوارەکانی بلّندگۆکە وەکو تێکدانی ئاهەنگەکە تەماشا کرا بەتایبەت کە دەستەکە قوتابیانی قوتابخانەیەکی ناوەندی کە سەر بەوین لەدەرەوەی زانکۆ کۆکردبووەوە وەك ئامادەباشییەك بۆ پێکاچوون، ئەو پێکاچوونە ڕووی داو دەیان برینداری لێکەوتەوەو سەیارەکە سووتێنرا، لە ئاکامی ئەوەش ئەنجوومەنی سەرکردایەتیی شۆڕش بڕیاری دا ئیخوان هەلّبووەشێنرێتەوە، ژمارەیەکیش ئەندامی ئیخوان بە ڕاپەرەوە گیران(بارووت، ل۱۸٤–۱۸۵).

بەواتایەکی تر حکومەتی ئەفسەرەکان خۆی ئاهەنگەکەی تێکدابوو و خۆی بۆ شەڕەکە ئامادەکردبوو، کە شەڕەکەش کرا ئەوەی کردە بەهانە بۆ هەلّوەشاندنی نەیارەکەی، ئەمەش کارێکە دەسەلّاتدارە دیکتاتۆریو ستەمکارەکان پەنای بۆ دەبەن بەتایبەتی سەرەتای گرتنەدەستی دەسەلّات، واتە ئەو کاتەی نەیارەکان خاوەنی جەماوەر بنو ئەوان هێشتا لەسەرەتان.

میسری کە سوودی لەو سەرچاوەیە وەرگرتووە زانیارییەکان وا نەقلّ دەکات، یان ڕاستتر بەم شێوەیە دەیانشێوێنێت، ئەو نووسیوییەتی: سەرەتای یەنایەری ۱۹۵٤ (سەرەتا نەبوو بەلّکو ۱۲ی مانگەکە بوو) خوێندکارانی ئیخوان (بڕوانە لێرە ناوی کۆمۆنیستەکانی نەبردووە) بڕیار دەدەن یادی سالّوەگەڕی شەهیدانی کەنالّ بکەنەوە، لەو بۆنەیە لەگەلّ رێکخراوی لاوانی سەر بە دەستەی ڕزگاری بەیەك هەلّدەپرژێن (بڕوانە باسی ئیستفزازی سەیارەی جێبەکەو خرکردنەوەی قوتابیانی ناوەندی لەدەرەوەی حەرەمی زانکۆ ناکات)، چەند کەس بەخەستی زامدار دەبن. ئەنجوومەنی سەرکردایەتی شۆڕش

ئــەو ڕووداوە دەقۆزێتـــەوەو بڕیـاری هەڵوەشـاندنەوەی ئیخـوان دەردەکات(ل٢٧٦). بینیمان ئەفسەرەکان ڕووداوەکەیان نەقۆزتەوە، ئەوان نەخشەیان بۆ دارشتبوو.

جوانکردنی دیکتاتۆر

وتمان یەکێک لە سەرچاوە سەرەکییەکانی میسری لەبارەی ئیخوانەوە کتێبەکەی بارووتە. لەو کتێبە باسی پەیماننامەی چوونەدەرەوەی بەریتانیا لە کەناڵی سوێس کراوە کە ئیخوان لەدژی وەستا چونکە ڕابەری ئیخوان، ئەلهوزەیبی، چەند ڕەخنەیەکی لێگرتبوو کە پوختەکەیان ئەوەیە داگیرکردنـ سەربازییەکە دەبێتە داگیرکردنی مـەدەنی کە ڕەنگ دوای ئـەو ساڵانە درێژبێتەوە. ڕێککەوتنەکە پاش حەوت ساڵ دەکەوێتە کارو دوای ئەوە میسر ڕاوێژ بە ئینگلتەرا بکات، ئەمـەش شێوە هاوپەیمانییـەك یان پەیوەندییەکە لەگـەڵ بـەریتانیا، بـەریتانیاش بـەپێی بڕگـەی چوارەم مـافی گەڕانـەوەی بۆ کەناڵەکە هەیە ئەگەر میسر یان هەر دەوڵەتێکی عەرەبی یان تورکیا تووشی هێرش بوون ئەویش بێ پرسکردن بە میسر..تاد. ئەلهوزەیبی وتی کە نابێت هیچ ڕێککەوتنێک لەگەڵ دەوڵەتێکی بێگانە پەسەند بکرێت بێئەوەی بخرێتە بەردەم پەرلمانێک کە بەشێوەیەکی دروستو ئازادانە هەڵبژێردرابێت، هەروەها پێویستە ڕەقابە لەسـەر ڕۆژنامەگەری لاببرێت بۆ ئـەوەی هـەموو کەسـێک بەئازادی ڕای خۆی بڵێت. وەنـەبێت تـەنها ئیخوان ئیدانـەی ڕێککەوتنەکـەی کردبێت بـەڵکو لـە وڵاتـە عەرەبییـەکانیش بەتوندی هێرشـی کرایـە سـەرو خۆپیشاندان سازدران، ڕۆژنامەگەریی قەومیش ئەو ڕێککەوتنەی بە فرۆشتنی میسر بە ئیمپریالیستەکان وەسف کرد(بارووت، ل١٩٢-١٩٣).

میسری دەبێتە پارێزەری عەبدولناصرو دەڵێت کە سەرکردایەتیی شۆڕش

لەو باوەرە بوو کە ئیخوان بەوپەرِی خۆشحالّییەوە پێشوازی لەم هەنگاوە دەکات، بەلّکو لەهەموو لایەنە سیاسییەکانی تر زیاتر پەرِۆشی چوونە دەرەوەی هێزەکانی بەریتانیا بێت، بەلّام واقیع بەجۆرێکی تر بوو.. تاد(میسری، ل۲۷۷)، دوایی دەلّێت کە رِابەر دەویست پێگەی ئیخوان لەناو جەماوەر پتەوتر بکاو لەلایەکی تر تۆمەتی ناپاکیو خیانەت بخاتە ئەستۆی عەبدولناصرو ئەنجومەنی سەرکردایەتی شۆرِشو بەدناویان بکات، دیارە رِژێمیش نەیدەتوانی لەم هەلّوێستەی ئیخوان بێدەنگ بیّ(ل۲۷۷).

میسری کاتێک باسی هەولّی کوشتنی عەبدولناصر دەکات لەخۆیەوە قسە دەکات. میسری دەلّێت عەبدولناصر ببووە رەمزی خەباتی نەتەوەییو نیشتمانیو خەلّک بە پێشرِەوو و سەرکردەی خەباتی رِزگاریخوازانەی خۆیانیان دەزانی(ل۲۷۸).

میسری زیاترو زیاتر نەزانیی خۆی سەبارەت بە رِووداوەکانی میسری ئەو کاتە دەسەلمێنێت کاتێک دەلّێت ئیخوان سوور بوو لەسەر دژایەتیکردنی دەسەلّاتی نوێ بەتایبەتی کە دەبینی ئەو دەسەلّاتە رِووی کردبووە یەکێتیی سۆڤیێت، رِۆژئاواش دوژمنایەتیی دەکات، لەناوخۆش ناسیۆنالیستو دیموکراتیخوازەکان لێی نزیک دەبنەوەو پشتگیری لە سیاسەتەکانی دەکەن(ل۲۷۸). رِاستەکەش ئەوەیە عەبدولناصر تا ئەو کاتە، ئێمەش باسی سالّی ۱۹۵٤ دەکەین، ئەو پەیوەندییەی لەگەلّ سۆڤیێت نەبوو بەلّکو پەیوەندییەکەی دوای ئەوە بوو کە ئەمەریکا رِازی نەبوو قەرز بدرێتە میسر بۆ دروستکردنی (بەنداوی بەرز-السد العالی). پێش ئەو کاتە پەیوەندیی عەبدولناصر لەگەلّ ئەمەریکا خراپ نەبوو، کاتێکیش بەریتانیاو فەرەنساو ئیسرائیل سالّی ۱۹۵٦ سێقۆلّی هێرشیان کردە سەر میسر پاش خۆمالّیکردنی

کەناڵی سوێس بە مەڕەشەی یەکێتیی سۆڤییەتو فشاری سەرۆکی ئەمەریکا مێرشەکە ڕاگیرا، تەنانەت قسە هەیە کە ئەفسەرەکان بە پشتیوانیی ئەمەریکا کۆدێتاکەیان دژی ڕژێمی پاشایەتی کرد چونکە ئەمەریکا ویستی جێگەی بەریتانیا لە میسر بگرێتەوە.

خۆ ئەگەر میسری ئەو مێژووە نەزانێت، هەقیشێتی نەیزانێت چونکە زانیمان کتێبەکەی چۆنو لەبەرچی نووسیوە، دەبوایە ئەو باسانەی (باروت)ی بخوێندایەتەوە کە چۆن کۆمۆنیستەکانو سۆشیالیستەکان لەو بەرەیە بوون کە دژی حوکمی عەبدولناصر بوو. ئەو دیکتاتۆرەی میسریش کە بەخەیاڵی میسرییەکەی خۆمان دیموکراتیخوازەکان لێی نزیک دەبوونەوە لەژێر فشاری ئیخوانو باقی نەیارەکانی ڕژێم ناچار بوو، یان با بڵێین ئەنجومەنی سەرکردایەتیی شۆڕش (مجلس قیادة الثورة) بڕیارەکانی پێنجی ئازار ڕابگەیەنێت سەبارەت بە هەڵگرتنی باری نائاسیی‌و هەڵبژاردنی کۆمەڵەیەکی دامەزرێنەر بڕیار لەسەر دەستوور بدات‌و بەکارەکانی پەرلەمان هەڵسێت، بەڵام دوای سێ هەفتە عەبدولناصر ئەمەی هەڵوەشاندەوە ئەویش لەڕێگەی ڕێکخستنی مانگرتنێکی حکومیی کرێکارانی دەزگای شەمەندەفەرو کرێکارانی گواستنەوەو ئەو مانگرتنە داوای هەڵوەشاندنی بڕیارەکانی پێنجی ئازارو ڕەوخانی دیموکراسی‌و حزبەکانی کرد، ئەمەش بۆ عەبدولناصر چووە سەرو ئەنجوومەنی سەرکردایەتیی شۆڕش حوکمی بەتەواوەتی گرتەدەست‌و جارێکی تر حزبەکان، جگەلە ئیخوان، هەڵوەشێنرانەوەو شەقامەکانی قاهیرە لە حاڵەتی داگیرکردنی سەربازیی فیعلی بوون(باروت، ل١٨٧-١٨٩).

کەواتەو بەکورتی لەناو ئەوانەی نەیاری نیزامە سەربازییەکە بوون تەنها ئیخوان، ئەویش تەنها بۆ ماوەیەك، وەکو حزبێکی ڕێگەپێدراو مابوونەوە

لەکاتێک هێزە چەپو دیموکراتییەکان قەدەغە کرابوون، ئەوەش بوو بە ڕەخنە
لـە ئیخوان، بەتایبەتیش کە ئیخوان بـەوە تاوانبار کـرا ئـەو ڕێککەوتنـەی
هوزەیبی لەگەلّ ڕژێم ئـەو ڕژێمـەی لـە کـەوتن پاراست کە ئـەوە تۆمـەتێکی
ڕاستەو دوایی ئیخوان باجەکەی دا چونکە بێدەنگیی نیزامە سـەربازییەکە بۆ
ماوەیەک و بۆ مەبەستێک بوو ئەویش بۆ ئەوەی ئیخوان پالّپشتی ئـەو نیزامـە
بێت. دوایی دەرکەوت کە زەبری عەبدولناصر لە مێژووی میسر وێنەی نەبووە.
جوانکردنێکی تری دیکتاتۆر: میسری دەڵێت کە لەو کاتەی ئیخوان داوایان
دەکرد موسلّمانان بگەڕێنـەوە بۆ سـەرەتاو دەولّـەتێکی لـەجۆری دەولّـەتی
خیلافـەت بنیات بنێنـەوە عەبدولناصر باوەڕی وا بوو پێویستـە سـوود لـە
زانستو زانیاریی مۆدێرن وەربگیرێت(ل٢٨٠). میسری کە ئەوە دەڵێت لەیادی
دەچێت کە هەر خۆی باسی پرۆژە ئابوورییەکانی ئیخوانی کردووە، کە ئەمە
کارێکی فعلییە بۆ چالاکیی عەقلّانی لەبواری ئابووری، ئەویش لەسـەرەتاکانی
دامەزراندنی کۆمەلّەکە واتە زیاتر لە سی سالّ پێش ئەوەی عەبدولناصر لەگەلّ
باقی ئەفسەرەکان کۆدێتاکەی خۆیان بکەن.

بۆچی جەماوەر ڕوویکردۆتە ((ئوسوولّییەکان))

یەکەم-دیفاعیّکی تری میسری لە دیکتاتۆرییەت: میسری (ل٣٠٩-٣١٠) باسی
هۆکارێکی گەشەکردنی ڕەوتە ئیسلامییەکان دەکاتو دەڵێت کە سیاسـەتی
ئابووریی سەرئۆکی میسر ئەنوەر ئەلسادات بریتی بوو لە پەیڕەوی کردنی
سیستـەمی بـازاڕی ئـازادو کە پێگـەی سـەرەکیی ئـەو سیاسـەتە گۆڕینی
مولّکایـەتیی گشتی بۆ مولّکایـەتی تایبـەت بوو و ئەمـە کاری کرده سـەر
گوزەرانی چینی هەژار، دەستکەوتەکانی هاوولّاتییانیش، کە هی سـەردەمی

جەمال عەبدولناصر بوون، پاشەکشەیان کرد. نرخـی کەلوپـەل بـەهۆی ئـەو سیاسەتەوە زیادیان کردو بێکاریو نائومێدیی لاوانیش زیادیان کرد، لادێش پشـتگوێخرا. لەئـەنجامی ئـەوەش کۆمەڵە ((مەزهەبییـەکان)) باوەشـیان بۆ لاوانی بێکار، هەروەها ئەوانەی لـە گوندەکانـەوە بۆ شـار کۆچیـان کردبـوو، کردەوە.

میسری کە باسی ئەوە دەکات پاساو بۆ سیاسەتە فاشلەکانی عەبدولناصر دەهێنێتەوە کە دیارە ئەلسادات ویستی بە سیاسەتێکی فاشلی تر چارەسەری دەرهاوێشـتەکانیان بکـات. سیسـتەمی ئـابووری سـەردەمی عەبدولناصـر پاشکۆی سیستەمە سیاسییەکەی بوو کە نموونـەی هـەردوو سیاسـەتەکە لـە ولاتانی ڕۆژهەلات دەبینران، چ ولاتـە عـەرەبیو ئیسلامییەکانو چ ولاتـەکانی سـەر بـە بلۆکی ڕۆژهەلات، بێگومان بێئەوەی ئەو نیزامانەمان لەیاد بچێت کە چـەپڕەو بـوونو سـەر بـەو بلۆکـە نـەبوون. سـەرمایەدارییی دەولـەت ببـووە مۆدێلێکی باو تا زەمـەن سـەلماندی کە بەرگـەی واقیع ناگرێت. یەکێك لـەو دەستکەوتانەی سەردەمی عەبدولناصر کە میسری باسیان دەکات بریتی بوو لـە بێکارییـەکی داپۆشراو کـە نموونـەیمان لـە عـیراق بینیبـوو. لـەو نیزامانـە هاوولاتی دەرفەتی دەستکەوتنی کاری هەبوو بەلام ئەو کارە لە فەرمانگەیەکی حکـومی بـوو، لەبەرئـەوەش کـە فەرمانگـەو کارگـەو پرۆژەکـانی حکومـەت سنووردارنو ئاتوانن پێ بەپێی زیادبوونی هێزی کار بڕۆن سالانه ژمارەی فەرمانبەرانو کرێکارانی حکومەتی زیادیان دەکردو بـەم جـۆرە فەرمانگـەکان بەناچاری زۆرتر لە پێویستیی کارەکەی خۆیان هاوولاتییانیان وەردەگرتو لەمەوە ئەوانەی دواتر دادەمەزران لەواقیع بێکار بوون. ئەم شێوە بێکارییـەش جگەلەوەی زیانێکی ئابووریی ڕاستەوخۆی بۆ دەولەت هەیە، چونکە مەسرەف

بـەهۆی موچـەی ئـەو ژمـاره زۆرەوه زۆرتـر بـوو، زیـانێکی ئـابووریی تـری ناڕاستەخۆی لـه دەولّـەت دەدا بـەوەی حکومـەت لەبـەر کـەمیی مووچـەی هاوولّاتییان ناچار بوو کالّای پێویست به نرخێکی هـەرزان، واتـه به نرخێکی کەمتر به نرخی ڕاستەقینه بداته هاوولّاتییانو ئـەوه دەبووه بارێکی تر بەسەر بودجەی دەولّەت.

ئـەوه بەکورتی یەکێک بوو لە زیانەکانی نیزامی سەرمایەداریی دەولّـەت کـه لـه میسری عەبدولناصر بەناوی سۆشیالیزمەوه پیاده دەکراو میسرییەکەی خۆمـان بـه دەستکـەوتی دەزانێت. بـاقی چیرۆکەکەی ولّاتـی میسری دوای عەبدولناصر ئەوەیه ئەلسادات ویستی ئاکامـەکانی ئـەو سیاسـەتـه بسڕێتـەوه بەلّام به سیاسەتێکی تەواو پێچەوانەوه ئەوەیش به نـاوی کرانـەوه (الانفتاح) بەلّام لەبەرئـەوەی ئـەو گۆڕانکارییـه کتوپڕو بـێ نەخشـەیەکی عـەقلانی بوو ئاکـامی خراپـی لێکەوتـەوه وەك پەیـدابوونی ئـەو دەولّەمەنـده گـەورانـەی بەشێوەیەکی نارەوا سامانیان پەیدا کرد ئەویش لەڕێگەی سوودوەرگرتن لـه کرانـەوەو بەتایبـەت لـه هێنـانی کەلوپـەل لـەدەرەوه، ئـەو چینه تـازه هەلکـەوتووەش بـەناوی (پشیله قەلّـەوەکان) ناسران، بەرامبـەر بـەوانیش گوزەرانی هاوولّاتی باش نەبوو بەلّکو کەوته ژێر ڕەحمەتی بازاڕی ئازاد.

دووەم-شێواندنی تەنانەت عەلّمانیەتیش: میسری هۆیـەکی تـری ئـەوەی خەلك ڕووییانکرده ڕەوته ئیسلامییەکان دەگەڕێنێتـەوه بۆ ئـەوەی دەولّەتە ئیسـلامییەکان عـەلمانی نـەبوون. میسری دەلّێت کـه ڕاسته زۆربەی ئـەو دەسـەلّاتـه سیاسـییانه (کـه دوای هەرەسی دەولّـەتی عوسمانی دامـەزران)

بەرواڵەت عەلمانین بەڵام هیچیان، جگەلە تورکیا،[78] دەوڵەتی عەلمانی نین(ل٣١١). بەڵام ئایا بەعەلمانیبوون چییە؟ ((عەلمانییەتەکان)) با لەیەکتریش جیاواز بن بەڵام شتێک هەیە لەنێوانیان هاوبەش بێت ئەویش فیکرەی جیاکردنەوە دین لە دەوڵەت، ئەو فیکرەیەش لاوەکی نییە بەڵکو کرۆکی عەلمانیەتو عەلمانیەت بەوەوە دەناسرێتەوە، بەواتایەکی تر عەلمانیەتی دەوڵەتێکی کۆمۆنیستی ئەوروپای ڕۆژهەڵاتی ئەوسا عەلمانیەتێکی دروستە ئەگەرچیش نیزامەکە دیکتاتۆریەتی حزب یان پێشەوا بێت، بەهەمان شێوەش عەلمانیەتی دەوڵەتێکی سەرمایەداری ئەوروپای ڕۆژئاوا هەر دروستە ئەگەرچی نیزامەکە دیموکراتی بێت. بەواتایەکی تر هیچ تۆخمێکی دیموکراتیی ڕەسەن لەناو فیکرەی عەلمانیەت نییە چونکە بناغەی عەلمانیەت جیاکردنەوەی دینە لە دەوڵەت. لەمەشەوە دەزانین ئەو قسە نوێیەی بڵاویۆتەوە گوایە عەلمانیەت بێ دیموکراسیەت نابێت قسەیەکە لە

 ئیشکالیەتێک لە پەیوەندیی تورکیا بە عەلمانیەتەوە هەیە. پێشێلکردنی مافی مرۆڤو نەسەلماندی مافی ((کەمایەتییەکان))، بە کوردەوە کە ستەمە ناوی کەمایەتیی لێ بنرێت، دوو تایبەتیی نیزامە عەلمانییەکەی تورکیایە، هێشتاش لای هەندێک کەس تورکیا نموونەی عەلمانیەتە، لەمەش شتێکی ناڕاستیان نەوتووە چونکە مەرج نییە عەلمانیەت مافی مرۆڤو مافی کەمایەتییەکان، تەنانەت دیموکراسیو ئازادی بەگشتی بسەلمێنێت، دەوڵەتەکانی بلۆکی ڕۆژهەڵاتو نیزامە سۆشیالیستە هاوشێوەکانیان لەگەڵ چەند نیزامێک تری قەومی یان تەنانەت بەناو دیموکراتی نموونەن لەسەر ئەوە. خاڵی دەستپێکردنی عەلمانیەت (جیاکردنەوەی دین لە دەوڵەت یان بەشێوەیەکی گشتی جیاکردنەوەی دینی لە دونیایی) لەگەڵ خاڵی دەستپێکردنی دیموکراسیو ئازادی (مافی بەشداری بۆ هەموان یان بەلای کەمەوە بۆ زۆربە) جیاوازە. یەکەمیان بەشێکی گەورەی، بەڵکو زۆرینەی، کۆمەڵگە لە دەسەڵاتو بەڕێوەبردنی ئەو کۆمەڵگەیە بێبەش دەکات لەکاتێک دووەمیان، ئەگەر بەشێوەیەکی تیۆریش بێت، دژ بە بێبەشکردنە.

بناغەی عەلمانییەتەوە هەلّنەقولّاوە بەلّکو بیدعەیەکە لەناو عەلمانیـەت.

میسری ئاگای لەم بیدعەیە بێت یان ئاگای لێ نەبێت ئەو شتێك دەلّێت کە نـەك تـەنها ناتوانێت بیسـەلمێنێت بەلّکو خودی تیـۆری عەلمانی بـەدرۆی دەخاتەوە ئەویش کاتێك دەلّێت کە ئەو دەولّەتە موسلّمانانە عەلمانی نەبوونو ئەوانە هیچیان بە ویستی هاوولّاتییان دەسەلّاتیان نەگرتۆتە دەست(ل۳۱۱).

ڕاستە ئەو نیزامانە بە ویستی هاوولّاتییان دانەمەزراون بەلّام چۆن دەکرێت ئەمە بکەینە بەلّگە لەسەر ئەوەی عەلمانی نەبوون؟

ئەو پەیوەستکردنەی عەلمانیەتو دیموکراسی بەشێوەیەك یەکێکیان هۆی ئـەوەی تـر بێت یەکێکـە لـە فێلّـە گـەورەکانی تیـۆری نـوێی عەلمانیـەت. عەلمانییەکان دەتـوانن داوای هـەردوو عەلمانیـەتو دیموکراسی لەیـەك کـات بکەن بەلّام ناتوانن بلّێن فلّانە نیزام عەلمانی نییە چونکە دیموکرات نییـە. بۆ ئەوەی ئەو موناقەشەیەش پۆخت بکەین دوو فەرزەکە دەلّێین:

یەکەم: ئەو نیزامەی دیموکرات نییە عەلمانی نییە، لەسـەرەوەش باسمـان کـرد کـە ئەمـە هەلّـەیە ئـەویش بـە بەلّگـەی خـودی فیکرەی عەلمانی کـە جیاکردنەوەی دینە لە دەولّەتو دەکرێت نیزامێکی کۆمۆنیست پیادەی بکات بەوەی ئاینو پیاوانی ئاین لـە کاروباری دەولّەت دووربخاتـەوە.. نـەك تـەنها دەکرێت بەلّکو کردوویەتیو ئەو زیاتر لە نیزامەکانی تر تەئکیدی لەسەر کردووە.

دووەم: ئەو نیزامـەی عـەلمانی نییـە دیمـوکرات نییـە، ئـەوەش لەهـەموو حالّەتێك دروست نییە چونکە دەکرێت نیزامێکی ئاینی بێت بەلّام شێوەیەکی تایبەتی دیموکراسی پیادە بکات کە هەلّبژاردنی تیا بێت بەلّام سنوود بۆ ئەو هەلّبژاردنـە دابنێـت وەك ئـەوەی نـەهێلّێت عەلمانییـەکان خۆیـان بپالّێون.

سنووریش لـه نیزامـه دیموکراتـەکان هـەبووەو کـەس نەیـدەوت ئـەوە دیموکراسییەکی ساختەیه لەبەر ئەو سنوورانه، تەنانەت جۆره سنووریک لە پـێژئاوای سەدەی نۆزدەو سەرەتای سەدەی بیست دانرابوو که نیـوەی گـەل، واته ئافرەتانی له دەنگدانو خۆپالاوتن دوورەخستەوه بێئەوەی کەس بلێت بـەو دوورخسـتنەوەیه نیزامەکە دووركەتۆتـەوه لـه دیموکراسـی، واتـه دووركەتۆتەوه له حوکمی گەل. [79]

بەهەمان شێوەش دەکرێت ئـەو نیزامـه ئـاینی بێت بـەو واتایـەی کـار بـه یاساکانی ئاین بکاتو لەهەمان کات دیموکرات بێت بەو واتایەی پەرلەمان بۆی هـەبێت یاسـای نـوێ دابپێـژێت بـەلام لـەکۆتایی ئـەو یاسایه لەگـەل یاسای سەرەکیی دەولەت (یاسا ئاینییەکە) بەراورد بکرێت، وەك چۆن هەر یاسایەك لەهـەر دەولـەتێکی دیمـوکراتی دەبێـت لەگـەل دەسـتوور بگونجێـت، جیاوازییەکـەش لـەکۆتایی ئەوەیـه یاسـای سـەرەکیی نیزامـه دیموکراتـه عەلمانییەکە بۆی هەیه بگۆردرێت بەلام یاسا سـەرەکییه، واتـه دەستوور، ئاینییەکە ناگۆرێت.. تەنانەت ئەو جیاوازییەش بەس نییه بۆ ئەوەی ئەگۆرانی دەستوور دژ به دیموکراسی بێت چونکه بناغـەی دیموکراسی حوکمی گەلـه، ئەگەر گـەلیش نەیـەوێت دەسـتوور بگۆرێت بریارەکـەی هـەر دیموکراتییـه،

---

[79] له کتێبەکەم (ئەفسانەی دیموکراسی-١٩٩٨) بەشێکی گەورەم تەرخان کردووه بۆ ئەو فیکرەیەی که دیموکراسی هێنده کۆسپی لەبەردەمه که ناتوانین بلێین حوکمی گەلـه بەلکو راستەکەی حوکمی کەمایەتییـه، بەلام لێره مەبەستم لـەو کەسانەیه کە ئـەو قەناعەتەیان هەیه که دیموکراسی بەراستی حوکمی گەلەو نیزامه دیموکراتییه کۆنەکان، که کۆسپیان دەخسته بەردەم بەشدارییەکی فراوانتری گەل، سـەرباری ئـەو کەموکورتییـه بـه حوکمی گەل دەزانن.

جگەلەوەشو وەكو واقیع هەندێك دەستووری عەلمانی برگەی وایان تیایە كە دەڵێت نابێت فلان یان فیسارە شت دەستكاری بكرێن یان بگۆردرێن، وەك دەستووری ئەمەریكی كە رێگە نادات نیزامی حوكمی كۆماری ئیلغا بكرێت. بەپێچەوانەشەوە، هەندێك یاسای ئاینی، چ لە یاساكان بەگشتیو چ لە دەستوور، بۆیان هەیە بگۆردرێن بەتایبەت لە دەوڵەتێكی ئیسلامی ئەگەر دەرگای ئیجتهادی كردبێتەوە یان بریاری دابێت لە هەندێك شت كار بە مەزهەبی تر بكات تا لەكۆتایی ژمارەی ئەو یاسایانەی نابێت بگۆردرێن سنووردار دەبێت.

تا ئێرە باسی پەیوەستكردنە هەلەكەی نێوان دیموكراسیو عەلمانیەت بوو كە وەك وتم كراوەتە پەیوەستیكی زەروری، زەروری بەو واتایەی كە ئەگەر ئەو نەبێت ئەوی تر نابێت.. ئەمەش بیدعەیەكە عەلمانیەت خۆی بیدعەیە لەچاو نیزامەكانی مێژوو، بۆ خۆی زیادی كردووە. لێرەشەوە دەگەرێمەوە سەر میسریو ئەو قسەیەی كە گوایە ئەو نیزامانەی دوای هەرەسی دەوڵەتی عوسمانی دامەزران دیموكرات نەبوونو تەنها بە رواڵەت عەلمانی بوون. میسری دوای ئەو شێواندنەی فیكرو مێژوو دەڵێت كە هێزە چەپو دیموكراتخوازەكان نەیانتوانیبوو ئەو واقعە بگۆرن ئەمەش كەشوهەوایەكی گونجاوی بۆ رەوتە ((مەزهەببییەكان)) خۆش كرد كار لەسەر مەسەلەی ژیاندنەوەی كۆمەلگەی سەرەتایی ئیسلام بكەنو ئیسلام وەك تاقە چارەسەر بە خەلكی ناوشیار بناسێنن(ل٣١١).

ئیسلامییەكان بەگشتی دروشمی (ئیسلام چارەسەرە) بەرزدەكەنەوە، زۆریش لە عەلمانییەكان ئەو دروشمەیان كردۆتە بابەتی رەخنەی خۆیان، بەلّام خۆ هەر ئەوانیش، بزانن یان نەزانن، هەمان رستە بەكاردەهێنن بەلّام

لەجیاتی ئیسلام وشەیەکی تر دادەنێن، ئەگینا کێ باوەڕ دەکات عەلمانییەك باوەڕ بە ڕستەی (عەلمانیـەت چارەسـەره) ناکـات؟ کـێ دەتوانێت بڵێت دیموکراتخوازان باوەڕیان نییه دیموکراسی چارەسەره؟ کام چەپیش ئەگەر لێی بپرسی دەڵێت دڵنیا نیم باوەڕه چەپەکەی خۆم (مارکسیـەت بێت یان هەر باوەڕێکی تر) چارەسەره؟ هەر بۆیه ئەو بیروباوەڕانە ئەگەرچی خۆیان له ئاین دووردەخەنەوه جۆره ئاینێکن چونکه لەسەر ((باوەڕ)) دامـەزراون. تـەنهاش کەسێك که نازانمبێژه (لاأدري) لەگەڵ خۆی ڕاستگۆیه چونکه ئـەو لـه هیچ دڵنیا نییه، هەرچەنده ئەو ڕاستگۆییەی سوودی نییه چونکه هەرئەوەنده ئەو باوەڕەی درکاند ئیتر ناتوانین یەك هەنگاو شوێنی بکەوین، جگەلـەوەی ئـەو ناتوانێت پێمان بڵێت ئەوی وپو گێژی (نازانمبێژ)و نادڵنیا چۆن لەو نازانمبێژی (لاأدرية)یەی خۆی دڵنیا بووه. بێگومان جگه لەو نازانمبێژه ئەو ئیسلامییەش که خاوەنی دروشمی (ئیسلام چارەسەره)، یان هـەر کەسـێکی تـری خاوەن باوەڕ، ئاینی یان عەلمانی، لەگەڵ خۆی ڕاستگۆیه هەتا ئەگەر وردەکارییەکانی چارەسەرەکەش نەزانێت.

دیاره سەردەمەکەمان کەمێك (ڕەنگه زۆر.. حاڵـەت کـەوتووه) دوەروویی دەوێت. بۆ ئـەوەی پزشاکی زانسـتێتی بکـەیتـه سـەر شـانت پێویسـته بە یەقینەوه شتەکان نەڵێیت، ئەو پزشاکه زانستییەش زۆر کەس دەخەلەتێنێت، بەڵام پرسیاری وردو ڕاستەوخۆ وەڵامـی وردو ڕاستەوخۆی دەوێت، ئێمـەش دەپرسین: فلان که باوەڕی بە فلانه شت هەیه ئایا باوەڕی بەوەشه که فلانه شته چارەسەره یان نا؟ ئەگەر باوەڕی پێیـەتی بۆچی ڕەخنه لـه (ئیسلام چارەسەره) دەگرێت گوایه دروشمێکه شتێکی یەقینی به خەلکی دەدات کەچی هەمان ڕەخنه لەخۆی ناگرێت؟ ئەو کەسه لـەم حاڵـەتـه ڕاستگۆ نییـه،

لەحاڵەتەکەی تریش گەمەمان لەگەڵ دەکات، واتە لەو حاڵەتەی باوەڕی وابێت ئەو فڵانە شتە چارەسەرە بەڵام دەشکرێت وا نەبێت لەگەڵ ئەوەش پێویستە ئەو شتە تاقیبکەینەوە.

کەواتە هەموو کەسێك باوەڕی بە چارەسەرێك، یان چەند چارەسەرێك، هەیەو پێویست ناکات دروشمی (ئیسلام چارەسەرە) ببێتە بابەتی ڕەخنە.

بگەڕێمەوە سەر میسری:

وتمان میسری دەڵێت کە نیزامەکانی پاش هەرەسی دەوڵەتی عوسمانی نادیموکراتی بوونو تەنها بەڕواڵەت عەلمانی بوون، ئیسلامییەکانیش گەشەیان سەند تا ئیسلام وەك تاکە چارەسەر بە خەڵکی ناوشیار بناسێنن چونکە چەپەکانو دیموکراتخوازەکان نەیانتوانی ببنە بەدیل.

لێرە یەکێك لەو چالانەی عەلمانییه ((بەبیانووەکان)) تێی دەکەون. ئەوان لەلایەك تەئکید لەسەر دیموکراسی دەکەن، بەڵام هەر کاتێك دیموکراسی دژ بەوان قسەی کرد پشتی تێدەکەن.

ئەو سەردەمانەی پێشووش کە تێیان ئیسلامییەکان بەشداریی پرۆسەی دیموکراتییان نەدەکرد قیرەی ئەو بەبیانووانە ئەوە بوو ئیسلامییەکان باوەڕیان بە بەشداریکردن لە هەڵبژاردنو دەنگدان نییه، بەڵام کاتێك ئیسلامییەکان ئەو بەشداریەیان کردو دەنگی خەڵکێکی زۆریان دەستکەوت بەدوای تەفسیرێك گەڕان، تەفسیرێك ئیسلامییەکانی پێ تاوانبار بکرێن، ئیتر لەوه باشتریان نەدۆزییەوە جەماوەر تاوانبار بکەن! بەڵێ بیانووەکەیان ئەوە بوو جەماوەر کامڵو وشیار نییه، خۆ ئەگەر ئەو جەماوەره هی ئەوان بووایه ئەو کاته دەگەڕانەوە سەر باوەڕی خواستی گەلو ئیرادەی میللی.

نموونەیەك لەسەر ئەوە، موناقەشەی دوکتۆر یوسف قەرەزاویو دوکتۆر

فوئاد زەكریا. ئەمەی دوایی پێش ئەوەی جەماوەر بەدەم ئیسلامییەکانەوە بچێت چۆکی بەرامبەر خواستی گەل دادابوو، بەڵام کە حاڵ گەیشتە ئەوەی ئەو خواستە بریتی بێت لە دەنگدان بۆ ئیسلامییەکان هەڵسایەوە سەرپێ و ئەژنۆی لە تۆز تەکاندو تفێکی کرده بتەکەی.

فوئادەکەی میسر لە وەڵامی دیاردەی جەماوەرێتیی ئیسلامییەکان و دەنگدانی زۆرینە بۆیان دەیوت کە فراوانیی ئەو قاعیدەی جەماوەرییەی باوەڕێکی هەیە نابێتە پێوانە بۆ سەرکەوتوویی ئەو باوەڕە مەگەر تەنها لە یەك حاڵەت ئەویش هۆشیاریی ئەو جەماوەرە ((تەواو گەییو)) بێت، قەرەزاویش ڕەخنەی ئەوەی لێ دەگرێت کە لەکوێ ئەو مەرجەی هێنا کە هۆشی ئەو جەماوەرە ((گەییو)) بێت، ئینجا نەك تەنها گەییو بێت بەلکو تەواو گەییو بێت، پاشان تەنانەت ئەگەر قبووڵی ئەوەشمان کرد کێ ماڵ ئەوەی هەیە بریار بدات ئەمەیان گەییوە و ئەوەیان وا نییە و ئەمەیان بەشێکی گەییوییە و ئەوەیان هەموویەتی.[80]

هێشتا ماوە بۆ ئەم بەشە باس بکرێت، بەڵام لێرە بە ڕاستییەك باسەکەمان دەهێنینە کۆتایی ئەویش کە ئیخوان وەك هەر حزبێکی سیاسی هەڵەی کردووە، هەندێ جار بەرامبەر لایەنەکانی تر، جاری واشە بەرامبەر بە خودی خۆی، گەورەترین هەڵەش ئەوەیە پێداچوونەوەیەکی فیکرو موماڕەسەی خۆی ناکاتو بەشێوەیەکی ناڕاستەوخۆ خۆی وەکو فیکرو کۆمەڵایەکی مەعسووم پیشان دەدات، هەر بەهانەیەکیش بۆ نەبوونی پێداچوونەوە لەشێوەی ((دوژمن سوودی لێ وەردەگرێت)) لەگەڵ ئیسلام ناگونجێت چونکە قورئان لە

---

[80] د. يوسف القرضاوي، الاسلام والعلمانية وجها لوجه، ل٨٩-٩٠.

لوتکەی ستەمی بێباوەڕان لە پێغەمبەرو شوێنکەوتوانی و لە ئەوپەڕی بێهێزیی موسلّمانان لە مەککە ڕەخنەی لە پێغەمبەر گرتووه، وەک ئایەتەکانی (عبس وتولّی، ان جاءه الاعمی..)، پێغەمبەر نەیوتبوو: خودایه بۆچی ڕەخنەم لێدەگری لەو کاتەی بێباوەڕان دژایەتیم دەکەن... پێداچوونەوە ئەو فەزیلەتەیه که کەم حزبی ئیسلامی، شانازی بەوه بکات که کردوویەتی.[81]

---

[81] وەکو حاڵەتێکیش ڕوویدابێت تەنها ئەم نموونەیه لەسەر هەڵەکانی ئیخوان، که لە لاپەڕەکانی پێشتر باسم کردبوو، وەردەگرمو که لە کتێبەکەی (باروت) هەیه (ئەمەشم هێنده کورت کردژتەوه که بەدلّنیاییەوه وێنەی تەواوی ئەو وەزعه نادات بەدەستەوه): لەو کاتەی ڕابەر، ئەلهوزەیبی، لەلایەن حکومەتی عەسکەرییەوه گیرابوو عەبدولقادر عوده که کاروبارەکانی ئیخوانی بەڕێوه دەبرد جۆره هەماهەنگییەکی لەگەلّ (بەرەی یەکگرتوو) کرد که بەپاڵ ئیخوان کۆمۆنیستەکانو وەفدییەکانو سۆزشیالیستەکانی تێ بوو، دوای بەردانی ڕابەرو سەردانی عەبدولناصر بۆ ئەمیان ڕابەر داوای چارەسەرێکی بۆ ولّاتەکه کرد، ئەوانەی سەرەوەش که پێشتر کۆمەکی ئیخوانیان کردبوو ئیخوانیان به خیانەتکردن لە مەسەله نیشتمانییەکەو پاراستنی ڕژێمی لە کەوتن تۆمەتبار کرد، سەربارى ئەوەش عەبدولناصر بەلّێنەکانی خۆی بۆ ئیخوان جێبەجێ نەکرد (بڕوانه دریژەی ئەوه له باروت، ١٨٦ - ١٩٠). ئەو ڕاستییه مێژووییەش باسکراوه که کۆمۆنیستەکان له چەند موناسەبەیەک دیفاعیان له ئیخوان دەکرد.

تەکفیر.. هیجرەت.. جارێکی تر ئیخوان

خوێنەر ئێستا شارەزای ئەو کارانە بووه که
میسری کردوونی: بردن، تەزویرکردن،
قسەکردن به نەشارەزایی، تێنەگەیشتن له
زانیارییەکان

میسری بەشی چوارەم بۆ تەکفیر تەرخان دەکات(ل٣١٣ بەدواوه) بەوەشو
بــەو لاوەکیــەش کــه لــەبارەی (هیجــرەت)ـــەوەیەو تــەنها (١٨) لاپەرەیــەو
هەروەکو سەرجەم کتێبەکەی سادەییەکی زاڵ هەیه که نەیهێشتــووه بــەوردی
له مەسەلەی تەکفیر تێبگات.

دوای ئەوه بەشی پێنجەم بەناوونیشانی (ئیخوانو تیۆری دەسەڵات) دێت
که ٢٦ لاپەرەیه (٣٥٦–٣٣١).

حاکمیەت

ســادەییو بێئاگایی نووسەر لــەوه دەردەکــەوێت که جارجار مارکسیــەتی
خۆیمان پیشان دەدات (راستتر مارکسییەتێکی سەقەتکراو) بەڵام رەخنەیــەك
دەهێنێتەوه که بەسەر چەپەکانیش، بەتایبەت رادیکاڵەکان، دەچەسپێت.
میسری (ل٣٢٧–٣٢٥) باسی رەوتێکی ئیسلامیی گۆشەگیر دەکات که
دەیــەوێت بیروباوەری خۆی بەسەر کۆمەڵگە بسەپێنێت، دەشلێت ئەمانه
خەون بەشتێکەوه دەبینن که مەحاڵه لەواقیع بۆیان بێته دی بۆیه پێویستیان

بەوە هەیە هێز بە دەروونیان ببەخشرێت، ئەوەش لە کەسایەتیی (میر)
دەبیننەوە، ئەو میرەش لەرێی بەکارهێنانی چەمکی حاکمیەت، هەروەها
لەرێی بەیعەتەوە قودسیەتی پێدەبەخشرێت(ل٣٢٧-٣٢٨).

میسری کاتێک ئەوە دەڵێت مارکسیەتی خۆی لەبیرنامێنێت چونکە دابڕان
لەکۆمەڵگە حاڵەتێک تووشی هەموو ڕەوتەکانی گۆڕانکاری دەبێت، ئەمانەش
بۆیە دەیانەوێت گۆڕانکاری لە کۆمەڵگا بەئەنجام بگەیەنن چونکە هەست
بەجیاوازی خۆیانو بیروباوەڕەکانیان دەکەن، چەندیش ئەو جیاوازییە قووڵ
بێت ئەوەندە گۆشەگیرییەکە، ئەگەر دەروونیش بێت، گەورەتر دەبێت، لە دوو
حاڵەتیش ئەو ڕەوتە دەگاتە ڕێگەچارەی تونددوتیژ: ئەو کاتەی دەسەڵات
ڕێگەی چالاکیی ئاشتییانەی لەبەردەم دادەخات، ئەو کاتەش کە ڕێگەکە
دانەخراوە بەڵام تاقمێکی ناو ئەو ڕەوتە هەڵگری فیکری دەستێپێشخەریکردن
لە تونددوتیژی بێت.

ئەمە وەکو چۆن بۆ ئیسلامییەکان ڕاستە بۆ چەپەکانیش ڕاستە، بۆ
ئەوپەڕی ڕاستیش هەر ڕاستە، بەڵام لەبەرئەوەی میسری بەنیازێکەوە قسە
دەکات ئەوەی تایبەت بە تەنها ئیسلامییەکان کردووە. مەسەلەیەکی تر
دەمێنێتەوە: گوایە خواستی ئەندامان بۆ هێزێکی دەروونی، ئەو هێزەش
پێشەواکە دەییبەخشێت، ئەو پێشەوایەش لەرێگەی حاکمیەتو بەیعەتەوە
قودسیەت بەخۆی دەدات. ئەم مەسەلەیەش دیسان لەناو ڕەوتە چەپەکانیش
هەیەو هەر ئەوەندە حاکمیەتی شەریعەتو بەیعەت بگۆڕین بە وشەی تر، بۆ
نموونە ڕەوایەتیی خەباتی چینایەتیو گوێڕایەڵی بۆ سەرکردە یان بۆ حزبی
پێشەوا.

شتێکی تر کە هەردوو ڕەوتە ئیسلامییە ڕادیکاڵەکەو چەپە ڕادیکاڵەکە تیا

بەشدارنو میسری لەو ئاستە نییە بیزانێت ئەوەیە مەسەلەى حاکمیـەت (یان بەرامبەرە چەپەکەى) لەدەورى پێشەوا کەمدەکاتەوە.

حاکمیـەت کاتێک بەسەر مێشکی ئەندامان زاڵ دەبێت دەبێتـە پێوانەیـەك بـۆ کەسەکانو رووداوەکانو هەڵوێستەکان. حاکمیـەت کاتێک لەئەسڵ لاى خەوارج سەرى هەڵدا دژى تـەحکیمکردنی مرۆڤ بوو، ئـەوان دەیانوت قورئـان حـوکم دەکات نەك مرۆڤ، پێشەواش لاى خەوارج زاراوەى "یەکـەمى هاوشانەکان" یان "یەکـەمى نـاو یەکسانەکان" primus inter pares دەیگرێتـەوە.[82]

لەم زەمەنەى ئێمەش ئەوپەڕى سەخافەتـە بوترێت ئەو کۆمەڵانەى تەئکید لەسـەر حاکمیـەت دەکـەن قودسییەتتان بە پێشـەواکەیان داوە، لـە هەندێ کۆمەڵى کۆنو نوێ تەنانـەت پێشـەواکە لەسـەر هەڵوێستێک تـەکفیر دەکـراو تەنانـەت دەشکوژرا، لەمەشـەوە بەیعـەت لاى ئـەو تاقمانـە ئەگـەر چـی گوێرایەڵییـە بـەڵام پـیرۆزى نییـەو زۆر بەئاسـانی تاکـەکان سەرپێچیان لەفەرمانەکان دەکرد چونکە بەهۆى حاکمیـەتەوە فەرموودەى (لاطاعة لمخلوق فی معصیة الخالق) ئامادەییەکی بەهێزو بەردەوامی هەبوو، بەڵکو بەئاسانیش بەیعـەت هەڵدەوەشایەوە.

بەکورتی لەناو ئەو جۆرە کۆمەڵانە وەلائ بۆ فیکرە بەهێزترە لە وەلائ بۆ کۆمەڵەکە، هەمووش دەزانن کە ئەو کۆمەڵە لەسـەر بناغـەى ئـەو فیکرەیـە دامەزراوەو هەر لادانێک قبووڵ نییەو زۆر جار بە ئیجتیهادێک کارێکی دیاریکراو بە لادان دەزانرێت.

لەمەشـەوە دەزانین قسەکەى میسرى چەند بێبناغـەیە کاتێک ئێخوانی کاتی

بەننا بە نموونەیـەكی ئـەو كۆمەڵـە دەزانیـت كـە پێشـەواكەی بـەهۆی حاكمییەتـەوە قودسییەتی وەرگرتووە. بەننا خاوەن كاریزما بوو ئەوە ڕاستە، بەڵام بناغەی كاریزماكەی حاكمییەت نەبووە.

ئیخوانو (ڕەزا)

میسری بەشی پێنجەمی كتێبەكەی كە ناوی (ئیخوانو تیۆری دەسەڵات، ل، ٣٣١ بـەدواوه) بە ڕستەیەك دەستپێدەكات: ((كەسـێك بیـەوێ بـەقوڵی لـە گوتـاری سیاسـیی ئیخـوان تێبگـات ناچـار دەبـێ بگەرێتـەوه سـەر تێـزە فیكرییـەكانی موحەممـەد ڕەشـید ڕەزا))، وەك بلێیت میسری بـەقوڵی لـەو وتاره تێگەیشتبێتو بەڕاستی گەڕابێتەوه سەر (ڕەزا).

هەموو ئەوەش كە میسری لەبارەی ڕەزاوه دەیلێیت ئەوەیه ناوبراو نه بە كاربەدەسـتانی ئەزهـەر رازی بـووه كـه كتێبە فیقهییـه كۆنـەكان لاسایی دەكەنەوەو نه بە ڕۆشنبیره عەلمانییەكانیش ڕازی بووه كه یاساو سیسـتەمه ئەوروپییـەكان لاسایی دەكەنەوه. ڕەزا بـەنیاز بـوو حزبێك دابمـەزرێنێت نـه پابەندی بیروڕای پیاوانی ئەزهـەر بێتو نـه چاو لەتەوژمی عـەلمانی ڕۆژئاوا بكات(ل٣٣١).

ئەگەر ئەمه هەموو ئەو بناغەیـه بێت كـه ئیخـوان وتـاری سیاسـیی خـۆی لەسەر بنیات نابێت كەواته بناغەیەكی سادەیه.

ئیخوانو هێز

یان نەزانییه یان تەزویره، كه هەردووكیان بۆ میسری دەشێن، كه باسـی هێـز لەلایـەن حەسـەن ئەلبـەننـاوه [83] لەسـەر دەسـتی میسـری

---

[83] بڕوانه: د . حیدر ابراهیم علی، التیارات الاسلامیة وقضیة الدیمقراطیـة، ل١٩٥، میسری ئەو باسەی لەو كتێبه وەرگرتووه، ئەو كتێبەش نامەكانی بـەننا وەكـو سەرچاوه

سـەقەتدەکرێت(ل٣٣٨). بەننا بـەم جـۆرە باسـی هێز دەکـاتو بـەم جـۆرە باسەکەی دەستکاری دەکرێت:

-((هێز دروشمی ئیسلامە- القوة شعار الاسلام)) میسریش وای لێدەکات: بەکارهێنانی هێز لەپێناو بڵاوکردنەوەی ئاینی ئیسلام یاسایەکی خودابیە.

-((چیت لـە مرۆڤێک دەوێت شـوێنی ئـەو ئاینـە دەکـەوێت ئـەوە نـەبێت لـەهـەموو شـتێک بـەهێز بێتو دروشمەکـەی بـریتی بێت لـە: هێز لەهـەموو شتێک)).. میسری وای لێدەکات: هێز لە ئاینی ئیسلام هەموو شتێکە.

-((دەبێت ئیخوانی موسلمون بەهێز بنو پێویستە بەهێزەوە کار بکـەن- ولابد ان یعملوا فی قوة)) میسری دەیکات بە : ئیخوان دەبێ خاوەن هێز بێو دەبێ بەکاری بهێنێ.

ئیسلامییەکانو عەرەبایەتی

میسری بەڕاستی شارەزای شتێکی تـرە، ئـەو شارەزای ناشـیرینکردنی بەرامبەرە.

ئـەوەتا جارێکی تر دەیەوێت خوێنەری کورد وابزانێت بزاڤە ئیسلامییەکان قـەومینو تـەنها عـەرەبیان مـەبـەستە. نکـولیش لـەوە ناکرێت کـە هـەستی نەتەوایـەتی کـەم تـا زۆر لـەناو کۆمەڵـە ئیـسلامییەکان هـەیـە، بەوانـەی کوردستانیشەوە، بەڵام ئەو وێنەیەی بۆیان دەکێشرێت زیادەرەوییـەکی زۆدی تیایـەو مـەبـەستەکە، وەک وتم، تـەنها ناشـیرینکردنی بەرامبـەرە (لـەخوارەوە زیاتر لەسەری دەڕۆم).

میسری (ل٣٣٣-٣٣٤) دەڵێت ڕابەری دووەمی ئیخوان (ئەلهوزەیبی) تەنها

دەنووسێت، میسریش لێرەو لە شوێنی ترو بۆ زیادکردنی ژمارەکەی سەرچاوەکانی نـاوی کتێبەکانی نامەکانی بەننا وەکو سەرچاوەی حەڵاڵی خۆی دەنووسێت.

باسی مەسیحییەکانی کردووە بۆ مەسەلەی ئازادیی ئایینیو جوولەکەی
پشتگوی خستووە هەرچەندە ئەوانیش هەر (أهل الذمة)ن بەم جۆرەش وتاری
هوزەیبی ڕاستەکەی قەومییە لە پۆشاکێکی ئاینی: ((بۆیە بزوتنەوەیەکی تا
سەرمۆخ ناسیۆنال هەڵوێست لە خەلکی جوو وەردەگرێتو ئەنجام ڕوو
ڕاستەقینەکەی ئاشکرا دەکات)) (ل٣٣٤).

ئەمەیە مەبەستی میسری. تەعبیری ((سەرمۆخ ناسیۆنالّ)) بەسە بۆ
ناسینی گیانی زیادەڕەوی لە حوکم.

میسری ئامانجەکەی بەننا، ئەویش یەکێتیی موسڵمان بە مەترسی دەزانێت
چونکە تایبەتمەندییە نەتەوەییەکانی موسڵمانی غەیرە عەرەبەکان ناهێلّێتو
ئەو میللەتانە لەناو بۆتەی یەکێتییە ئایینییە دەتوێنێتەوە(ل٣٣٦).

ئەو مەترسی نییە بەلّکو ترساندنە، مێژووش بەدڕۆی خستۆتەوە چونکە
ئەو یەکێتییە ئاینییە چواردە سەدە هەبوو، سەنتەری فەرمانڕەوایی لە
بەشێکی ئەو ماوەیە عەرەبی بووە بەلّام نەمانبینی تایبەتمەندییە
نەتەوەییەکانی غەیری عەرەب (جگە لە نەتەوەی کەمی نزیك لە عەرەب وەکو
ئەنباتەکان) فەوتابن.. ئەوەتا پاش ئەو ماوەیە زمانەکانی ئەو میللەتانە
ماونو خۆشیان ماونو هەندێکیان تەنانەت گەشەشیان سەندووە.

بەلّام با ئەو بەلگە مێژووییە بچێتە ئەولاوەو باس لە وەهمێکی تایبەت بەم
مەسەلەیە بکەین. ئەو وەهمە باوە دەلّێت عەرەب ئاین بۆ تواندنەوە یان بەلای
کەمەوە بۆ کالّکردنەوەی تایبەتمەندییەکانی نەتەوەکانی تر بەکار دەهێنن.
بەلگەی یەکەمی دژی ئەم قسەیە ئەوەیە ئەو عەرەبانەی کە ڕەوتی قەومییان
هەلّبژاردووە خۆیان لەڕووی ئیسلامییەوە کالّبوونەتەوەو هەموو تەرکیزیان
لەسەر نەتەوەی عەرەب بووەو باسی پەیوەستی ئیسلامییان نەدەکرد،

دەمێنێتەوە ڕەوتە ئیسلامییەکانو سەلماندنی ئەوەی کە ئەو ڕەوتانە ئاین بۆ ئامانجێکی قەومی بەکاردەهێنن. ئەگەر ئەوەش ڕاست بوایە هەر لەڕێوە دەبوونە کۆمەڵێکی نەتەوەییو پێویستی نەدەکرد بە هەبوونی ئەو ڕەوتە ئیسلامییەی کە ئەو کاتە هێندەی ڕەوتە قەومییەکە باوی نەبوو. ئەوانەش کە ئاینو نەتەوەیان تێکەڵ کردووە بەشێوەیەکی تر کاردەکەن: ئەوانە تەئکید لەسەر ئیسلام دەکەنو چارەسەری ئیسلامییان هەڵبژاردووە، بەڵام باوەڕیان وایە کە وڵاتە عەرەبییەکان، یان ئەو وڵاتە عەرەبییەی تیا دەژین، دەبێتە مەرکــەزی بووژاندنــەوەی ئیســلامو عــەرەبو دەورێکــی مەرکــەزی لــەو بووژاندنەوەیە دەبینێت، ئاشکراشە ئەمە جیاوازە لە ڕەوتێک هەر لەسەرەتاوە ئامانجێکی قەومیی هەیە بەڵام بەرگێکی ئاینی دەکاتە بەر کە بڕوا ناکەم کۆمەڵەیەکی وا هەر هەبووبێتو ئەگەر هەشبووبێت کۆمەڵێکی لاوازو ناوچەییە چونکە مەنتیقی شتەکان قبووڵی ناکات.

ئــەو بۆچوونەش ناواقعییە کە دەڵێت ئاین لای کۆمەڵە ئیسلامییەکان پردێکە بۆ ئامانجە نەتەوەییەکان چونکە عەرەب لەناو جیهانی ئیسلامی کەمایەتین، لەناو ملیارێک وسیٚ سەد ملیۆن موسڵمان تەنها سیٚ سەد ملیۆن عەرەب هەن، دانیشتوانی وڵاتێکی وەکو ئەندەنوسیا بەتەنیا زیاتر لە نیوەی هەموو عەرەب دەبن.. ئەمە یەکێک بوو لەو هۆیانەی بزاڤی نەتەوەیی عەرەب لــە پەیوەستی ئیسلامی دوورکەوتبووەوە چونکە دەیزانی لەڕێگەی ئەو پەیوەستەوە ئەوان دەبنە کەمایەتی نەک ئەوان بتوانن غەیری عەرەب بتوێننەوە یان بتوانن تایبەتمەندییە نەتەوەییەکانی غەیری عەرەب بسڕنەوە، هەر خۆشیان دەزانن کە زمانی قورئان کە عەرەبییە نەیتوانیوە ئەو کارە بکات چونکە قورئان لە جیهانی ئیسلامی هەر ئەو قورئانەیە کەچی ئەو

میللەتانە هەر بەزمانی خۆیان دەنووسنو دەخوێننەوەو کەمێکیان عـەرەبی دەزانن.

گوێڕایەلّی و مافی شۆڕش

میسری قسەی ئەوانە دووبارە دەکاتەوە کە لە نیزامی ئیسلامی گوێڕایەلّیی فەرمانڕەوا واجبەو ئەمە دەکەنە پێچەوانەی نیزامە دیموکراتییەکان، میسری ئەوەش دووبارە دەکاتەوە، بەلّام بێنەوەی بیر لە ئەنجامەکانی بکات، کە موسلّمانان کاتێک مافی یاخیبوونو سەرپێچییان هەیە کە فەرمانڕەوا بەحوکمی شەریعەت کاری نەکردو لە ڕێوڕەسمی ئیسلام لایدا(ل٣٤٠).

ئەم مەسەلەیە –کە زۆریەی ئەو کەسانەی لەبارەی نیزامی ئیسلامییەوە دەنووسن بەلای تێپەردەبن– ئەوەیە ئیسلام مافی شۆڕش داوە بەو گەلـەی دەسەلّاتەکەی لە ئیسلام لابدات، نەك تەنها ماف بەلّکو ئەو شۆڕشەی بە ئەرك زانیـوە. سـەرەتای ئـەو شۆڕشـەش سەرپێچـیکردنە لـە فەرمانـەکانی فەرمانڕەوایە(لاطاعة لمخلوق في معصية الخالق)، ئاستێکیش لـەوە بـەرزتر ئەوەیە میللـەت ئـەو فەرمانڕەوایە لابـەرێت، ئیشـکالەکەش لـەوەیە ئەگـەر فەرمانڕەواکە کار بە هەندێ یاسای ئیسلامی نەکاتو لەهـەمان کات هەندێ ڕێوڕەسمی ئیسلامی جێبەجێ بکات.

ئـەم مافـەش، واتـە مـافی شۆڕش، مەسـەلەیەکی فیکریـی سـەدەکانی ڕابردووی ڕێژئاوا بوو بەلّام پێش ئەوە شتێکی زانراو بوو لەجیهانی ئیسلامی، تـا ئێستاش هـیچ دەستوورێك بڕگەیـەکی تیا نییـە بـۆ مافی شۆڕش دژی حکومەتی ستەمکار.

پیاوانی ئاینی

میسری دەلّێت کە بەبڕوای ئێخوان نوێنەرانی گەل بریتین لە (أهـل الحلو

العقد) ئینجا دەڵێت: بەڵام لە دیدی ئیخوان (أهل الحل و العقد) ئەوانەن کە شارەزای شەریعەتن، واتە پیاوانی ئاین(ل٣٤١).

وەکو هەڵەی هەموو کەسێک شت لەملاو لەولا کۆدەکاتەوە میسری ئاگای لەخۆی نییە کاتێک ئەوە دەڵێت چونکە دوای ١٢ لاپەرە هەر خۆی قسەکەی حەسەن ئەلبەننا دەهێنێتەوە سەبارەت بە (أهل الحل والعقد) کە لەناو سێ تاقم تەنها یەك تاقمیان زاناو موجتەهیدن، لەو لاپەرەیەشرو تەنها بۆ مەبەستی عەیب دۆزینەوە ئەو دەستنیشانکردنە بە کاری ناچاریو بە ناڕۆشنیی فیکری ناودەبات(میسری، ل٣٥٣، بڕوانە خوارتر). بێگومان میسری ئەوەش نازانێت کە ئەو دەستنیشانکردنە هی خودی بەننا نییە بەڵکو هی فەقیهەکانی ئیسلامە.

جگەلەوەش نەشارەزاییەکی تری میسرییە کە ئەوەی شارەزای شەریعەتە پیاوی ئاینییە. شەریعەت زانستێکە لە زانکۆکان دەخوێنرێتو هەر کەسێك شەریعەتی تەواو کردبێت نابێتە پیاوی ئاین، جگە لەوەی کە لە ئیسلام پیاوانی ئاین وجوودیان نییەو ئەوەی لە ئیسلام هەیە (زانایان)ـە کە بە کوردی بەهەڵە پێیان دەوترێت زانایانی ئاینی.

دەشبوایە میسری بیزانیایە کە کۆمەڵەی ئیخوان بەهیچ شێوەیەك قبوولی ئەو پێناسەیە بۆ (أهل الحل و العقد) ناکات چونکە ئەگەر ئەوانە (پیاوانی ئاینی) بن ئەی سەرکردەکانی ئیخوان، بە بەنناوە چ دەورێکیان دەبێت؟ میسری چونکە لێرەو لەوێ کۆدەکاتەوە خۆی بەوە ماندوو ناکات ئەو زانیارییانە لەیەك بدات باسی دامەزراندنی ئیخوان لەسەر دەستی بەننا، کە زانراوە ((پیاوی ئاینی)) نییە، دەکات کە لە شەش کەسی یەکەم پێکهاتبوو: شۆفێرێك، باخەوانێك، پاسکیلچییەك (میسری دەڵێت عەرەبانچیی)،

ئوتووچییەك، دارتاشێك، سەرتاشێك! (ل٢٠٤).

كەواتە دەبێت كۆمەلّەكە، كە تەنها بەشێكی كەمی سەركردەكانی پیاوانی ئاینین، كۆشش بكات تا لەكۆتایی حوكم بداتە پیاوانی ئاینیو خۆی بچێتە ئەولاوه !

میسری كە وەكو زۆر نووسەری بێتوانای تر خۆی بە چەند كلێشەیەك دەبەستێتەوە جارێكی تر خۆی ماندوو نەكردووە لەهەمان كتێب وردبێتەوە كە زانیارییەكانی بە سەڵەتی لێوەرگرتووە، واتە كتێبەكەی (دەپرِاچو بارووت)، تا بزانێت چۆن بەشێكی لاوەكی لەو كتێبە هەیە بەم ناوونیشانە: ((لە رِێكخراوێكی شێخەكان بۆ رِێكخراوێكی ئەفەندییەكان))(بارووت، بەرگی یەكەم، ل٥٥-٥٧)و تیا دەلّێت لەكۆی١١٢ نوێنەر لە كۆنگرەی سێیەمی كۆمەلّەكە ٥٣ نوێنەریان هی قاهیرەی پایتەخت بوونو لەو ٥٣ یە تەنها ٩ كەسیان سەر بە توێژی ((شێخەكان)) بوون كە لە وەزیفەی ئاینی كاریان دەكرد یان دەرچووی ئەزهەر بوون، نوێنەرەكانی شوێنەكانی تریش بەنیوەیی لەنێوان ئەفەندییەكانو شێخەكان دابەش ببوونو زۆرتریان ئەفەندی بوون، رەنگە لەبەر ئەوەش بووبێت ئەندامانی نووسینەگەی گشتیی رِابەرایەتی، كە لە ئەنجامی ئەو كۆنگرەیە دروست ببوو، لە توێژی ئەفەندییەكان بوون(بارووت ل٥٥-٥٦).

شوورا

میسری دوای ئەوەو لە باسی شوورا بۆ جار سەدەم دەیسەلمێنێت كە شارەزا نییەو كارەكەی تەنها كۆكردنەوەی زانیارییە كە بەشێكیان بەسەڵەتی كۆیان دەكاتەوەو بەوەش ناوەستێت بەلّكو تێكیشیان دەدات.

میسری دەلّێت كە ئیخوان وەك هەر رِەوتێكی تری مەزهەبی كە شوورا

دەکاتە بناغەی دەسەڵات پشت بە دوو ئایەتی (وأمرهم شوری بینهم– الشوری ٣٨)و (وشاورهم فی الأمـر–آل عمـران ١٠٩)، دەبەسـتێت بـەڵام ((گوتارەکـە مەودای مێژوویی و هۆی هاتنی ئەم دوو دەقە پشتگوێ دەخا ئەو دوو ئایەتـە هیچ پەیوەندییەکیان بەمەسەلەی دەسەڵاتەوە نییە)) (ل٣٤٢).

میسری دەڵێت کە ئاشکرایە ئایەتی یەکەم (مەککی)یە و ئەو کاتـە ئیسلام بریتی بـووە لـە بـاوەڕ نـەک دەسـەڵاتو دەلالـەتێکی ئـەخلاقیی هەیـە کـە موسـڵمانان پـرس بـە یـەکتر دەکـەن! هیـچ فـەرمانێکی تیایـە، لـەبارەی مێژووشەوە سەرچاوەکان باسیان کردووە کە ئەو ئایەتە لەکاتی شەڕی (بەدر) هاتووە(ل٣٤٢).

نەزانی لەم قسانە کەلەکە بووە بۆیە پێویستی بە شیکردنەوەیە:

١– مەرج نییە ئەو ئایەتە فەرمانی تیا بێت چونکە فەرمانەکە لـە بەلگەی ترەوە وەرگیراوە ئەویش ئایەتی (وشاورهم فی الأمـر) هـەروەك چـۆن ئایـەتی (والذین هم علی صلاتهم یحافظون) کە ئەمـە وەکـو ئایـەتی (وأمـرهم شـوری بینهم) وەسفێکی ئیماندارانەو فەرمانی تیا نییە ئینجا ئایا دەتوانین بڵێین نوێژ ئەرك نییە ؟

٢– لەلایەك دەڵێت ئایەتی (وأمرهم شوری بینهم) مەککییەو دوایی دەڵێت لە شەڕی (بەدر) هاتووە کە هـەر کەسـێك شـتێکی کـەمی لـەبارەی مێژووی ئیسلامەوە خوێندبێتەوە دەزانێت شەڕی بـەدر لـە مـاوەی مـەككی نـەبووە، میسری پێویستی بە خوێندنەوەی مێژووش نییە چونکە ئەوەتا هـەر خـۆی دەڵێت کاتی مەککە ئیسلام باوەڕ بووەو هـیچ شـێوە دەسـەڵاتێکی نـەبووەو نەیویستووە کەچی دوای کەمتر لە چوار دێڕ دەڵێت ئایەتەکە لە شـەڕی بـەدر بووە.. کە دیارە شەڕو پێکدادان لەکاتی نەبوونی دەسەڵات لەمەککە نەبووە.

٣- میسری دەنووسێت کە ئایەتی یەکەم لەکاتی شەڕی بەدر بووە کە گوایە موسڵمانان بەرلەوەی پەلامار بدەن پرسوڕا بەیەکتر دەکەنو دوومیان لەدوای شەڕی (ئوحود) بووە کە پێویستە پەیامبەر بەر لە هێرشبردن پرسوڕا بە یاوەران بکاتو پاشان بڕیار بدا(ل٣٤٢). زانیمان ئایەتی یەکەم مەکەییەو کاتی شەڕی بەدر نەبووە، ئینجا میسری بۆ هەردوو ئایەتەکە باسی هێرشو پەلامار دەکات کە ئەوە هەڵەیەکی تەواوە چونکە شەڕی ئوحود بریتی بوو لە هێرشی موشریکەکانی مەککە سەر مەدینە، پێغەمبەریش وای بۆچووبوو لە مەدینە بمێنێتەوەو بەرگری بکەن بەڵام بەشێك لە موسڵمانان کە بەشداربیان لەشەڕی بەدر نەکردبوو ویستیان بچنە دەرەوە، پێغەمبەریش بەناچاری قبووڵی ئەو ڕایەی کرد، دواپش کە موسڵمانان شکان قورئان نەیوت پرسکردن بە موسڵمانان هەڵە بوو و چیتر پرسیان پێ مەکە بەڵکو بەپێچەوانەوە فەرمانی دا پرسیان پێ بکاتو بەم شێوەیە ڕێگەی لە خەڵکانی ئەو سەردەمەو هەموو سەردەمەکانی تر گرت ئەو ڕووداوە بکەنە بەڵگە لەسەر هەڵەی پرسکردنی فەرمانڕەوا بە موسڵمانان.

یەکێك لە ساختەکارییەکان لە مێژوو قسەکەی میسرییە کە گوایە ئەبو بەکر بەیعەتی بە شمشێر وەرگرت چونکە نە بنەماڵەی هاشمی کە (عەلیو فاتیمە) ڕێبەرایەتییان دەکرد بەیعەتیان پێنەداو نە زۆربەی ئەنساربیەکان(ل٣٤٣).

لەو ڕووداوەی (السقیفة) ئەنساربیەکان ویستیان خەلیفە لە خۆیان بێت، بەڵام پاش موناقەشەی هەردوو لا ئەنساربیەکان بە خیلافەتی ئەبوبەکر قەناعەتیان کردو بەیعەتیان پێ دا، سەبارەت بە عەلیو ئەوانەی لەگەڵی بوون ڕوایەتی صەحیح هەیە کە عەلی پاش مردنی فاتیمەی ژنی، کە شەش مانگ دوای ڕووداوەکە بوو، بەیعەتی بە ئەبو بەکر دا، بەڵام ڕوایەتی صەحیحیش

هەیە کە عەلی دوای ڕووداوی سەقیفە بەیعەتی بە ئەبو بەکر دا.[84]

میسری دەیەوێت بنەمای شوورا لای ئیخوان بەدرۆ بخاتەوە گوایە خۆی وتەنی ((خۆناشیؒ لە خەلیفەکانی ڕاشدین موسڵمانترو شارەزای شەریعەت بن!)) (ل٣٤٣)، ئینجا دەڵێت ئەوانەشو خەلیفەکانی دوای خۆشیان بە هەڵبژاردن دانەنراون. میسری باسی ئەبوبەکر دەکات کە بە شمشێر بەیعەتی وەرگرت ئینجا عومەر کە ئەبوبەکر داینا بەڵام ئەوەش ناڵێت کە خەڵک دوای ئەو دانانە بەیعەتیان داو دەیانتوانی بەیعەت نەدەن، باسی کارەکەی عومەریش دەکات کە دەستەیەکی دەستنیشان کرد یەکێکیان بکرێتە خەلیفەو لەئەنجام عوسمان کرا بە خەلیفە(٣٤٣). بێگومان ئەو ناتوانێت دەرك بەوە بکات کە لەچاو ئاستی گەشەسەندنی کۆمەڵگەی ئەو سەردەمە دانانی خەلیفە بەو شێوەیە هەنگاوێکی پێشکەوتووی شوورایە.

میسری کە زۆر لە مێژووی ئیسلام نازانێت ناشزانێت کە دوایی کە عوسمانو عەلی مانەوە عەبدوڕڕەحمان کوڕی عەوف کە سەرپەرشتیی هەڵبژاردنەکەی دەکرد پرسی بەهەموو کەسێك کردو تەنانەت پرسی بە کچانی پشت پەردەو تەنانەت بە مندالانیش کردو زۆریەیان عوسمانیان لەلا پەسەندتر بوو.. ئیتر چی لەوە زیاتر بۆ ئەو سەردەمەو بۆ شارستانیی ئیسلامی کە تازە گەشەی دەسەند داوا بکەین؟

میسری بەنەشارەزایی قسە دەکاتو دەنووسێت لە دانانی عومەرو عوسمان هیچ حسابێك بۆ ویستو خواستی تاکەکەسی موسڵمان نەکراوە،

---

[84] بۆ ئەمانە بڕوانە موناقەشەیەکی دوورودرێژی ئەو ڕووداوە لەگەڵ ڕیوایەتەکانی تەبەریو ڕیوایەتی تر لە: صحیح تاریخ الطبري، مجلد ٣، الخلافة الراشدة، ط١، ٢٠٠٧، ص١٧-٢٨.

میسری دوای ئەوە دێتە سەر عەلی و ناتوانێت یان ناوێرێت بڵێت چۆن بوو بە خەلیفە و تەنها دەڵێت نە خەلیفەی پێش خۆی کاندیدی کردو نە وەک عوسمانیش دانرا(ل٣٤٣).

زانیمان عوسمان دانەنرا بەڵام نەمانزانی عەلی چۆن بووە خەلیفە، میسری یان نازانێت و لەخۆیەوە قسە لەسەر مەسەلەی شوورا دەکات یان دەزانێت بەڵام ناوێرێت باسی بکات و لەجیاتی ئەوە خوێنەر بەو قسەیە دەخەڵەتێنێت.

دوو خاڵی گرنگ هەن باس بکرێن: یەکەمیان شوورا تەنها دانانی خەلیفە نییە بەڵکو بەڕێوەبردنی وڵاتیشە، دووەمیش کەسێک شارەزای مێژووی ئیسلام بێت دەزانێت شوورا بووە خولیایەکی کۆمەڵگەی موسڵمان. ئەوەی موعاویە کوڕی ئەبو سوفیان کردی، بۆ نموونە کە کوڕەکەی دانا، لەسەر دڵی موسڵمانان زۆر زەحمەت بوو چونکە لاسایی نیزامی قەیسەری، زیاتریش هی کیسرایی بوو کە نیزامی پادشایەتی بوو نەک خیلافەت. ئەو خولیاییە تەنانەت تا زۆر درەنگتر بەردەوام بوو. دووریی ئەو نیزامە لە بنەماکانی فەرمانڕەوایی ئیسلام وای کرد خەلیفەی دادپەروەری ئومەوی عومەر کوڕی عەبدولعەزیز کە ساڵی ٩٩ ی کۆچی بووە خەلیفە بڕیار بدات نیزامی شوورا بگەڕێنێتەوە و خەلیفەی دوای خۆی بە شوورا دابنرێت بەڵام ڕانەگەشت ئەوە بکات.

میسری لەسەر نەشارەزایی خۆی بەردەوام دەبێت کاتێک دەڵێت خۆکاندیدکردن بۆ پایەی خیلافەت بە چەند کەسێکی کەمی دەسترۆیشتووی خاوەن پایە و پلەی کۆمەڵایەتی ڕەوا بینراوە(ل٣٤٣). ئەگەر مەسەلە دەسترۆیشتن و پلەوپایەی کۆمەڵایەتی بێت دەبوایە پیاوە گەورەکانی قورەیش یا ئەنصارەکان کاندیدی خیلافەت بووایە. گوێنەدان بە پلە و پایەی کۆمەڵایەتی لە قسەکەی عومەر دەردەکەوێت کە وتبووی ئەگەر (سالم) زیندوو

بوایە دەمکردە خەلیفەی دوای خۆم بەمەرجێک سالم (مەولا)ی (حوذەیفە)، واتە کۆیلەی ئەو بوو و ئازادی کردبوو.

میسری تەنها بۆ ئەو مەبەستەی هەیەتی لەخۆیەوە قسە دەکاتو دەڵێت کە ئەو کاتە شووڕا بووە مەسەلەیەکی فیقهی کە غەیری عەرەب هەستیان بە پێگەی کۆمەڵایەتیی خۆیان کردو ((گەلانی غەیری عەرەب بە مافی خۆیان دەزانی پلەی خیلافەت یاخود ئیمامەتیان پێ ببڕێو هەوڵیان دا چەمکی شووڕا بکەنە میکانیزمی وەرگرتنی دەسەڵات))(ل٣٤٤).

میسری جگە لەوەی نموونەی نەهێناوە ئەوەش نازانێت کە بەشێکی ئەوانەی باوەڕیان بە شووڕا هەبووە باوەڕشیان وا بوو پێویستە خەلیفە لە قوڕەیش، کە تیرەیەکی عەرەبە، بێت، واتە مەسەلەی شووڕا پەیوەندیی بە عەرەبایەتییەوە نییە، جگەلەوەش زۆوتر خەوارج، کە سنووردارییی دەسەڵاتی ئیمام لایان گەیشتبووە ئەوەی ئوممەت بۆی هەیە ئیمام لابەرێت بەڵکو بیشیکوژێت، باوەڕیان وا بوو قوڕەیشێتی (کە میسری دەڵێت ئەبوبەکر کردبوویە مەرجێکی سەرەکی بۆ خیلافەت)[85] و تەنانەت عەرەبایەتی مەرجی خیلافەتو ئیمامەت نییە، زانراویشە بزوتنەوەی خەوارج لەناو عەرەب سەرییەڵدا.

میسری زیاترو زیاتر نەشارەزایی خۆی دەسەلمێنێتو قسە لەخۆیەوە دەکات کاتێک دەڵێت کۆمەڵگە خاوەنی پێشینەیەکی مێژوویی نەبوو لە بواری دەسەڵات وەک ئەوەی شارستانیەتی ئەوروپا هەیبوو(ل٣٤٥) ئاوا قسەکردن لەسەر ئەوروپا بەرەهایی هەڵەیەکی زەقە چونکە ئەو سەردەمە دەوڵەتی

---

[85] هەرچەندە لە ڕووداوی سەقیفە باسی قوڕەیش کراوە بەڵام بەپێی سیاقی قسەکان مەبەست لێی موهاجیرەکان بوو.

پێمایی (پێمای پێڕناوا) نەمابوو، کەلتووری یۆنانی کۆنیش لەبیرکرابوو، ئەوەش کە دەشێت بڵێین شێوازێکی شارستانیی هەڵگرتبوو دەوڵەتی بیزەنتی بوو. میسری سوورە نەشارەزاییەکەیمان زیاتر بۆ بسەلمێنێت کاتێک یەکسەر دوای ڕستەی سەرەوە دەڵێت: ((موجتەهیدانی ئیسلام نەیانتوانی هەندێ مەسەلەی جەوهەری یەکلایی بکەنەوە، بۆ نموونە: مەفهوومی نوێنەرایەتیی گەل یاخود مەفهوومی ڕای زۆربەی خەڵك)). میسری وا دەزانێت ئەوەی ئێستا لەئەوروپا باوە وەك نوێنەرایەتیی گەل یان ڕای زۆربەی خەڵك ئەو سەردەمەش دەگریتەوە کە باسی دەکات، ئینجا دڵی خۆشە بەو زانیارییەی خۆیو باسی یەکدەنگی (ئیجماع) دەکات کە فیقهی ئیسلامی باسی کردبوو کە یەکدەنگیی دەستەیەك پیاوی ئاینی نەك یەکدەنگیی زۆربەی موسڵمان. ئەو داماوەش هەر خۆیەتی لە بەشەکانی یەکەمی کتێبەکەی باسی ئیجماعی کردووە کەچی لێرە نەیزانیوە یان لەبیریچووە (چونکە ئیشەکە تەنها نەقڵکردنە) کە ئیجماع شتێکی تروە وەکو پێناسەکەی دیاری دەکات ئەوەیە هەموو موجتەهیدانی سەردەمێکی دیاریکراو لەسەر مەسەلەیەکی فیقهی یەکدەنگ بن.. ئەوەیە ئیجماع نەك یەکدەنگیی دەستەیەك پیاوی ئاینی وەك خۆی دەڵێت، لەوەش خۆشتر ئەوەیە دەڵێت ئیجماع یەکدەنگیی زۆربەی موسڵمانان نەبووە! کێ باسی ئەوەی کردووەو کێ هەرگیز باس لەشتی وا دەکات کاتێك باسی ئیجماع دەکات؟!

موناقەشەی فیکری لە ئیسلام

بەشێکی باسەکانی سەرەوە لەو بەشە لاوەکییەن کە تیا میسری دەڵێت حەسەن ئەلبەننا هەوڵی دا دەسەڵاتی ئیسلام لەسەر سێ پایە دابمەزرێتو ئەوەی سەرەوە سەر بە پایەی یەکەمە کە بریتییە لە (دەوڵەتی

ئیسلامی)(میسری، ل٣٣٩ بەدواوە). دوو پایەکەی تـر بریتین لـە (یەکێتیی نەتەوەی ئیسلامە)و (ڕێزگرتن لە ئیرادەی نەتـەوەی ئیسلام). لـەخوارەوەش دەبینین چۆن میسری زۆر لـە بابەتەکەی دەردەچێت، بێگومان جگەلـە ((بردن))ی سـەرچاوەو نەقڵی هەڵەی زانیارییەکانو سەقەتکردنیان.

میسری نامەکانی بەننا دەکاتە سەرچاوە لـەکاتێک دیارە کە سـەرچاوەکەی کتێبێکی ترە کە میسری ناوی بردووە ئـەویش (التیارات الاسلامیة وقضیة الدیمقراطیة)(ل١٩٦بەدواوە) کە ئـەمیان ناوی کتێبەکەی بـەننای نووسیوەو میسری ((بردوویـەتی)). پایـەی یەکـەمی دەسـەڵاتی ئیسلامیش ڕاستەکەی (دەوڵەتی ئیسلامی) نییە، دەشبوایە میسری بەعەقڵ ئەوەی بزانیانـە چونکە دەوڵـەت خـۆی دەسـەڵاتە. ڕاستەکەش وەك لـەو کتێبـەی ناومان بـردووە دەردەکـەوێت ئـەویش کـە پایـەی یەکـەم لای بـەننا (بەرپسـیارێتیی فەرمانڕەوا)یە.[86]

میسری لـەسـەر پایـەی دووەمی دەسـەڵاتی ئیسلامی لای بـەننا، واتـە (یەکێتیی نەتەوەی ئیسلامە)، دەروات (ل٣٤٥–٣٥٢)، بەڵام زۆر باسی ئازادیی فیکریو زانیاریو مەعریفە لـە ئیسلام دەکاتو لـە بابەتەکە دەردەچێت، هۆکەشی، وەك بۆی دەچم، ئەوەیە لـەژێر کاریگـەریی کتێبەکەی (حوسـەین مـەرووە) بووە کاتێک ئەمیان پەیوەندییەکی کردووە لـەنێوان خۆپاراستن لـە موجادەلـەی فیکری لـەلایـەكو مەسـەلـەی پاراستنی یەکێتیی کۆمەڵایـەتی لـەلایـەکی تـر[87] میسریش زۆر پێیشتووەو مەبەستە سـەرەکییەکەی خـۆی لـەبیرچۆتەوە.

---

[86] د . حیدر ابراهیم علی، التیارات الاسلامیة وقضیة الدیمقراطیة، ل١٩٦.

[87] حسین مروّة، النزعات المادیة فی الفلسفة العربیة الاسلامیة، ج١/ ل٣٦٣.

میسری دەڵێت دەقەکانی شەریعەت جیاوازیی کۆمەڵایەتی دەگەڕێننەوە بۆ ویستی خوداو تەئکید لەسەر ئەوە دەکەنەوە کە ژیانی مرۆڤ نەك تەنها عەقڵ ناتوانێت بیگرێت بەڵکو ناشتوانێت لە حیکمەتی ئەو جیاوازییە تێبگاتو تەنانەت ماوەش نادات قسەی لەسەر بکرێ(ل٣٤٨).

دەبێت بەڵگەی میسری چی بێت؟ ئایەتی (انظر كيف فضلنا بعضهم علي بعض وللآخرة أكبر تفضيلا-الأسراء ٢١)، جگەلەوەی ئایەتەک بەهەڵ نووسراوە چونکە بەم جۆرەیە (وللآخرة أكبر درجات وأكبر تفضيلا) ئەو ئایەتە هیچ لەو واتایانە ناگەیەنێت کە میسری دەیانڵێت. ئایەتەک پاش چەند ئایەتێک هاتووە کە باسی دوو تاقم دەکەن: ئەوانەی تەنها ژیانی دونیایان دەوێت کە خودا ئەوەندەی خۆی دەیەوێت بەشیان دەداتێو پاشان دۆزەخ ئاکامیان دەبێت، ئەوانەش کە ئاخیرەتیان دەوێتو کاری بۆ دەکەن کە خودا سوپاسی ئەو هەوڵەیان دەکات، واتە پاداشتیان دەداتەوە. واتای ئایەتەک لێرەوە دەردەکەوێت کە سەرەڕای هەڵپەکردن ئەوانە چەند لە دونیا جیاوازنن.. ئێستاش کەمێک خەیاڵاوی نەبین کەس بیر لە کۆمەڵگەیەك ناکاتەوە کە هیچ جیاوازیی تیا نەبێت .. خۆ ئەگەر قورئان پێچەوانەکەی بوتایە، واتە کۆمەڵگە هیچ جیاوازیی تیا نەبێت، هەر میسری خۆی مارکسییەتە سەقەتکراوەکەی خۆی لەبیر دەچووەوەو دەیوت قورئان باسی خەیاڵ دەکات. سەرجەم ئایەتەکانی قورئان، فەرموودەکانیشیان بچنە پاڵ، گیانی سلبیو دەستەبەردان لەهەموو شتێک لە مرۆڤ ناچێنن بەڵکو بەپێچەوانەوە گیانی ئیجابییەتو کارکردنیان تیا دەچێنن، لەهەمان کاتیش ئاگاداری دەکەنەوە هەڵپەی دونیا نەکات.

میسری دیسان نەشارەزاییو ئارەزووی خۆی دەسەلمێنێت کاتێک ئایەتی

(فإن حاجوك فقلت اسلمت وجهي لله.. آل عمران-٢٠) دەكاتە بەلگە لەسەر ئەوەی دەقی قورئان لەگەڵ ئالوگۆڕکردنی بیرەوا ناكۆكە(ل٣٤٨). جارێ میسری نەیزانیوە باس لە چی دەكرێت چونكە مشتومڕەكە لێرە لەگەڵ مەسیحییەكانە سەبارەت بە مەسیحو موحەممەد كەچی میسری دەڵێت لێرە دەق سنوور بۆ عەقڵ دادەنێت بەجۆرێك نەتوانێت مشتومڕ لەسەر هیچ مەسەلەیەك بكات كە پەیوەندیی ڕاستەوخۆی بە ژیانو گوزەرانی مرۆڤەوە هەبێت.

بەپێی میسری لەبەرئەوەی لای ئاین هەموو دیاردەكانی گەردوون لەلایەن هێزێكی میتافیزكییەوە دروستكراون كەواتە ژیانی مرۆڤو بیركردنەوەی دەباتە سەر خواستی خودا بەم جۆرەش تێگەیشتن لە دونیا سەرچاوەكەی (وەحی)یەو هەستەكانی مرۆڤ دەووریان نییە لە وشیاركردنەوەیو ئەو زانیارییانەی لەڕێگەی ئەم هەستانەوە دەست مرۆڤ دەكەون زانیاریی پووكەشین، سەرچاوەی ئەو هەستانەش خودا خۆیەتیو بۆیە بە مرۆڤی بەخشیوون تا لە گەورەیی خودا دڵنیای بكەنەوە(ل٣٤٨-٣٤٩).

ئەگەر ئەمەی میسری، كە قسەیەكی زۆر كۆنەو دەگەڕێتەوە بۆ وریتنەكانی پێش دەیان ساڵ لەمەوبەر، ڕاست بێت جیاوازییەكی زۆر لە نێوان مرۆڤو ئاژەڵ نامێنێت، ئەو كاتەش پێویست بەو ئایەتانەی قورئان ناكات كە باس لە بێباوەڕەكان دەكەن كە دڵیان هەیە (واتە مێشكیان هەیە) بەڵام بیری پێ ناكەنەوە، چاویان هەیە پێی نابینن، گوێیان هەیە پێی نابیستن، ئەوانەش وەكو وڵاخ وان بەڵكو لە وڵاخیش گومراترن (أولئك كالأنعام بل هم اضل..).

میسری بەهۆی نەشارەزاییەوە لە ئیسلام ئایەتێك دەهێننەوە كە بەلگەیە لەسەر ئەوەی مرۆڤ زانیارییەكانی لەڕێگەی تەجروبەوە وەردەگرێت: (والله

اخرجکم من بطون أمهاتکم لاتعلمون شیئاً وجعل لکم السمع والأبصار والأفئدة لعلکم تشکرون–النحل۷۸). دەمێکیش بوو ئەم ئایەتە سەرنجی ڕاکێشابووم چونکە دەتوانین بە بناغەی تیۆری زانین (نظریة المعرفة)[88]ی ئیسلامیی بزانین کە تیا زانین پرۆسەیەک مرۆڤ لە ژیانی دەستیدەکەوێت، نەک لە فیترەتی هەبن، بێگومان شتی زۆر کەم نەبێت وەکو مەسەلەی هەبوونی خوداو زانینی ئەوەی کە خودا هاوبەشی نییە کە لە فیترەتی مرۆڤ هەن بەڵام بەهۆی دەوروبەرەوە لە مرۆڤ ون دەبن.

(موروه) ئەو ئایەتەو ئایەتێکی تر دەهێنێتەوە ئەویش لە بابەتی (تیۆری زانین) لە قورئان. موروه ئاماژە بۆ قسەی لێکۆڵەرەوەیەکی عەرەب دەکاتو پشتگیریی دەکات کە کرۆکی تیۆری زانین لە قورئان هەیە[89]، باسی ئیبنو حەزمیش دەکات کە ئەمیان زانین بە پرۆسەیەکی (ئیکتیسابی)ی زانیبوو[90]،

---

[88] جیاکردنەوەیەک هەیە، هەرچەندە هەمووان نایکەن، لەنێوان دوو شێوەی تیۆری زانین: گنۆزۆلۆجیا کە پەیوەندیی بە تیۆری زانین بەشێوەیەکی گشتی هەیە لەگەڵ ئێپیستمۆلۆجیا کە تایبەتە بە تیۆری زانین لە بواری زانست. بەڵام میسری کە زاراوەکان بەکاردەهێنێت بێئەوەی بزانێت واتایان چییە زۆر لەو بابەتانەوە دوورە. ئەو تەنانەت نازانێت زاراوەکان باس لە چی دەکەن، ئەوەتا زاراوەی ئێپیستمۆلۆجیا لە شتێک باس دەکات کە هیچ پەیوەندیی پێوە نییە. ئەو تەنها زاراوەکەی بیستووەو ویستوویەتی بەکاریبهێنێت. میسری کاتێک باسی ئازادیی تاکەکەس دەکات دەنووسێت: ئەبستمۆلۆژیای ئیسلام لەڕوانگەی سیستەمی یاسایییەوە ناڕوانێتە مەسەلەی ئازادی. چەمکی ئازادی لەو سیستەمە فیکرییە بەشتێک لە ئەخلاق بۆیە هەر کە باسی ئازادی دەکرێت موجتەهیدانو نوێنەرانیان بە یاخیبوون لە فەرمانی خوداو بەرەڵایی و کاری ناشیرین تاریفی دەکەن(لاپەڕە۱۰۱ پەراوێز).

[89] حسین مروّة، النزعات المادیة فی الفلسفة العربیة الاسلامیة، ج۱/ ل۳۶۸.

[90] سەرچاوەی سەرەوە، ل۳۶۷.

بەڵام موڕوە دەڵێت بەپێی ئایەتەکانی قورئان زانینی هەستەوەری بۆ ئەوەیە باوەڕی ئاینی بەهێز بێتو ئەو عەقیدەیە سەقامگیر بکات کە لەڕێگەی وەحییەوە وەرگیراون، لەگەڵ ئەوەشو بەپێی موڕوە بایەخدانی قورئان بە کاری عەقڵ لە بواری بەهێزکردنی باوەڕ، ئەویش لەڕێگەی زانینی هەستەوەری، لە بەرژەوەندیی عەقڵە چونکە ئیقراره کە پێویسته عەقڵ باوەڕ بەهێز بکات.[٩١]

ئێره جێگەی ئەوه نییه موناقەشەی بۆچوونەکەی موڕوە بکرێت که ئەوە زیادەڕەوییه بوترێت عەقڵ تەنها بۆ پتەوکردنی باوەڕه. نەخێر ئێمه ناچارین لەگەڵ ئەو نەزانییه سادەیەی له کتێبەکەی میسری هەیه خەریك بین.

وەك وتمان ئایەتی (واﷲ اخرجکم من بطون أمهاتکم..) کرۆکی تیۆری ئیسلامیی زانینی تیایەو بەڵگەیه لەسەر ئەوەی زانین لەڕێگەی ئەزموونەوە دەستدەکەوێت، میسریش که ئایەتەکانو فەرموودەکانو باسەکانی ئەو بابەتە له موڕوه وەردەگرێت نازانێت چ باسەو لەبارەی ئەو ئایتەوه دەڵێت که بەپێی ((میتۆدی ئاینی)) مرۆڤ لەسەرەتای هاتنی بۆ سەر ئەم زەوییه خاوەنی ئەم هەستانه بووەو وەکو خۆیان ئیشیان کردووه و ئەوانه بەرهەمی پرۆسەی سروشتیو کۆمەڵایەتیی پێش هەزاران و ملیۆنان ساڵ نین (ل٣٤٩).

نەهامەتییەکی گەورەیه کە پاش مشەخۆری تێنەگەیشتنیش هەبێت. ئایەتەکە ئاشکرا باس له مرۆڤ دەکات که لەدایك دەبێتو هیچ زانیارییەکی نییه، کەچی میسری باسەکه دەباتە سەر شتێکی تر که پەیوەندیی بە زانینەوه نییه، ئەو نەشیتوانیوه بەم قسەیەی قسەکەی پێشووی بسەلمێنێت

واتە گوایە بەپێی ئاین وەحی سەرچاوەی زانیارییەکانی مرۆڤە. میسری
وەستایی خۆی لە تێنەگەیشتن لە سەرچاوەکانو شێواندنیان دەسەلمێنێت
کاتێک دەلّێت قسەکردن لەسەر ((مەسەلەکانی بوونو نەبوون))و دیاردە
سروشتیو کۆمەلّایەتییەکان مرۆڤ تووشی گومڕایی دەکات(ل٣٤٩–٣٥٠)، کە
هەلّەیەکی وا زەق تەنها لە خراپترین چاپی مارکسیەت دەوەشێتەوە، ئەگینا
(موروو) کە میسری نزیکەی ئەو باسانەی لێوەرگرتووە مارکسی بووە بەلّام
خۆی تووشی ئەو فەزاحەتە نەکردووە. ڕاستە ئەو لە سەرەتای ئەو بەشە
لاوەکییە (ل ٣٥٩ بەدواوە) دەلّێت کە زانینی سەرچاوەی جیهانو مەسەلەکانی
بوونو^{٩٢} یاساکانی سروشتو کۆمەلگە و فیکر دەگەڕێنەوە بۆ یەك سەرچاوە
کە سەرچاوەی خوداییە (وەحی) نەك کۆئەندامی دەرككردن لای مرۆڤ.
موروو ئەو قسەیە وەکو (ئەگەر) باس دەکاتو لە لاپەڕەکانی دواتر
موناقەشەی ئەو ئەگەرە دەکاتو پەسەندی دەکات، بەلّام دواتر بەو
دەرئەنجامە دەچێتەوەو باسی تیۆری زانین لە قورئان دەکات کە دەوریّکی
گەورە بە هەستەکان دەدات، هەرچەندە ئەو هەلّوێستەش دەوری عەقلّ
دەکاتە بەهێزکەری باوەڕ بەلّام، وەك لەسەرەوە ئاماژەمان بۆ کرد،
هەلّوێستەیّەك لە بەرژەوەندیی عەقلّە، بەلّام هێشتا سنوور بۆ عەقلّ هەیە کە
نابێت بیانبەزێنێت.

چاوەڕیّ ناکەین میسری، کە خوێنەریّکی خراپەو نووسەریّکی خراپترەو لە
باسی نزّر لەوە سادەتر تێناگاتو دەیانشێوێنێت، ئەم قسانە کە بەدرێژایی

---

^{٩٢} بڕوانە موروو لێرە باسی (مەسەلەکانی بوون) دەکات، کە بوون سەرەکیترین
بابەتی فەلسەفەیە، میسریش کە ئاگای لەو شتانە نییەو ئەو قسەیەی نەقلّ کردووە
دەنووسێت (مەسەلەکانی بوونو نەبوون)!

ئەو بەشە لاوەکییە هاتوون پێکەوە کۆبکاتەوەو لێیان تێبگات. ئەو تەنها (ئەگەر)ەکەی سەرەتای ئەو بەشەی بینیوەو وایزانیوە دوا قسەی موڕووەیەو نەقڵی کردووە. بێگومان بەهیچ جۆرێکیش چاوەڕێ ناکەین ڕەخنە لە بۆچوونەکەی موڕووە بگرێتو ئەو سنوورە تەسکە قبووڵ نەکات کە بۆ مەودای کاری عەقڵ لە ئیسلام دایناوە.

ئیسلام کە تەئکیدی لەسەر بیرکردنەوە کردووە بە چەند بابەتێکی کەم نەیبەستۆتەوە بەڵکو بەپێچەوانەوە ئەو مەسەلانە زۆر سنووردارن کە ئیسلام فەرمانی داوە موسڵمان لێیان نەکۆڵێتەوە وەک پرسیاری ((ئەگەر خودا بوونەوەری دروست کردووە ئەی کێ خودای دروستکردووە))، کە پرسیارێکی بێمانایە، هەروەها بیرکردنەوە لەو شتانەی پەیوەندییان بە خوداوە هەیە بێئەوەی مرۆڤ ئەو کەرەستە عەقڵییەی هەبێت کە بەهۆیەوە بتوانێت بگاتە ئەنجامێکی مەنتقی.

لەو بوارە فیکرییەش کە بە (علم الکلام) ناسرابوو، کە عیلم نییە، ئەو باسانە زۆرن کە مرۆڤ ناتوانێت شتێکی یەقینی لەبارەیانەوە بزانێت وەک قسەکردن سەبارەت بە سیفاتەکانی خودا یان قەدەر.. تاد کە موناقەشەکردنی ئەو شتانە زیانی بە بە شارستانیەتی ئیسلامی گەیاند چونکە بەشێکی زۆر لە توانای موسڵمانان لە (قسە) سەرف بوو لەجیاتی ئەوەی بۆ زانستی عەمەلی تەرخان بکرێت، ئەوەوپاش ئەو پێشکەوتنەی دەستکەوت کاتێک بایەخی بە زانستی تەجریبی دا، ڕۆژ لەدوای ڕۆژیش لەگەڵ گەشەسەندنی زانست فەلسەفە پاشەکشەی دەکرد چونکە دەردەکەوت کە تەنها ڕێکخستنی وشەیەو بوارێکە هەموو کەسێک تیا دەتوانێت هەموو شتێک بڵێت.

بەدەر لەو بوارە تەسکەش زەوییەکی فراوان ھەیە مرۆﭪ دەتوانێت تیا
ئەسپی بیرکردنەوە تاو بدات تا دەگاتە ئەوەی خودا خۆی فەرمان بە مرۆﭪ
دەدات بیر نەك تەنها لە بوونەوەر بکاتەوە بەلّکو بیر لە چۆنێتیی دروستبوونی
ئەو بوونەوەرەش بکاتەوە (قل سیروا فی الارض فانظروا کیف بدأ الخلق –
العنکبوت٢٠)، کە ئەمە تەنها بوونەوەری مردوو ناگرێتەوە وەك دروستبوونی
زەویو ئەستێرەو ھەسارەکانو گەردوون بەگشتی، بەلّکو بوونەوەری
زیندووش کە ئاژەلّو مرۆﭪ دەگرێتەوە، چونکە ئایەتی پێش ئەوە دەلّێت (أولم
یروا کیف یبدئ اللّه الخلق ثم یعیدە) کە ئەوە ھەموو بوونەوەر، زەویو
ئاسمانو مرۆﭪ، دەگرێتەوە بەلّکو مێشك زیاتر بۆ مرۆﭪ دەچێت، ئینجا یەکسەر
دوای (قل سیروا فی الارض فانظروا کیف بدأ الخلق) دەلّێت (ثم الله ینشأ النشاة
الاخرة) کــە دروســتبوونەوەی بوونەوەر، بەمرۆﭪــەوە، لــە ڕۆژی قیامــەت
دەگرێتەوە، بۆیە ئەو وێنەیەی بۆ دروستبوونی ئادەم بلّاویبۆتــەوە کە گوایە
خودا کە لە خۆلّ یان لە قوڕ وەکو پەیکەر دروستی کردووە ڕاست نییە چونکە
ئەگەر وا بێت ناتوانین بیر لە ((دروستبوونی یەکەم)) بکەینەوە.

ھەر لەو بەشە لاوەکییەی کتێبەکەی مورووە باسی موناقەشەی فیکری لە
ئیسلام کراوە کە ڕێگەی پێنەدرابوو. میسری ئەم دوو ئایەتە لە مورووە نەقلّ
دەکات:

(یسألونك عن الروح قل الروح من أمر ربي وماأوتیتم من العلم إلا قلیلاً –
الإسراء ٨٥).

(وأن جادلوك فقل الله أعلم بما تعملون –الحج٦٨).

ھەروەھا ئەو فەرموودەیە لای (موسلم) کە تیا صەحابییەك لە پێغەمبەر
دەپرسێت ئایا ئەو کارەی دەیکەین بەپێی چارەنووسێکە بۆمان نووسراوەو

بڕاوەتـەوە یـان ئیختیـاری خۆمـانی تیایـە، پێغەمبـەریش پێـی دەڵێت چارەنووسەکە دیاریکراوە ئەویش لێی دەپرسێت کەواتـە بۆچـی کاربکرێت، پێغەمبەریش دەڵێت: کار بکەن چونکە هەموو کەسێك ئەو کارەی بۆ ئاسان کراوە کە بۆی نووسراوە.[93]

ئەمـە واتـای سـەرجەمی فەرموودەکەیـە. میسـری لای خۆیـەوە (ل٣٥٠) فەرموودەیەك دەخاتە ناو کەوانەوە بەواتای ئەوەی ئەمە دەقی فەرموودەکەیە لەكاتێك ئەوەی نووسیویەتی تێکەڵەیـە لـە دەقـەکـەو لێکدانـەوەی مـوپـوو ، سـەرباری ئەوەش دەقـەکـە بەسـەقـەتی وەردەگیڕێت، ، بۆ نموونـە لـەجیاتی ((ئایا ئەو کارەی دەیکەین.. تاد)) دەنووسێت: ((ئێستا چی بکەین)).

ئینجا میسری بخەینە ئەو لاوەو لەگەڵ مـوپـوو بمێنینـەوە. مـوپـوو دوو ئایەتەکەی سەرەوە (لەگەڵ ئایەتی تر)و فەرموودەکە دەکاتـە بەڵگـە لـەسـەر ئەوەی کە جیدالی فیکری لە ئیسلام ڕەفز کراوە.

ئەمەش ئەو دەڵالەتە نادات کە موپوو ویستبووی چونکە:

١–مەسەلەی ڕووح: ئایەتەکە بە مرۆڤەکانی کاتی هاتنی قورئان دەڵێت زانیاریتـان کەمـە، بۆیـە مـەرج نییـە ئـەو نـەزانییـە دەبـارەی ڕووح تاسـەر بمێنێتـەوە، ئایا ئەگەر صەحابییەکان لەبارەی زانیارییەکی فەلەکی، کە ئەمڕۆ ئێمـە دەیـزانین، پرسـیاریان بکردایـەو وەڵامەکـە لەئاسـتی زانسـتی سەردەمەکەیان نەبوایەو قورئان بیوتایە زانیاریتان کەمە ... ئایا ئەوە دەبووە بەڵگە لەسەر ئەوەی موناقەشە لە ئیسلام حەرامە؟

٢– لە حاڵەتی ئایەتەکەی تـرو لـە حاڵـەتی تـری قورئانیش موناقەشـەی

---

[93] حسين مروّة، النزعات المادية في الفلسفة العربية الاسلامية، ج١/ ل٣٦٠.

پێغەمبەر لەگەڵ بێباوەڕان دەگاتە بنبەست چونکە بێباوەڕان سوور دەبن لەسـەر هەڵـەو ناڕێکیی خۆیـان بۆیـه یـهك ڕێگـهچاره دەمێنێتـهوه ئـهویش گەڕاندنەوەی زانیارییـەکە بۆ خـودا بۆیـه یەکسـهر دوای ئـهو ئایـهتـه قورئـان دەڵێت: (الله یحکم بینکم یوم القیامة فیما کنتم فیه تختلفون)، واتـه لـه حاڵـهتی بنبەست قورئـان پێیـان دەڵێت لـه ڕۆژی قیامـهت خـودا حـوکمی خـۆی دەدات، نموونهی ئـهو ئایـهتانـهش نـیقـینو کـهس نـهیـوتووه ئـهوانه بهڵـگهن لـهسـهر ئـهوهی موناقەشـەکە لـه ئیسلام حـهرامـه چونکه ئـهسڵـهن ئـهو ئایەتانـه لـه سیاقی موناقەشەی قورئان لەگەڵ بێباوەڕان هاتوون.

٣- فهرموودهکهش دیسان نابێتـه بهڵگه لهسـهر حـهرامیی موناقهشـهکه چونکه باس باسی موناقەشه نییەو پێغەمبەر بەو صەحابییه ناڵێت موناقهشه مهکه. پرسیارهکه لهبارهی یهك شتهوهیه: ئایا ئهگەر من ئـههلی بهههشـت بم بۆچی کـاری بۆ بکـهم؟ پێغهمبـهریش سـهرنجو ئـهویشو ئێمـهش بۆ ئـهوه ڕادهکێشـیت که گرنگ کارکردن خۆیـهتی بۆیـه موناقەشه سوودو ئـهنجامی نییه (نـهك وهك موڕووه لێـکیداوهتـهوه گوایه بۆتان نییه بپرسنو میسری کردوویـهتی به دهقی فهرموودهکه). کاتێکیـش حـاڵی خراپ دهبوو که جگه لـه بریـاری خودایی بوترایه کارکردن سوودی نییه.

پاش ئـهو گهشتـه دوورودرێـژه بگهڕێمـهوه سـهر میسـریو ئـهوه دووبـاره بکهمـهوه که لـهو بهشـه که دهبوایه باسی (یـهکێتیی نـهتـهوهی ئیسلام)ی بکردایه زۆر لهسـهر زانینو زانیـاری پێشت، هۆکهشـی ئـهوهیه سـوودی لـه موڕووه وهرگرتـووه (بێگومـان بهسـهقـهتی)، بـهڵام موڕووه بۆیـه باسـی ئـهو ئایهتو فهرموودانهی کردووه چونکه پهیوهستێکی کردووه لـه نێـوان ئیحراج بوون لـه موجادهلهی فیکری لهلایهکو مهسهلهی یهکێتیی کۆمهڵایهتی لهلایهکی

تر،[94] بۆیه هێنده لەسەر مەسەلەی موجادەلەی فیکری پێشتووه بەڵام میسری ئاگای لەو مەبەستەی موڕوه نییه لەبەرئەوه مەسەلەی (زانین)ی خستۆته ناو باسی یەکێتیی نەتەوەی ئیسلام بۆ ئەوەی ئەو پەیوەسته دروست بکات کە موڕوه کردوویەتی، ئەمەش یەکێکه له نموونه زۆرەکانی ئاکامی ((بردن))و نەقڵکردنی کوێرانه که کەسانی بێبەهره ڕاهاتوون بیکەن.

میسری بەپێی زانیارییه کەمەکانی له قورئان دەیەوێت قسه بکات. ئایەتی (ولا رطب ولا يابس إلا في كتاب مبين— الأنعام٩٢)، دەهێنێتەوه وەک بەلگه لەسەر ئەوەی گوایه قورئان ئیدیعای ئەوەی کردووه که هەرچی لەم گەردوونه هەیه ڕوونیکردۆتەوه(ل٣٥١)، بەڵام ئەوەی که میسری نەیزانیوەو که بۆی ناکرێت بیزانێت، چونکه مەبەستەکەی لێکۆلینەوه نییه، ئەوەیه ئەو (کتاب مبین)ـەی هەموو وشکێکو تەڕێکی تیا تۆمارکراوه قورئان نییه بەڵکو باسی ئەوەیه که خودا ئاگای له هەموو بوونەوەرەو هەموویانو هـەموو ڕووداوەکان لای ئەو نووسراون.[95]

میسری دوای ئەوه ئەو ئایەتانه دەنووسێتەوه که باس له ڕێزگرتن له مرۆڤ دەکەن، ئەو ئایەتەی باسی بەگەڕخستنی ئەو شتانەی ئاسمانەکانو زەوی بۆ مرۆڤ، ئایەتی ڕێزگرتنی خودا له مرۆڤەکانو بەخشینی شته خۆشه حەلاڵەکان پێیان، ئەو ئایەتەی باسی فەرمانی خودا دەکات بۆ مەلائیکەت که کڕنووش بۆ ئادەم بەرن. میسری دەزانێت مرۆڤ، بەپێی قورئان، هێنده لای خودا پلـەی بەرزه کەچی دەپرسێت: دەشێت بەرامبەر چارەنووسێک بۆی نووسراوه بـێ ئیراده بێت؟(ل٣٥١). لەبەرئـەوەش وەک وتمان میسری لێکۆلینـەوه ناکات

---

[94] حسين مروّة، النزعات المادية في الفلسفة العربية الاسلامية، ج١/ ل٣٦٣.

[95] بڕوانه تەفسیری ئیبنو کەثیر، بەرگی ٢، ل١٣٧.

دەبینین دەڵێت سەرەڕای ئەو ڕێزنو پێوەنییەی بۆ مرۆڤ دانراوە مافی نییە لە نهێنییەکان بکۆڵێتەوەو سروشت کۆنترۆڵ بکات(ل٣٥٢).

کەسێک مەونووعیانە لەمە بکۆڵێتەوە پێویستە گومان لەوە بکات گوایە مرۆڤ ڕێگەی پێ نەدرابێت بەدوای نهێنییەکان بگەڕێت، بەڵام میسری بڕیاری داوە کە ئەو گومانە نەکاتو لەو مەسەلەیە نەکۆڵێتەوە، بەڵکو قسەکانی فڕێدەداتو یەکسەر بازدەداتەوە بۆ باسی ئیخوان.

گەڕانەوە بۆ پایەکانی دەسەڵاتی ئیسلامی

کەواتە بەکورتی میسری باسی بەننای کردبوو کە هەوڵیدابوو لەسەر سێ پایە دەسەڵاتی ئیسلام بنیات بنێت کە دووەمیان (یەکێتیی نەتەوەی ئیسلام)ـە، ئێستاش کە باسی ئەو بابەتە دەکات لە باسەکەی دەردەچێتو لە زانینو چارەنووسی مرۆڤ ((دەکۆڵێتەوە))، ئینجا لەکۆتاییی ئەو بەشەو پاش باسکردنی ئەوەی گوایە ئاین ڕێگە بە مرۆڤ نادات لە نهێنییەکان بکۆڵێتەوەو پێی ڕەوا نابینێت یاساکانی سروشت کۆنترۆڵ بکات.. تاد دەپرسێت ئەی ئیخوان لەسەر چ بنەمایەک دیالۆگو ئاڵوگۆرکێیی بیروڕا .. ڕادەگەیەنێت؟ (ل٣٥٢) میسری وەڵام دەداتەوە کە ئیخوان لەلایەک دەیەوێت ڕووبەرووی دەوڵەتی عەلمانی ببێتەوەو لەلایەک جیابکاتەوە لەنێوان دەوڵەتی ئیسلامیو دەوڵەتی ئاینیو دەیەوێت بڵێت ئیسلام دینیشەو دونیاشە، بەرهەمهێنانەوەی پرۆژەکەی (محمد عبده)شە کە دەیوت ئیسلام سروشتێکی عەلمانیی هەیەو دەتوانێت بەپیر پەرەسەندنی ژیانەوە بچێت...ئینجا دەڵێت میکانیزمی ئەم پرۆسەیەش دەوڵەتی ئیسلامییە کە گیانی شەریعەت دەپارێزێت(ل٣٥٢).

بەم جۆرە پایەی دووەمی دەسەڵاتی ئیسلام لە دیدی حەسەن ئەلبەننا،

واته یەكێتیی نەتەوەی ئیسلام، تەواو دەبێتو میسری دەچێته سەر پایەی سێیەم بەڵام لەكۆتایی پایەی دووەم لەبیری دەچێت كه ئەو باس له (یەكێتیی نەتەوەی ئیسلام) دەكات چونكه ئەو تەنها شتەكان ڕیز دەكات خۆیشی نازانێت چیی نووسیوه، ئەو تەنها دەویست بڵێت تەرحەكەی ئێخوان سەبارەت به بیروڕای ئازادو پشتبەستن به دەستكەوتە زانستییەكانی لەگەڵ دەق ناگونجێن، واته ویستوویەتی تەنها عەیب بدۆزێتەوه، بەڵام ئەو عەیب دۆزینەوەیه بۆته نەخۆشیو ئەو نەخۆشییه نەیهێشتووه بزانێت كه ئەو له شوێنێك باسی ئەوه دەكات كه لەبارەی شتێكی ترەوەیه.

<h2 style="text-align:center">شەریعەتو هەڵبژاردن</h2>

ئینجا میسری دەچێته سەر پلەی سێیەم (ڕێزگرتن له ئیرادەی نەتەوەی ئیسلام) (ل٣٥٢ بەدواوه). بەپێی میسری بەننا مافی داوه به موسڵمانان چاودێریی فەرمانڕەوایان بكەنو لەكاتی پێویست لێیان بپێچنەوەو سیستەمی هەڵبژاردنیش گونجاوەو تەعبیر له ئیرادەی موسڵمان دەكات، ئینجا میسری دەپرسێت: كەواته ئەمه چ جیاوازییەكی لەگەڵ سیستەمی پەرلەمانیی ڕۆژئاوایی هەیه؟

میسری ئەمه به قەیرانی فیكری دەزانێت! ئینجا دەڵێت بۆ ئەوەی بەننا خۆی لەم قەیرانه ڕزگار بكات ناچاره مەسەلەكه بەتەواوی یەكلابكاتەوه بەوەی بڵێت مەرج نییه له ئیسلام ڕای تێكڕای نەتەوه وەربگیرێت تاكو لەسەر هەموو شتێك ڕا دەربیرینو ئەوەنده هەیه لەكاتی ئاسایی كار به بیروڕای دەستەیەكی خاوەن دیدو تەجروبه بكرێت(ل٣٥٣).

میسری دەڵێت بەننا بەپێی ئەمه مافی فەتوای تێكەڵ به مافی هەڵبژاردنی فەرمانڕەوا كردووه(ل٣٥٣) لەكاتێك هیچ تێكەڵییەك نییه مەگەر له

بیرکردنەوەی میسری تیّکەلّی هەبیّت چونکه بەننا لەو دەقـه کـه میسری هیّناویەتی باسی تەنها بڕیاردانی لەسـەر مەسەلەکان کردووه، ئـەوەی بەننا باسی کردووه هەمان نیزامی پەرلەمانییە که تیا پەرلەمانتارەکان نویّنەری جەماوەرن. میسری که ئەم شتانه له میّشکی ڕۆشن نین دەلیّت گوایه ئـەو ناڕۆشـنییە لـه فیکری بەننا ناچاری کـردووه پلـەو پایـەی ئـەو کەسـانه دەستنیشان بکات که به خاوەنی تەجروبه ناویان دەبات که ئەمانەن:

یەکەم: زاناو موجتەهیدان.

دووەم: ئەوانەی له کاروباری گشتی خاوەن تەجروبەن.

سیّیەم: ئەوانـەی لـەناو خەلّك پلەوپایـەی سـەرۆكو ڕیّبـەریان هەیـه وەك سەرۆكی بنەمالّەو سەرۆك خیّلّو عەشیرەتەکان.

تیّکەلّییەکه بەردەوام دەبیّتو وا دەزانیّت بەننا باسی شارەزای نـەکردووه بۆیـه دەلیّت تیّکـەلّکردنی سیاسـەتی گشـتیی دەولّـەت بـه جیّبـەجیّکردنی شەریعەت بیّ حساب کردن بۆ شارەزایی لەگەلّ هەلومەرجی شارستانیی ئەمرۆ نایەتەوه.. ئینجا باسی زاناو موجتەهیدانو مەسـەلەکانی پلانو پەرەپیّدانی ئابووریو پەروەرده...تاد دەکات.

میسری جگه لـەوەی لـه قسـەکەی بەننا تیّنەگەیشتووه نازانیّت نیزامی پەرلەمانی چۆنه . له هەلّبژاردن نویّنەرانی گەل مەرج نییه شارەزای ئەو بوارانه بن. حزبەکان پالّیّوراوانی خۆیان دەستنیشان دەکەن که مـەرج نییه پسپۆڕ بن، تەنانەت وەزیرەکانیش مەرج نییه پسپۆڕ بن چونکه کارەکەیان ئیدارییەو هـەردوو پەرلـەمانو حکومـەت بـۆ پڕکردنـەوەی ئـەو کەموکوڕییه پشت بـه پسپۆڕان دەبەستن، هەرگیز حکومەتی پسپۆڕان (یان حکومەتی تەکنۆکرات) نەبۆّته مەرجی حکومەت دیموکراتی یان هەر جۆّریّکی تری حکومـەت، مەگـەر

تەنها حکومەتی تەکنۆکرات خۆی.

هەڵەیەکی تێگەیشتن لە پەیوەندیی نێوان شەریعەتو دەوڵەت، هەڵەیـەك کە شایەنی ئاستی زانستیی ئەو نووسـەرەیه، قسـەکەیەتی کە دەڵێت کە شەریعەت سەرچاوەی هەموو شتێك بێتو ئەو شتانەی پەیوەندییان بە ژیانی مرۆڤەوە هەیە پێشوەخت دەستنیشانی کردبن ئیتر چ پێویست دەکات ئەو کەسانەی یاسا دادەنێنو ئەوانەی جێبەجێی دەکەن لەرێگای هەڵبژاردنەوه دەسەڵات وەربگرن؟(ل٣٥٤).

ئـەو قسـەیه تێنەگەیشتنه لـە هـەردوو شـەریعەتو دەوڵـەت چـونکه بـا شەریعەت سەرچاوەی هەموو شتێك بێت بەڵام شەریعەت مرۆڤ نییه خۆی خۆی جێبەجێ بکات. که شەریعەت پێویسـتی بـه مرۆڤـەکان بێت بـۆ چەسپاندنی دەستنیشانکردنی ئـەو مرۆڤانـەش هـەر پێویسته، هـەر بۆیـه چـوار خەلیفـه راشیدەکه خیلافەتیان گرتەدەست، هەر یەك بەشێوەیەكو هەر بۆیه دەکرێت خەلیفەی نوێ بەشێوەی هەڵبژاردنی نوێ دەستنیشان بکرێت.

ئەو تێگەیشتنەی میسری لە تێگەیشتنی پۆلی یەکەمی خوارج دەچێت کە باوەڕیان وا بوو قورئان دەبێت حوکم بکات لەکاتێك صەحابییەکان، کە نزیکتر بوون لە سەرچاوەکانی ئیسلام، دەیانزانی قورئان خۆی بۆ خۆی حوکم ناکات بەڵکو مرۆڤ حوکمی پێ دەکات. خـەوارج دروشمـی (حوکمێك نییـە جگـە لـە حوکمی خودا)یان بەرزکردەوەو وتیان نابێت پیاوان حوکم بکەن بۆیه عـەلی کوڕی ئەبو تالیب وتی: ئەمـە قسـەیەکی ڕاسـته بـەڵام مەبەسـتێکی ناڕاسـتی لەپشتەوەیه، هەروەها لـه وەڵام وتبووی کە ڕاسته قورئان حاکمه بەڵام پیاوان حوکمی پێدەکەن، میسریش دەڵێت کە شەریعەت حاکم بێت ئیتر چ پێویست دەکات ئەو کەسانه هەڵبژێردرێن کە ئەو یاسایه جێبەجێ دەکەن.

لێرە ئەو بەشە پێنجەمە بەو سەقەتییەی خۆیەوە تەواو دەبێتو نۆرەی بەشی شەشەم دێت کە ئەمە ناوونیشانێتی: ((چەمکی دەسەلّات لە تیۆری (حاکمییەت-جاهیلییەت)دا))و کە دوایەمین بەشی ئەو کتێبەیە(ل٣٥٧-٤٠٢).

چەمکی جاهیلیەت
دوایەمین بەشی کتێبەکەی میسری

(ئەبو زەید) بی یان (ئەبو عەمر)..

زانیاریو سەرچاوەکانت

هەر دەبەم

کەواتە بەشی شەشەمی کتێبەکەی میسری دوایەمین بەشەو لێرە، وەك لەهەموو بەشەکانی کتێبەکەی، بەئارەزووی خۆی زانیاریو سەرچاوە ((دەبات))و ڕاستییەکان هەڵدەگێڕێتەوەو تێنەگەیشتنی خۆی لە قسەکان دەسەلمێنێت... تاد.

لەم بەشە کە وتمان ئەم ناوەی لێناوە ((چەمکی دەسەڵات لە تیۆری حاکمییەت-جاهیلییەت)دا)) دوو یان سێ کتێب وەردەگرین، یەکەمیان بەرهەمێکی یوسف ئەلقەرەزاوییەو ئەوەی تریان کتێبێکی نەصر حامد ئەبو زەیدە، لەگەڵ ئاماژەیەکیش بۆ کتێبێکی فەهمی هوەیدی. کتێبی یەکەمو سێیەم لە کتێبەکەی ئەبو زەید ((براون))، زانیاریی نۆریش لە ئەبو زەید ((دەبات)) بێئەوەی ناوی بهێنێت. سەرباری ((بردن))ـەکە دڵ چەند حەز بکات ئەو زانیارییانە سەقەتکراون. سەرەتا باسی ئەو ((بردنانە))یە پاشان ئەگەر بەکورتیش بێت باسی چەمکی جاهیلییەتە.

((بردن)) لە كتێبەكەی ئەبو زەید

(١)

((بردن))ی قسەكانی ئەبو زەید

لاپەڕە ٣٧٦ تا ٣٩٢ ی میسری لە كتێبەكەی دوكتـۆر نەصـر حامـد ئـەبو زەید (نقد الخطاب الدینی)ـەوە ((براوە)). لاپەڕە ٣٧٧–٣٧٦ چەند قسەیەكن لە كتێبەكەی ئەبو زەید دەبینرێن، لەوەش بـەدواوە میسری شوێنپێی ئـەبو زەید هەلّدەگرێتو تەنانـەت تـەرتیبی پارەگرافـەكانیش وەكو ئەوانـەی ئـەبو زەیدن. بەدرێژایی ئـەو لاپەڕانـەش، بەتایبـەت لاپـەڕە ٣٧٨ تـا ٣٩٢، واتـه بەدرێژایی ١٥ لاپەڕە، لەكۆی ٢٦ پەراوێز میسری تـەنها لـە ٣ پـەراوێز ناوی كتێبەكەی ئەبو زەید دەنووسێتو بۆ ئەوانـەی تر هـەمان زانیارییـەكانی ئـەبو زەیدو ناوی سەرچاوەكانی ((دەبات)).[96]

ئـەبو زەیـد نووسـیویەتی: ((موسـلّمانە یەكـەمـەكان زۆر جـار لـەبارەی هەلّوێستەیـەكی دیاریكراوەوە دەیانپرسی ئـاخۆ رەفتارەكەی پێغەمبـەر بە وەحی یان بە ئـەزموونو عەقلّ حوكم كرابوو. زۆر جـاریش لەگـەلّی ناڕێك دەبـوونو رەفتـارێكی تریـان پێشـنیار دەكـرد ئەگـەر بوارەكـە هـی عـەقلّو ئـەزموون بوایە))(لاپەڕە ٧٨).

میسریش دەنووسێت: ((مێژووی ئیسلام لەزۆر شوێنو جێگا دەیگێرێتـەوە كە: یارانی پەیامبـەر هەولّی زۆریـان داوە بزانن ئـاخۆ ئـەو بڕیارو حوكمانـەی رۆژانە پەیامبـەر دەریـدەهێنانو چارەسـەری هەندێ روداوی كتوپڕی پـێ

***

[96] جگەلە دوو پـەراوێز كە هـی یـەك سەرچـاوەن ئـەویش كتـێبی (جنـد الله ثقافـة واخلاقا)ی سەعید حەووا.

دەكردن، بە (وەحی) بۆی دەهات، یان هەوڵی شەخسی خۆی بووەو عەقڵو تەجرەبەی ژیان فێری كردوون؟ زۆرجاریش ڕێكەوتووە لەگەڵ یاوەرانی هاوبیرو هاو هەڵوێست نەبووە، جار هەبووە بە قسەی كردوونو جاری وابووه ڕای خۆی پێ پەسەند بووه)) (لاپەڕه ٣٧٨).

میسری پێشو دوای قسەكەی سەرەوه كە بینیمان لە ئەبو زەیدی ((دەبات))، واته زانیارییەكەی ئەو نەقڵ دەكات بێئەوەی ناوی بهێنێت، باسی تیۆری حاكمییەت-جاهیلییەت دەكات كە مانا و مەبەستی دەق دەخاتە چوارچێوەیەكو گوایه تەنها خۆی، واته تیۆرەكە، لەو دەقە تێگەیشتووه ((تۆ بڵێی خاوەنی ئەو تێزه هەستی بەوه نەكردبێ كە ئەم بیركردنەوەیه بەڵگەی ئەوەیه بەناوی خواوه قسه دەكا؟!!))(میسری، ل٣٧٧). ئەبو زەیدیش هەمان شت دەخاتە ڕوو، واته وتاری ئاینیی هاوچەرخ ئیددیعا دەكات كە ئەو مەبەستە خوداییەی ناو دەقەكان دەستگیر دەكاتو ((..نازانێت كە دەچێتە ناوچەیەكی پڕ دڕكودالّ ئەویش ناوچەی((قسەكردن بەناوی خوداوه)) كە وتاری ئیسلامی-بەدرێژایی مێژووەكەی جگەله چەند ئیستسنائێكی كەم كە حسابیان بۆ ناكرێت- خۆی لە سنووردەكانی دوردەخستەوه)) (ئەبو زەید،ل٧٨).

ئەبو زەید ڕەخنه لەو بۆچوونه دەگرێت كە ئیسلام دەكاتە یەك ئیسلام كە تەنها زانایان شارەزاینو ئەمه بەشێك له بونیادی ئاڵیەتێكی فراوانتری ناو وتاری ئاینیو ئەو ئاڵیەته ئەو <u>ساكاره</u> نییه وەك له هەستی ئاینیی ئاسایی دەردەكەوێت(ل٨١) ، میسریش دەنووسێت: ((نكوڵی كردن له ڕۆڵی عەقڵ وەك ئەوەی تیۆری حاكمییەت-جاهیلییەت پیادەی دەكا، مەسەلەیەكی <u>ئاسایی</u> نییەو ناكرێ چاوپۆشی لێبكرێ. بۆچی؟ ..))(ل٣٧٨).

٢٤٠

میسری ((بۆچی))یەكەی بەوە وەلّام دەداتـەوە كـه بناغـەی ئـەو تیۆرە لەسـەر باوەڕی ئاینی ڕاوەستاوەو بەپێی ئاین هێزێك دونیـای دروستكردووەو لەئیسلام خودا ئەو هێزەیەو پەیدابوونی دیاردە سروشتیو كۆمەلّایـەتییەكان دەگەڕێنێتەوە بۆ خودا، واتە نەمرۆڤ دەوری هەیـەو نەیاسای سروشتیش لـه گـرێیە. دەشبێت پیاوانی ئاینی هەلّوێستیان هەبێت لەئاست هەر دیاردەیەكو دەستكەوتێكی زانستی(ل۳۷۸). ئەم قسانەش هەر ئەوانەی ئەبو زەیدن. ئـەبو زەیـد لەهـەمان پاراگرافەكـەی سـەرەوە دەنووسێت كه هـەموو عەقیدەكان باوەڕیان وایە هۆكارێكی یەكەم یاخود بنەمایەكی یەكـەم [97] هۆی پەیدابوونی جیهانە– كه لەئیسلام بریتییه لەخودا–و وتاری ئاینی، نەك عەقیدە، هـەموو دیاردە سروشتیو كۆمەلّایەتییەكان تەفسیر دەكات بەوەی بۆ هۆكاری یەكـەم بیانگەڕێنێتـەوە .. ئینجا ئـەبو زەیـد باسی ئیلغاكردنی مرۆڤو ((یاسا)) سروشتیو كۆمەلّایـەتییەكان دەكات، هەروەها قەدەغەكردن (مصادرة)ی هـەر زانیارییەك كه وتاری ئاینی یان دەسەلّاتی زانایان پشتیوانیی لێناكـەن(ئـەبو زەیـد،ل،۸۱).

ئەبو زەیـد باسی وتـاری ئـاینیی كردووە كه هـەموو دیاردە سروشتیو كۆمەلّایەتییەكان بۆ هۆكاری یەكەم دەگەڕێنێتەوە، ئینجا دەلّێت كه ئەمه هەر دەبێت سەر لـه ((حاكمییـەت))ی خـودایی، وەك بەرامبـەرو دژی حاكمییـەتی مرۆڤ، دەربكات:((من شأنه ان یقود بالضرورة الی ((الحاكمیة)) الالهیة بوصفها

---

[97] هۆكاری یەكـەم (العلة الاولى) یاخود بنەمای یەكـەم (المبـدأ الاول) زاراوەیـەكی فەلسەفییه مەبەست لێی ئەو هۆكارەی پێش هەمـوو بوونێك بووەو لەوەوە بوونەوەر پەیدا ببوو. وشەی (هۆكار) پڕبەپێستی (علة) نییـه چـونكه هۆكار هـەردوو (علـة)و (سبب) دەگرێتەوە. (علة) هۆكارێكی عاقلّەو (سبب) مەرج نییه عاقلّ بێت.

۲٤۱

مقـابلا **ونقيضـا لحاكميـة البشـر**) (ئـەبو زەيـد، ل٨١و ٨٢)، بـەلّام بينيمـان میسری، کە شتەکانی لە ئـەبو زەیـد ((بـردووه)) ، ڕێگەکـەی کورتکردۆتـەوەو دەنووسێت کە تیۆری حاکمییـەت-جاهیلییـەت کە ئـەمە دەکات. بەواتایـەکی تر لای ئـەبو زەيد زنجيرەيـەك هـەيە: وتـاری ئـاينی دیـاردەکـان دەگـەڕێنێتـەوە بـۆ هۆکاری یەکـەم، ئـەو گەڕاندنەوەیـەش دەمانگەیـەنێتـە حاکمیـەتی خـودایی، بـەلّام لـەبەرئـەوەی کاری میسری تـەنها ((بردن))و مشـەخۆرییـە ((بردنـەکـەی)) سـاقەتەو شتـەکە پێچـەوانـە دەکاتـەوە: حاکمیـەت-جاهیلییـەت دیـاردەکـان دەگـەڕێنێتـەوە بۆ خـودا.[98] ئـەمـەش نـەك تـەنها تێنەگـەشتنـە لـە ئـەبو زەيد کـە میسری دەسـتی بەسـەر قسـەکانی گرتـووەو ناوی نـەهێناوە بـەلکو لـەڕووی مـەنتیقشـەوە هەلّەيە.

باقی لاپەڕە ٣٧٨ی میسری بـەم جـۆر یـان بـەو جـۆر لـە ئـەبو زەیـدەوە ((براون))، تـەنانـەت تاکه جارێکیش ناوی ئـەو پیاوە نـەوتراوە. دێڕی دوایەمینو لاپەڕەکـەی دوای ئـەوویش بەهـەمان شێوه ((بردن))ێکی ڕووتن. ئـەبو زەيد باسی وتـاری ئـاینی دەکات کـە چـۆن قسـەو ئیجتیهادەکـانی پێشین (سـەلـەف)ی کردۆتـه ((دەق)) کـە جێگـەی قسـەلـەسـەرکردن نین، لـەوەش زیـاتر ئـەو وتـارە ئـالیـەتی ((یـەکخسـتنی نێوان فیکرو ئاین)) -کـە پێشـتر لێی دوابـوو- بـەکاردەهێنێت، پاشان هەلّوێستی پراگماتی (نـەفعی)و ئایدیۆلۆجی لـەمـەڕ (تُـراث) کـە ئـەوەی ((عـەقلی))یـە دوورریـدەخاتـەوەو ئـەوەی ((دواکـەوتووە)) دادەمـەزرێنێت (ئـەبو

<hr>

[98] میسری ناوی حاکمییـەت-جاهیلییـەت دەبات، هەروەها هۆکاری یەکـەم (العلـة الاولى) یـاخود بنـەمای یەکـەم (المبدأ الاول) کـە وتـان زاراوەیـەکی فەلسـەفـەییـە سـادە دەکاتـەوە بۆ وشەیـەکی گشتیـی: ((هێزێك))، ئـەمـانـە لـەگـەلّ هەلّگێرانـەکـەی سـەرەوە نموونـەن لـەسـەر ئیبداعـەکانی میسرییـەکـەی خۆمـان.

زەید، ل٨٤–٨٥).

میسری ئەو قسانه ((دەبات)): ((.. ئیجتیهـادی پیـاوانی ئاینیش دەكاتـه چـەند دەقێكـی چەسپاوو نـەگۆڕ. بـەجۆرێك تێیـان دەڕوانـیٚ قـابیلیٚ قسـه لەسەركردن نین. تا ئەو ڕادەیەی بیروڕاو ئیجتیهادەكان لـەناو ئاینـەكە جۆش دەداو ئاوێتـەی یەكتریان دەكا. ئەمە بۆ خۆی بەلگەی ئـەوەیه كه بیـەك چاو ناڕوانێتـه كلتـووری ئیسلامو بەهەلوێستێكی پراگماتییانەوه دێتـه مەیدانـەوەو تەنها ئەو لایەنەی كلتـووری ئیسلامی پیٚ پەسەنده كه لـه خزمـەتی تێزەكـەی خۆیەتی..)) (لاپەڕەل٣٧٨–٣٧٩).

میسری یەكسـەر دوای ئـەوه دەنووسـیٚت: ((ئـەو كلتـوورەش هەمیشـه بەدرێـژایی مێـژوو لـه خزمـەت دەسـەلاتداران بـووەو پایـەی سیاسـییانی ڕاگرتـووه)).. ئەمـەش هـەر لـه ئـەبو زەیدەوه ((بردوویـەتی)) بـەلام نـۆر بـه كورتی چونكه ئـەبو زەید باسـی ئومەوییـەكان –نـەك خـەوارج– دەكـات كه حاكمییەتیان بۆ مەبەستی شەرعیەتدان به حوكمەكەیان بەكارهێنابوو، ئێنجا دەلیٚت پەنابردن بۆ شێوازی ئومـەوی ڕەفتارێكی بـەربلاو بوو لـه مێـژووی كۆمەلگه ئیسلامییەكان لەهەموو شێوازەكانی ئەو وتاره ئاینییەی پشتگیریی نیزامه ناشەرعییەكانی فەرمانڕەوایی كردووه(ل٨٥).

ئەگەر بەكورتیش بیٚت پیٚویسته لیٚره موناقەشەی ئەبو زەید بكـەین: ئـەبو زەید كاتیٚك دەلیٚت ئومەوییـەكان چـەمكی حاكمییـەتیان هیٚنایـه كایـەوه دوو هەلـەی ئەنقەسـت دەكـات بـۆ ئـەوەی بۆچوونەكانی تیٚپـەڕیٚنیٚت، یەكـەمیان ئەوەیه دەلیٚت وتاری ئاینیی هاوچەرخ وای بلاوكردۆتەوه كه خەوارج چـەمكی حاكمییەتیان خسته ڕوو، ئەمەش هەلـەیەكی زەقه چونكه چـەمكەكە هـەبووەو بەدەقی قورئان هاتووەو هەموو موسلمانان دەیانزانی، ئەوەنده هەیـه وشـەو

زاراوەی وەك حاكميەت (ڕاستەكەی دروشمی "لاحكم الا لله" چونكە وشەی حاكميەت نوێيە) بەكارهات. بەم جۆرە وتارى ئاينيى هاوچەرخ خستنەڕووی چەمكەكە ناخاتە پاڵ خەوارج بەڵكو تێگەيشتنى هەڵەی چەمكەكە دەخاتە پاڵيان، ئەوەش كە عەلى كوڕی ئەبو تاڵيب پێشتر ڕوونيكردبووەوە: ((ئەو ئەمە قسەيەكى هەقە بەڵام مەبەستێكى ناهەقى لەپشتەوەيە)).

هەڵەيەكى تـرى ئەنقەسـتى ئـەبو زەيـد ئەوەيە خسـتنەڕووی چەمكەكە دەخاتە پاڵ ئومەوييەكان... بەڵام كەی؟ كاتێك موعاويە بەقسەی عەمر كوڕی ئەلعاصى كرد كە پێی وت قورئان بخاتە سەر نووكى ڕمو بەرزيبكاتـەوەو داوا بكات قورئان بكرێتە حەكەم لـەنێوان دوو لايەنـە شـەڕكەرەكە(ئـەبو زەيـد، ل٨٥)،[99] بەڵام ئايا ئەمە بەتەنيا بەسە بۆ ئەوەی موعاويەو حزبەكەی، كە ئەو كاتە دەوڵەت نەبوون، بكرێنە ئەو لايەنـەی چـەمكەكەی دامەزراند؟ ئايا ئـەو مـاوە كورتـەی نێـوان كارەكـەی موعاويەو دەعواكـەی (لاحكـم الا لله)ی ئـەو كەسـانەی دوايى بوونـە خـەوارج بەسـە بۆ ئـەوەی داهێنانەكـە بدرێتە پاڵ ئومەوييەكان؟ پاشان كێ لە مێژوونووسە كۆنەكان، ئەگەر باسی وتاری ئاينيى هاوچەرخ نەكەين، وتوويەتى ئومەوييەكان حاكميـەتيان بۆ شـەرعيەتدان بـە حوكمەكەيان بەكارهێنابوو؟

ڕەنگە خوێنەر بپرسێت: ئەبو زەيد ئەمـەی بۆ كردووە؟ وەڵامەكـەش بـە

---

[99] بەرزنجى، موحەدقيقى مێژووی تەبەری، دەڵێت بەرزكردنـەوەی قورئـان لەسـەر ڕم ڕيوايەتيێكى صەحيح نييـەو ڕاستـەكەی ئەوەيـە كاتێـك كوشتارى ئەهلى شام لـە (صيفين) زۆر بوو پەنايان بۆ گردێك برد، عەمريش بە موعاويەش وت: موصحەفێك بۆ عەلى بنێرەو بانگى بكە بۆ كتێبى خودا چونكە ئەوە ڕەت ناكاتـەوە(صحيح تـاريخ الطبري، مجلد ٣، ل ٤٠٨).

بۆچوونی خۆم ئەوەیه ئەبو زەید سەر بەو قوتابخانه فراوانه کۆنەیه کە بایەخی به بزاڤە سیاسیەو فیکرییه نەیارەکان دەدا. ئەو قوتابخانەیە، بەتایبەتی ئەوانەی باوەڕیان به شۆڕش هەبوو، ستایشی خەوارجی دەکرد کە شۆڕشی چەکدارییان بەرپاکردبوو، ئەوەش بەپێچەوانەی ڕەوتە زاڵەکە کە ملکەچبوون بۆ فەرمانڕەوا، هەتا ئەگەر (فاجر)یش بێت، به ئەرکێکی ئاینینی دەزانی. ئێستاش ناکرێت ئەبو زەید حاکمیەت، کە لەدژی قسه دەکات، بخاته پاڵ خەوارج، بۆیه باشتره بخرێته پاڵ لایەنێک کە لای زۆربەی موسڵمانان قێزەونه ئەویش ئومەوییەکان.

دوای چەند باسێک؛ جەبرو سەبەبییەو غەزالیو ئەشعەرییەت، ئەبو زەید باسی وتاری ئاینینی هاوچەرخ دەکاتو بەتایبەت ناوی سەید قوتب دەبات: باسی ((نەوەی قورئانیی تاك))، واته نەوەی هاوەڵانی پێغەمبەر، دەکات کە هەموو زانیارییەکانی تەنها له قورئان وەرگرتبوو بەڵام دواتر سەرچاوەکان تێکەڵ بوونو فەلسەفەی یۆنانەکانو ئەفسانەی فارسەکان..تاد هاتنه ناوەو (ئەبو زەید، ل٨٦–٨٧). میسریش بەهەمان تەرتیب باسی ئەمانه دەکات: نەوەیەکی دەگمەنو دانسقه کە جگە لە قورئان بیروباوەڕیان له هیچ سەرچاوەیەکی تر وەرنەگرتووه هەرچەنده شارستانیی تر لەئارا هەبوون: ڕۆماییەکان، یۆنانەکان، فارسو هیند..(میسری، ل٣٧٩).

هەرچەنده ئەبو زەید یەك جار ناوی کتێبەکەی قوتب (مَعالِم فِي الطریق) وەك سەرچاوه دەهێنێت بەڵام میسری سێ جار دەینووسێت، هەرچەنده ئەو دەقەی میسریش کە لەبارەی شارستانییەکان دەیهێنێتەوه جیاوازەو دوورودرێژتره بەڵام بەبەلگەی پاراگرافەکانی پێشەوەو ئەوانەی دواتر دێنو بەبەلگەی تەرتیبی قسەکانی سەید هیچ گومانێك لەوه نامێنێت که میسری هەر

وەکو شتەکانی تر ئەمانەی لە ئەبو زەید ((بردووە))و هەموو ئیشەکەی چەند زیادکردنێکە لە کتێبەکەی سەید.

ئەبو زەید دوای ئەوە باسی هەڵوێستی هەڵبژاردنکاری پراگماتی لەمەڕ (تُراث) دەکات، میسریش بەهەمان شێوە باسی دەکات ئینجا شتێکی خۆی زیاد دەکات گوایە هەڵوێستی سەید لووتبەرزییەو خۆبەزلزانینەو دەنووسێت: ((بەرجەستەبوونی فیکری شۆڤینیزم لەژێر پەردەی ئاین)). بێنەوەی نۆریش لەسەری بڕۆین هێنده بەسه بڵێین که ئەوەی کەمێکی لە نووسینەکانی سەید خوێندبێتەوە ئەو ڕاستییه باش دەزانێت که هیچ شوێنەوارێکی هەستی نەتەوایەتی، چ جای شۆڤینیزم، لە نووسینەکانی سەید نییە. ئەگەر زاراوەی (ئومەمیەت)یش بەکاریهێنین سەید تا دوا سنوور ئومەمی بووە، بێگومان لەسەر ئاستی موسڵمانانو جیهانی ئیسلامی.

میسری که موناقەشەی قسەکەی سەیدی کردووه نەیتوانیوه تاسەر قسەی خۆی بخاتە گەڕ، ئەو نەیتوانیوه لە ئەبو زەید وەرنەگرێت. ئەبو زەید که باسی ئەو هەڵوێسته هەڵبژاردنکارەی کردووه نووسیوییەتی: وتاری ئاینی..شانازی بەو لایەنەی تووراس دەکات که ڕەفزی دەکات بەڵام سنووردداری دەکات به بەراوردکردنی ئەوروپای سەده ناوەراستەکان لەگەڵ شارستانیی موسڵمانان(ئەبو زەید، ل٨٧). میسریش دەنووسێت: تەنها بەراوردی سەدەکانی ناوەراستی ئەوروپا به شارستانیەتی ئیسلام دەکات (میسری، ل٣٨٠). پاش ئەم ((بردن))ەش قسەیەکی خۆی زیاد دەکات: ((بۆ خۆدزینەوه لە حەقیقەتە مێژووییەکان پڕکێشی ناکا چاوێک به شارستانیەتی ئەوروپای پێش سەدەکانی ناوەراست بگێڕێتەوەو لەگەڵ واقیعی کۆمەڵگای عەرەبستانی هەمان سەردەم بەراوردی بکا)).

بـەدەر لـەوەی ((وتـاری ئیسـلامی)) شانازی بـە سـەردەمی جاهیلیـەتی عەرەبی ناكاتو ئەمە كاری قەوميیه عەرەبەكانه، ئەو قسەیەی میسری كـە ئەمجاره هی خۆیەتی نیشانەیە لەسـەر ئەوەی چـەند شارەزای ((حەقیقەتـە مێژووییەكان))ـه (بڕوانه میسری بەردەوام باسی "حەقیقەت" دەكات). ئەگەر بـە دابەشـكردنه باوەكـەی سـەردەمەكان قەناعـەت بكـەین، سـەردەمه ناوەڕاستەكانی ئەوروپا لـە سـەدەی پێنجـەمی زاینییەوە دەست پێدەكـەن، كەواتـه چ شتێكی زۆر عەجایەب پێش ئەوه هەیە؟ سـەردەمی فەلسـەفەو ئەدەبو هونەری یۆنانیو سـەردەمی یاساو ئیدارەی ڕۆمایی سـەدان سالْ پێش ئەوه ڕووكابووەوە. خۆ ئەگەر بچینه پێش سـەردەمه زێرینەكەی یۆنانو ڕۆما سـەردەمانێكی تری دواكـەوتووی دەبینینـەوە. جگەلـەوەش نیمچـه دوورگەی عەرەب لەو سـەردەمانه لە شارستانی خالْی نەبوو بەتایبـەت لە قەراغەكان وەك یەمەن.

(٢)

((بردن))ی زانیارییەكانی كتێبەكەی فەهمی هووێدی

میسری قسەیەكی (هووێدی)، له كتێبی (القرآن والسلطان)، دەهێنێتـەوە لەبارەی ئەو دروشمەوە كه بەم جۆرەیە: ((پێشتر چەكمان بەدەستەوە بوو لـەپێناو سـەركەوتن یـەك جار بەكارمان هێنا پاشان فڕێمان و ملی ڕێگای شكستمان وەبەرنا... ئەو كاتەی قورئان ئازاد كرا، نەتەوەیش لەگـەلْ ئازاد دەبی))[١٠٠] .

میسری ئـەو كتێبـەی (فـەهمی هووێدی)ی نـەبینیوەو ئـەو دەقـەی لـە

---

[١٠٠] فهمی هووێدی، القرآن والسلطان، ل ١٨—١٩ لەدەقـه ئەسلْییەكە: ((پاشان فڕێمانداو ئیتر ملی ڕێگەی شكستو پووكانەوەمان گرتەبەر)).

کتێبەکەی (ئەبو زەید) وەرگرتووە چونکە لە لاپەڕەکەی دوای ئەوە میسری قسەیەکی تری موەیدی دەهێنێتەوە:

میسری دەڵێت: تیۆریستێکی هاوچەرخ پێی وایە دابڕانی ئیسلام لە ژیانی خەڵک دەگەڕێتەوە بۆ ئەوەی ((بونیادی سیاسیی ئیمپراتۆرییەتی ئیسلام لاواز بوو، دەلاقە کەوتە ڕیزی موسڵمانانو سیستەمی خیلافەت هەرەسی هێنا)(ل۳۸۵).

تێبینی بکە ئەو دوو دێڕە لەناو کەوانە دانراوه(بیرمان بێت میسری بۆ وەرگرتنی دەقاودەق تاکە کەوانە، نەک جووتە کەوانە، بەکاردەهێنێت)و لەپەراوێز لاپەڕە(۲۰–۲۱)ی ناوی کتێبەکەی موەیدی وەکو سەرچاوه دەنووسێت.

میسری ئەو قسەیەی موەیدیی لە ئەبو زەیدەوە وەرگرتووه بەڵام ئەبو زەید نەیخستۆتە ناو جووتە کەوانە بەنیشانەی وەرگرتنی دەقاودەق بەڵکو ئەو دەڵێت کە مەرج نییه وتاری ئاینی بەهەمان ئەو دڵنیاییەی هەیەتی لە چارەسەرەکە کاتی جیابوونەوەی نێوان ئیسلامو واقعی کۆمەڵگە ئیسلامییەکان یان هۆکانی دەستنیشان بکات، ئەگەر هەندێکیش بیگەڕێننەوە بۆ ماوەی ململانەی نێوان موسڵمانەکان لە ناوەڕاستی سەدەی یەکەمی کۆچی یان شتێك پێشتر، هەندێکی تر دەیگەڕێننەوە بۆ ئەو لاوازییە گشتییەی تووشی بونیاتی سیاسیی ئیمپراتۆرییەتی ئیسلامی بوو و بە نەهێشتنی یەکێتییەکەیو نەهێشتنی خودی خیلافەت کۆتایی پێهات(ئەبو زەید، نقد الخطاب الديني، ل۹۱).

ئەبو زەید لێره پەراوێزێك دادەنێت دوو سەرچاوەی تیایه: کتێبێکی سەید قوتب لەگەڵ کتێبەکەی موەیدی (لاپەڕه ۲۰– ۲۱).

بەواتایەکی تر ئەبو زەید بەگشتی قسەی کردووە و دەقێکی نەهێناوەتـەوە کەچی میسری وا تێگەیشتووە ئەمە دەقـە بۆیە ئـەو قسـەیەی سـەرەوەی هەوەیدی خستۆتە ناو کەوانەی وەرگرتنی دەقاودەقی قسەو سەرەڕای ئەوەش پێش قسەکە جەخت لەسەر ئەوە دەکات کە تێۆریستێکی هاوچەرخ پێی وایە دابڕانی ئیسلام... تاد.

((بردنەکە))ش تەواو ئاشکرا دەبێت کاتێک دەبینین ئەبو زەید ئامـاژە بـۆ لاپەڕە (۲۰-۲۱)ی کتێبەکەی هەوەیدی دەکاتو دەشبینین کە ئەو دوو دێڕەی ئەبو زەید نووسیونی کورتکراوەی قسەی دوورودرێژی هەوەیدین کـە لـەو دوو لاپەڕەیە نووسیویەتی. ئەم دوو دێڕە کورتەش لای میسری بوونەتە قسەیەکی دەقاودەق. خۆ ئەگەر میسری قسەکەی هەوەیدیی نەخستایە ناو کەوانە ئـەوا ((بردنەکەی)) وەکو ئەوە ئاشکرا دەبوو چونکە ئەگەر هەزار کەس بهێنیو دوو لاپەڕەکەیان بدەیتێو داوایان لێبکەیت هەریـەك بـۆ خـۆی ئـەو دوو لاپەڕەیە کورت بکاتەوەو بیانکاتە دوو دێڕ هەرگیز دوو کەس لەو هـەزار کەسـە نابینی وەکو یەکتر کورتی بکەنەوە، ئینجا چۆن کورتکردنەوەی میسری وەکو ئەوەی ئەبو زەید دەرچوو ئەگەر ((بردن)) نەبێت؟

(۳)

قەڕەزاوی لەژێر ڕەحمەتی میسری

میسری بەهەمان ئـەو چاویلکە ڕەشـەی لێـوەی تـەماشای ئیسلامییـەکان دەکات تەماشای یوسف ئەلقەرەزاوی دەکـات، بـەڵام هـەر کەسـێك شـارەزای کەسایەتیی قەڕەزاویو بەرهەمەکانی بێت دەزانێت کە ئەو هەڵوێستە توندەی کاردانـەوەی ئـەو حاڵەتەیـە کـە تووشـی موسڵمانان بـووەو ئـەو تاوانانـەی بەرامبەریان دەکرێن، دەنا ئەگەر چەند بەرهەمێکی بخوێنی دەزانی قەڕەزاوی

۲٤۹

یەکێکە لە کەسایەتییه دیارەکانی رەوتی ئیسلامیی میانرەو. بەم جۆرە
حوکمدان لەسەری لەرەانگەی ئەو هەلوێستەی وەکو حوکمدانه لەسەر ئەو
کوردەی له کاردانەوەی نوڵمی رژێمەکان هەلوێستێکی توندی هەیه.

ئەوەی سەیرتره گوایه میسری پشتی به بەرهەمێکی قەرەزاوی بەستووه،
که دواتر دەزانین ئەو کتێبەی نەبینیوەو راستەکەی له کتێبەکەی ئەبو زەید
((بردوویەتی))، کە نموونەیەکە لەسەر مامەڵەی میانرەوانەی قەرەزاوییه
لەگەڵ رەوتی ئیسلامی.

کتێبەکەی قەرەزاوی ئەم ناوونیشانەی هەیه (الصحوة الاسلامية بين
الجحود والتطرف). هەر لەو ناوونیشانەوه دیاره که قەرەزاوی رێگەیەکی
ناوەراستی وەرگرتووه لەنێوان ئینکارکردنی رابوونی ئیسلامی لەلایەكو
پەرگیریی ئیسلامی لەلاکەی تر. قەرەزاوی باسی چەند شتێکی کردووه:
تێگەیشتن له پەرگیری، ئیسلام بانگەشەی بۆ میانرەوی کردووەو خەڵکی
ورياکردووه له پەرگیری که به (غلو)، واته رۆچوون، ناوی دەبات، عەیبو
دەردەکانی پەرگیری، هەڵەی کردنی شتێك به ئەرك لەسەر خەڵك که خودا
نەیکردووه به ئەرك وەك موحاسەبەکردنی خەڵك لەسەر سوننەتەکان وەك
چۆن واجب بنو هەر دەبێت بکرێن لەکاتێك سوننەتەکان واجب نين،
توندوەرگرتنی شتەکان لەو شوێنەی شیاوی توندی نییه، مامەڵەی زیر لەگەڵ
خەڵك، گومانی خراپ به خەڵك، دەردی تەکفیر...

قەرەزاوی باس له هۆکارەکانی پەرگیری دەکات وەك خراپ تێگەیشتن لە
ئاینو زیادەرەوی له حەرامکردنو کەمتەرخەمیی زانایان ئیسلامو هێرش بردنه
سەر موسڵمانانو پەنابردنه بەر ئەشکەنجەو گرتن لەلایەن رژێمەکانەوه...تاد.
قەرەزاوی پاش ئەوه له چارەسەر دەدوێت: پێویسته فەرمانرەوایان

بگەڕێنەوە بۆ شەرعی خودا، وەکو باوکو برا مامەڵە لەگەڵ ئەو گەنجانە
بکـەن، زیـادەرەوی نـەکرێت لــە وێنەکێشـانی پـەرگیری، دابینکردنی
کەشوهەوایەکی ئازادانە.. ئەرکی لاوانی ئەو کۆمەڵە ئیسلامییانەش چەند
شتێکن: تێگەشتن لە ئیسلام، شارەزابوون لە حوکمە شەرعییەکانو جیاوازیی
نێـوان ئیجتیهادەکـانی زانایـانی ئیسـلام، لەبەرچاوگرتنی وزعـی خـەلک و
عوزرەکانیان... کتێبەکەش بە فەسلّی (ئامۆژگاریی باوکانە بۆ لاوانی ئیسلام)
کۆتایی پێدێت: ڕێز بگرن لە پسپۆڕی، شت لەوانە وەربگرن کە لەخوداترسنو
میانڕەوون، شتەکان بۆ خەڵك ئاسان بکەنو لەسەریان قورسیان مەکەن، بانگی
خـەڵك بە حیکمـەتو چاکە بکـەن، لـەبارەی ئـەدەبی بانگەوازو حیـوار، لە
ئاسمانی خەونەکان وەرنەخوارەوەو ژیان لەگەڵ خـەلکی بەرنەسـەر، گومـانی
چاکە بە موسلّمانان بەرن.

ئەمە بەکورتی ئەو کتێبەیە کە گوایە سەرچاوەیەکە میسری چەند شتێکی
لێوەرگرتووە، با بشـزانین ئەمـە تـا چـەند ڕاسـتەو چـەند لـەو دەقانـەی نـاو
کتێبەکە تێگەیشتووە.

میسری قسەیەکی قـەرەزاوی دەهێنێتـەوەو بەئارەزووی خۆی تەفسیری
دەکات. میسری (ل٣٨٢) نووسیویەتی کە وتاری ئیسلامی لەهەموو شتێك
خۆی بەڕاست دەزانێتو دیالۆگو لێکۆلّینەوەی قبوولّ نییە، بگرە تەکفیریشی
دەکات، تەنانەت قبوولّی نییە باس لەکۆمەڵە ئیسلامییەکان بکرێت، ئـەوەتا
یەکێك لە دیارترین ڕێبەری ئەو ڕەوتە، واتە قـەرەزاوی، دەلّێت: ((خـەلکێکی
نّۆی نـەزانو داخ لـەدلّو بـەکرێگیراو بـێنـەوەی شـارەزاییەکیان هـەبیّ،
بێنـەوەی بگەڕێنەوە بۆ قورئان کەوتنـە نووسینو قسـەکردن. لە حالّێکی وا
دەبـوو قەلّـەمی زانایـانی ئیسـلام بکەوێتـە کـارو مەسـەلەکان ڕوونبکەنـەوەو

بەشاراوەیی نەیانهێڵنەوە. لەدەرگاوە دێنە ژوورەوەو حـەق لەشوێنی خۆی دابنێنەوە..)) (الصحوة الاسلامية..) [101].

ئەو قسەیەی قەرەزاوی لەگەڵ ((تێگەیشتنەکەی)) میسری بەراورد بکە دەبینی قـەرەزاوی نـە کەسـی تـەکفیر کـردووە و نـە حیـوارو لێکۆڵینـەوەی رەتکردۆتەوە.. قەرەزاوی وەک لە دەقی قسەکە دیارە باس لەوانە دەکات کە لەخۆیانـەوە یان بـەنیازێکی خراپـەوە باسیان لـەو دیاردەیـە کردووە (واتـە پەرگیری ئاینی)، قسەکردنیش لەسەر ئەو مەسـەلەیە ئەرکی زانایانـە..تاد. ئێستاش ئەمە بەسـەر کتێبەکـەی میسری بچەسپێنە: ئەگـەر بڵێین میسری لەخۆیەوە شتی نووسیوەو خۆیشی نـەیزانیوە باسی چی دەکاتو لـەجیاتی ئەوەی خۆی سەرچاوەکان بخوێنێتەوە چووە ناوەکانیانو زانیارییەکانیان لە سـەرچاوەی تر ((بردووە)) بۆ ئەوەی خوێنـەر بخەڵەتێنێت گوایە زیاتر لە سـەد سـەرچاوەی بەکارهیناوە.. ئەگـەر ئەمانەو لەمانە زیاتر بڵێین ئایا ئەمە دەبێتە تـەکفیرکردنو قبووڵنـەکردنی حیـوارو لێکۆڵینـەوەو لـەم جـۆرە لیسـتەی تاوانبارکردن؟

هەرچـەندە میسری ئـەو دەقـەی خسـتۆتە ناو کەوانـەوەو [102] دەبوایـە دەقـاودەق قسـەکەی وەربگێڕایە بـەڵام هەڵـەی لـە وەرگێڕانەکـە کـردووە.

---

[101] میسری لاپەڕە ٢٢٤ دەنووسێت بەڵام راستەکەی ئەوەیە کە دەقەکە لە پێشەکیی کتێبەکەیە (چاپی لای خۆم: لاپەڕە ١٦). واش دیارە ئەو ((بردنە))ی لێ تێکچووەو ئـەو لاپەڕە (٢٢٤)ـەی لە پەراوێزێکی تری ئەبو زەهید ((بردووە)) کە باسی شتێکی تر دەکات، بڕوانە ئەبو زەهید، ل٨٠، پەراوێزی ١٣.
[102] وتمان میسری بۆ وەرگرتنی دەقی کەوانەی تـاک بـەکاردەهێنێت کە ڕاستەکەی جووتەکەوانەیە.

قـەرەزاوی نووسیویەتی ((بغیر علـم و لاهدی ولا کتـاب مـنیر)) کـە ئەمـە تەعبیرێك لە قورئانەوە وەرگیراوە: ((ومن الناس مـن یجـادل فی الله بغـیر علم ولاهدی ولاكتاب مـنیر-لقمـان:٢٠))، ئـەو ((کتـاب مـنیر))ـەی ئـەم ئایەتـەش بەواتای هـەر کتێبێك لەلایـەن خـوداوە هاتبێت، ئـەو تـەعبیرەش چـۆتە ناو ئەدەبییاتی عەرەبی بۆ ئەو کەسانەی لەخۆیانەوە موجادلەکە لە ئاین دەکەن، کەچی میسری قسەکەی قەرەزاوی کە ئەمەی تیا هاتووە وا وەردەگیرێت ((بێ ئەوەی بگەرێنەوە بۆ قورئان))!

سـەرباری ئـەوەش میسری ئـەو قسـەیەی قـەرەزاویی، لەگـەلّ نـاوی سـەرچاوەکە لە کتێبەکەی ئـەبو زەید ((بردووە)) (ئەبو زەید، ل٨٩)، ئـەویش وەکو قسەکانی تری. ئـەو تەنانـەت تێگەیشتنە سـەقەتەکەی ئـەبو زەیدیش ((دەبات)) کە گوایە، بەپێی ئەو نموونەیە، وتاری ئیسلامی خۆی بـە خـاوەنی ڕاستیی رەها دەزانێت..تاد.

میسـری (لاپـەرە ٣٨٢) پاش قسەکەی سەرەوە دەلّێت کە مەبـەستی ئـەو تێۆریستە [١٠٣] ئەوەیە نابێت جگەلە پیاوانی ئاینی کەس قسـە لەسـەر گرووپـە ئیسلامییەکان بکـات، بـە قـۆرخکردنی نووسـینو راددەربرینیش ناوەستێتو دەلّێت پێویستە پشتگیرییان بکرێت: ((زۆر شت لەوانەی لایەنە توندرەوەکان حەرامیان کردوون ڕاستنو لەگـەلّ ئیجتیهادی چـەندین زانای ئـەم سـەردەمە یەکدەگرنەوەو لەگەلّ شەرعو فیقهی ئیسلامو کەلتووری ئیسلامی دەگودجێن-الصحوة الاسلامیة، ل٤٢، چاپی لای خۆم ل٣٨)).

میسـری ئـەو قسـەیەی گوایـە قـەرەزاوی نووسیویەتی لە ئـەبو زەیـدی

<hr>

[١٠٣] واتە (مونـەززیر) ئـەو وشـەیە لـە چاپی یەکـەم هاتـووە، بـەلّام لـەچـاپی دووەم تایبـێستەکە بەهەلّە نووسیویەتی (تیۆریست).

((بردووه))(ل٨٩-٩٠)، بەلاّم سەربارى سەقەتیی تێگەیشتنی ئەبو زەید،
میسرییەکەی خۆمان لەوەش سەقەتتری کردووه، ئەمەش، بە کەمێك درێژی،
مەبەستی قەرەزاوییە:

قەرەزاوی دەلێّت کە ئینساف نییه بە کەسێك بلێّین پەرگیره تەنها لەبەر
ئەوەی بۆچوونێکی فیقهیی توندی وەرگرتووه کە بە راستەری دەزانێت
ئەگەرچیش کەسێکی تر بە لاوازی بزانێت، چونکە ئەو کەسه تەنها لەو شته
بەرپرسه کە خۆی باوەڕی پێیەتی، نموونەی ئەو پیاوەش دەهێنێتەوه کە بەو
بۆچوونه فیقهییه کار دەکات کە ریشتاشین حەرامه، ئینجا دەپرسێت: ئایا
مافی ئێمەیه رێگری لەو هەلبژاردنه بگرین تەنها لەبەر ئەوەی لەگەلّ بۆچوونی
ئێمه ناگونجێت، بەتایبەتی کە ئەمه شتێکه پەیوەندیی هەیه بە ژیانی خۆیەوه
نەك ژیانی کەسانی تر(الصحوة الاسلامیة، ل٣٦-٣٧). قەرەزاوی لەمەوه
دەلێّت کە زۆر لەو شتانەی وەکو رەخنه لەو کەسانه دەگیرێن کە بە پەرگیر
ناویان دەبەین ئەسلێکی شەرعییان له فیقه و توراسمان هەیەو هەندێك له زانا
هاوچەرخەکان باوەڕیان پێ هێناونو خەلکیان بۆ بانگ کردوون(ل٣٨)،
لەکۆتاییش دەلێّت: لەمەوه ناتوانین موسلّمانێك بە پەرگیر بزانین تەنها
لەبەرئەوەی بۆچوونێکی بۆ خۆی هەلبژاردووه کە پێی وایه خودا زیاتر پێی
خۆشەو بۆ ئاخیرەتی سەلامەتتره، مافی ئێمەش نییه زۆری لێّبکەین تا واز لەو
باوەڕەی بهێنێتو تەنها بۆمان هەیه بە حیکمەت بانگی بکەینو بە شێوازی
چاك گفتوگۆی لەگەلّ بکەینو بە بەلگه قەناعەتی پێبکەین..(ل،٣-٣٩).

ئەبو زەید دەگاته ئەوەی کە قەرەزاوی بەو بۆچوونەی هەموو بۆچوونه
توندەکان له خانەی پەرگیری دەکاته دەرەوه گوایه پەرگیر نین. با جارێکی
تر وەرگێرانه کوردییەکەی میسری بنووسینەوه تا بزانین ئەمیان تا چەند

سەقەت تێگەیشتووه :

قەرەزاوی بە قۆرخکردنی نووسینو رادەربرینیش ناوەستێتو دەلّێت پێویستە پشتگیرییان بکرێت: ((زۆر شت لەوانەی لایەنە توندرەوەکان حەرامیان کردوون راستنو لەگەلّ ئیجتیهادی چەندین زانای ئەم سەردەمە یەکدەگرنــەوەو لەگــەلّ شــەرعو فیقهــی ئیســلامو کەلتووری ئیســلامی دەگونجێن)).

میسری یەکسەر دوای ئەوە ((دەگاتە)) ئەنجامی قسەکانی قەرەزاوی: کەواتە توندرەوی شتێک نییە لەگەلّ گوتاری ئاینی ناکۆک بێ،و ناشیّ تــەکفیرکردنی کۆمەلگەو دەسەلّاتی سیاسی بە توندرەوی لە قەلّــەم بدریّ(میسری،ل۳۸۳). بزانە میسری چۆن بازێکی گەورەی داوه ! جگەلەو بازه نامەنتقییە کتێبەکەی قەرەزاوی خۆی ئەوه بەدرۆ دەخاتەوه چونکە ئەو باسی تەکفیری کۆمەلگەی نەکردووه بەلکو کتێبەکەی دژ بەو تەکفیرەیه، ئەو تەنانەت بەلای تەکفیری دەسەلّاتیش نەچووه.

میسری کە ئەنجامەکەی سەرەوەی خۆی دەلّێت دەپرسێت ((بۆچی؟)) وەلّامەکەشمان پیّ دەلّێت:((چونکە بناغەی باوەری ئاینی ئەوەیە ئیماندار بگاتە ئەو باوەرەی خۆی لەسەر حەقـەو بەرامبەرەکەی لەسەر ناحەق– الصحوة الاسلامیة، ل ٤٠، چاپی لای خۆم: ل۳٦)).

ئەوەی خۆشە ئەوەیە بینیمان میسری قسە سەقەتکراوەکەی سەرەوەی قەرەزاوییی لــە ئەبو زەیـد ((بردبـوو))، دوایی بینیمان یەکسەر دەگاتە ئەنجامێکی ((مەنن)) ئێستاش دەلّێت: ((چونکە بناغەی باوەری ئاینی..تاد)) کە ئەمـەی دیسـان لـە ئـەبو زەیـد ((بردووه))، ئـەی کەواتـە ئـەو ئەنجامە ((مەزنە))ی تر، واتە ((توندرەوی شتێك نییە لەگەلّ گوتاری ئاینی ناکۆك بیّ،و

ناشیٚ تـەكفیركردنی كۆمەڵگـەو دەسـەڵاتی سیاسی بـە توندرەوی لەقەڵـەم بدرێ))، لە كیٚ ((براوە))؟ ئەمـەی لـە ئـەبو زەید نـەبردووە بـەڵكو ئیبداعی خۆیەتی، ئەمەش نموونەیەكی ترە لەسەر ئەو ساتانەی تێیان میسری ئیبداع دەكات بەڵام ئیبداعەكە سەقەتییەكی گەورەیە، بۆیـەش بینیمـان ئـەو بـازەی دابووی چەند گەورە بوو.

پێویستە بۆ دوایین قسـەی قەرەزاوی واز لـە میسری بهێنینو بـە ئـەبو زەیدەوە خەریك بین كە ئەو قسەیەی قەرەزاویی نەقڵكردووە.

قەرەزاوی دەڵێت كە باوەڕدار تەنها بەوە نابێتە پەرگیر ئەگەر خۆی لەسەر هەق بزانێتو بەرامبەرەكەی لەسەر ناهەق. باوەڕدار لـە هەلومـەرجی تایبـەت دەبێتە پەرگیر، وەك نزیكردن لـە بەرامبـەر بۆ باوەڕهێنـان. خۆ ئەگـەر بـەو مەنتیقەی ئەبو زەید (میسریش دوای ئەو و لەو زیاتر) قایل بین دەبێت ئەویش پەرگیر بێت چونكە لای ئەو بەرامبەرەكەی، كە كەسی ئیسلامییە، بـە ناهـەق دەزانێـت، بـەڵام ڕاسـتەكەی ئەوەیـە ئـەبو زەیـد ئـەو كاتـە پـەرگیرە كـە دوژمنایەتیی كوێرانەی ئیسلامییەكان بكاتو دوژمنایەتییەكـەی سـنوورەكانی بوهتانكردنو هەڵگێڕانەوەی ڕاستییەكانو باسكردنی تەنها لایەنە خراپـەكانو گەورەكردنی عەیبـەكان.. تێپـەڕێنێت تـا بگاتـە بانگەشـەی ڕیشەكێشكردنی ئیسلامییەكان بەهـەموو شـێوەو ڕەوتو كۆمەڵەكانیانـەوە.. ئـەمجارە واز لـە ئەبو زەید دەهێنین.. میسری پەرگیرە چونكە هەموو ئەوانە دەكات.

میسری (لاپـەڕە ٣٨٢بەدواوە) بـاس لـەوە دەكـات كـە وتـاری ئیسـلامی هەمیشە ((جەخت لەسەر ئەوە دەكاتەوە گوایە ئاینی ئیسلام لە ژیانی خـەڵك جیاكراوەتەوە))، واتە كۆمەڵگەی موسڵمان لە ئاینی ئیسلام دوورخراوەتـەوە، باسـی ئـەهمی هوەیدیو سـەید قوتـب دەكـات، ئینجا (ل٣٨٥) قسـەیەكی

قەرەزاوی دەهێنێتەوە کە دابرانی ئیسلام لە ژیانی خەڵک دەخاتە ئەستۆی (کەمال ئەتاتورک)و ڕای وایە ((ئیلغاکردنی خیلافەت ئاینی ئیسلامی لە ژیانی خەڵک دەرهاوردو دەوڵەتەکەی ژێروزەبەر کرد)).

میسری ناوی کتێبەکەی قەرەزاویو ئەوەی هوەیدیو کتێبێکی سەید وەک سەرچاوەی حەلالی خۆی دەنووسێتو بەزەییەک بەرامبەر ئەبو زەید نانوێنێتو ناوی کتێبەکەی نانووسێت کە ئەو قسانەو ناوی ئەو سەرچاوانەو ژمارەی لاپەرەکانی لە کتێبەکەی ئەو ((بردووە))و تەنها ژمارەی لاپەرەی کتێبەکەی سەیدی گرییوە بۆ ئەوەی لەگەڵ چاپەکەی لای خۆی بگونجێت.

ئەبو زەید قسەکەی قەرەزاویی لە باسی باوەڕی وتاری ئاینی سەبارەت بە جیابوونەوەی واقعو ئاین لە یەکتر هێناوەتەوە، قەرەزاویش ئەوەی لەو بەشە باس کردووە کە تیا باس لە هۆیەکی پەرگیریی کراوە ئەویش دوورکەوتنەوەی لاوانی دیندار لە زانایانی ئیسلام. هۆی ئەوەش، بەپێی قەرەزاوی، ئەوەیە هەندێک لەو زانایانە کەوتوونەتە تەڵەی پشتگیریکردنی دەسەڵاتو نۆرێک لە ((زانا گەورەکان)) بوونە ئامێری دەستی سوڵتان، هەندێکی تریش فەرموودە دانراوەکان دەکەنە بەڵگەو فەرموودە صەحیحەکان ڕەتدەکەنەوە... قەرەزاوی باسی ئەوانە دەکات کە چۆن بەپێی ئارەزووی سوڵتان قسە دەکەن، چەند نموونەیەکیش دەهێنێتەوە، یەکێکیان زانایەکی ئاینیی دیارە کە پاش گرتنی نۆر لە ئەندامانی گرووپە ئیسلامییەکان لە میسر وتبووی: ئەگەر ئەوانە بەڕاستی پشتیوانی ئیسلام بوونایەو ئەگەر خودا بەکارەکانیان ڕازی بوایە ئاوا پشتی بەرنەدەدان.. قەرەزاویش ئەمە ڕەتدەکاتەوەو دەڵێت سەرکەوتن مەرجی هەیەو لەوانەیە خاوەن هەق هەموو ئەو مەرجانە دەستگیر نەکات لەکاتێک دەکرێت هەڵگری ناهەق ئەو مەرجانەی دەستکەوتبێت بۆیە بۆ

ماوەیـەکی زۆر یـان کـەم سـەرکەوتن بەدەست بهێنێت، دەشـلێت: لـەم سەردەمەمان زۆرمان بینی بانگەشەیان بۆ ناهەق دەکرد بەڵام سـەرکەوتنیان بەدەستهێنا، یان ئەوانەی بانگەشیان بۆ هەق دەکرد بەڵام ژێرکەوتن.. ئینجا بۆ وەڵامی ئەو ((زانایە)) ئـەتاتورک بـە نموونـە دەهێنێتـەوە: ((کێمـان لـەوە بێئاگایە کە چۆن گـەلی موسـڵمانی تـورک بـە سـەرکردایەتیی زاناکانی لـەژێر سـتەمکاریی ئـەتاتورکو تاقمەکـەی پلیشـێنرا؟ چـۆنیش ئیسـلام لـە خانـەی خیلافەت دەرکراو عەلمانیەتی نادینی بـە ئـاگرو ئاسن بەسـەر گـەلی تورکیا سەپێنرا؟ کام لا لەسـەر هەق بوو و کامیان لەسەر ناهەق؟)).

بەکورتی قەڕەزاوی لـە سیاقی باسی دوورکەوتنـەوەی لاوان لـە زانایانی ئاینی باسی ئەتاتورکی هێناوەتە پێشەوە ئەویش بۆ مەسـەلەی سـەرکەوتنی ناهەق بەڵام ئەبو زەید لە سیاقی باسی جیابوونەوە لەنێوان واقعو ئاین ئـەو قسەیەی قەڕەزاوی دەهێنێتەوە، میسریش لەبەرئەوەی سوودی لە ئەبو زەید وەرگرتـووە لەهـەمان سیاقی ئـەو قسـەکەی قـەڕەزاوی نـەقڵ دەکـات بەڵام لـەجیاتی ئـەوەی ئامـاژە بـۆ ئـەبو زەیـد بکـات پاڵێکی پێـوە ناوەو نـاوی کتێبەکـەی قەڕەزاوییی وەک سەرچاوەی خۆی نووسیوە.

ناوی کتێبەکەی قەڕەزاوی دوایین بەڵگەیە لەسـەر ئـەوەی میسـری ناو و زانیاریـیو ژمارەی لاپـەڕەکانی ئـەو کتێبەی لـە ئـەبو زەیـد ((بردووە)). نـاوی دروسـتی کتێبەکـە ئـەمەیـه: (الصـحوة الاسـلامیة بـین الجمـود والتطـرف) کـە دەریڕی فیکرەکەی قەڕەزاوییە، بەڵام ئەبو زەید ناوی کتێبەکە وا دەنووسێت: (الصحوة الاسلامیة بین الجمود والتطرف)، ئەویش دوو جار؛ جارێک لەناواخنی باسەکانی (ل٣٥)و جارێکی تر لە پـەراوێزێک (ل٨٠)، واتـه وشـەی (الجمـود)ی لـەجیاتی (الجحـود) نووسـیوەو ئـەو وشـەیه پەیوەنـدیی نیـیـە بـە مەبەسـتی

کتێبەکە، کە وەك لە سەرەتای ئەم بەشە وتبووم، قەرەزاوی ویستبووی ڕێگەیەکی ناوەڕاستی وەربگرێت لەنێوان ئەوانەی ڕابوونی ئیسلامی قبوولّ ناکەن (الجمود)و پەرگیریی ئیسلامی (التطرف). هەرچەندە چاپێکی بازرگانیی کتێبەکە ناوی (الجمود)ی نووسیوه، بەلّام مەبەستی کتێبەکە ئەو وشەیە قبوولّ ناکات، هەروەها لیستی بەرهەمەکانی قەرەزاوی لە کتێبی تر هەیەو ناوه دروستەکەی تیایە، جگەلە پێشەکییەکەی (عمر عبید حسنة) کە بۆ کتێبەکەی نووسیوه(ل۱۹).

(٤)

ئەمانەش چەند ((بردن))ی دیکەن لە ئەبو زەید

۱– ئەبو زەید باسی گوناهی کۆلۆنیالّی ڕۆژئاوایی سەبارەت به دواکەوتنی جیهانی ئیسلامی دەکات(ئەبو زەید، ل۹۲) میسریش قسەکە ((دەبات)) ، بەلّام وەك ((دەببات)) ڕەحمی پێ ناکاتو سەقەتی دەکات : وتاری ئاینی باس لە کۆلۆنیالکردنی جیهانی ئیسلامی دەکاتو ئۆبالّی داگیرکردنەکە دەخاتە ئەستۆی ڕۆژئاوا(میسری، ل۳۸۵) وەك دەشبینین ئەبو زەید باسی داگیرکردن ناکات بەلّکو دواکەوتن. ئەبو زەید دەلّێت دواکەوتنی جیهانی ئیسلامی کاری کۆلۆنیالیزمی ئەوروپیی ئاسان کرد کە ئەو دواکەوتنە قوولّترو هەمیشەیی بێت(ل۹۲) میسریش باسی دواکەوتووی ڕژێمەکە دەکات، ئەویش بۆ ئەوەی دوای ئەوه بلّێت: ئەو ڕژێمە (واته خیلافەت) به ئاگرو ئاسن حوکمی گەلانی موسلّمانی نەکردایەو ئەگەر نەبوایه به بەشێك لە پەرۆژەی ئابوودیی ڕۆژئاوا دەولّەتە کۆلۆنیالیستەکانیش نەیاندەتوانی بەو ئاسانییه بێنه ناوەوه... تاد.

دوای تاوانبارکردنی موسلّمانان ئیلهام بەسەر میسری دادەبەزێتو دەپرسێت: بۆچی گەلانی ئەفریقیاو ئەمەریکای لاتین و باشووری ڕۆژهەلّاتی

۲٥۹

ئاسیا توانیان خۆیان رزگار بکەنو ((پاشان لەبواری ئابووریو کۆمەڵایەتیو پێشنبیر هەنگاوی بەرچاو بهاوێژن؟)) (ل٣٨٥) بەڵام بەداخەوە ئەو ئیلهامە سوودی نییە چونکە هەر کەسێك زانیارىی زیاتری لەبارەی جیهانەوە لە میسری هەبێت دەپرسێت: کامەتا ئەو وڵاتانەی ئەفەریقیا کە هەنگاوی بەرچاویان ناوە لەو بوارانە؟ ئایا هەموو وڵاتانی رۆژهەڵاتی باشووری ئاسیاو ئەمەریکای لاتین ئەو هەنگاوانەیان داوە؟ ئیلهامی میسری پێی دەڵێت: جیهانی ئیسلامی دواکەوتووە ئەویش سەری بۆ دەلەقێنێتو دەڵێت: کەواتە هەموو جیهان پیشکەوتووە.. ئەمەش یەکێك لەو دەرفەتانەی میسری قسەی خەڵکی تر ((نابات)) بەڵکو قسەی خۆی دەڵێتو ئەو ئیبداعە دەکات کە دەبێتە بەڵگەی تر لەسەر نەشارەزاییەکەی.

٢–ئەبو زەید دوایی بەیاننامەیەکی رێکخراوی جیهادی ئیسلامی لە فەلەستین دەهێنێتەوە کە گوایە هێنانی دەوڵەتی نەتەوەیی بۆ جیهانی ئیسلامی بە گوناهی ئەورووپای زانیوە(ل٩٣)، میسریش شوێن پێی هەڵدەگرێت بەڵام دەقی بەیاننامەکە ناهێنێت(ل٣٨٥–٣٨٦)و لەجیاتی ئەوە دەقی قسەیەکی سەید قوتب دەنووسێت(ل٣٨٦) کە ئەبو زەید نووسیویەتی(ل٩٤).

تێبینیش بکە کە ئەبو زەید قسەکەی سەیدی بە تێکەڵی هێناوە، بەشێك بە نەقلکردنی واتاو بەشیك نەقلی دەقاودەقی ناو جووتە کەوانە، بەڵام میسری هەموویان وەکو نەقلکردنی دەقاودەق دەنووسێتەوە، لەوەش خراپتر ئەوەیە ئەبو زەید قسەکەی سەید دەنووسێت کەوا شارستانییەتی ئیسلامی هەرگیز ((عەرەبی نەبووە بەڵکو هەمیشە ئیسلامی بووە، قەتیش ناسیۆنالیست نەبووە بەڵکو عەقیدی بووە)) (ل٩٤) بەڵام میسری کە خۆیمان لێ دەکاتە

کوردێکی ناسیۆنالیست ئەم قسەیەی سەیدی پشتگوێ خستووە.

دواتێبینیش لەم خالّە ئەوەیە ئەو دەقەی بەیاننامەکەی سەرەوە باسی دەولّەتی نەتەوەیی ناکات بەلّکو باسی لەتکردنی جیهانی ئیسلامیش کردووە، نموونەکانیشی بریتین لەو شەرپانەی لە ولاتانی عەرەب رِوویان داوە، بەم جۆرەش ئەوەی ئەبو زەید وتوویەتی بریتییە لە تێگەیشتنی خۆی. بەلّام میسری لەو تێگەیشتنەوە دوورە چونکە پاش دەقەکەی سەید سەبارەت بە نەبوونی پەیوەندیی رِەگەزو خاك ورِەنگ.. لە ئیسلام دەلّێت کە سەید هەمان تێزی فیکری شۆڤێنیزمی عەرەب دەجوێتەوە(۳۸٦). بێگومان کەسێک عەرەبایەتیو نێونەتەوەیی ئیسلامی تێکەلّ بەیەك بکات لە شتی تر بێئاگاترە. ولّاتی (میسر) لەژێر دروشمی پاراستنی یەکێتیی خاکی عەرەب دەستی نەخستۆتە چارەنووسی گەلی باشووری سوودان وەک ئیلهامەکەی میسری پێی دەلّێت(۳۸٦) چونکە بەهۆی ناکۆکیی نێوان حکومەتی میسرو حکومەتی سوودان بەتایبەت لەکاتی دەستپێشتنی (حەسەن ئەلتورابی) میسر لە مەسەلەی کێشەی باشوور پشتی سوودانی بەردابوو، هەروەها کێشەی گەلی بیابانی رِۆژئاوا کێشەی نێوان مەغریبی عەرەبیو بیابانی ناعەرەبی نییە چونکە گەلی بیابانی رِۆژئاوا عەرەبن! دوای باسکردنی جەزائیریش (میسری نەیتوانیوە ناوی ئەو گەلە بلّێت کە جەزائیر ئامادە نییە دان بە مافە نەتەوایەتییەکانی بنێت) دێتە سەر کوردستانو ((کوردایەتییە))کەی خۆیمان پیّ دەفرۆشێت.

۳–دیارە لە لاپەرِە ۹٥ تا ۱۰۲ ی کتێبەکەی ئەبو زەید بەکەلّکی میسری نایەت بۆیە دەبینین دوای ئەوە باز بۆ لاپەرِە ۱۰۳ بەدواوە دەدات (برِوانە ل۳۸٦ی کتێبەکەی میسری).

لێره میسری قسەیەكی ئەبو زەید وەردەگرێت كه باس له بۆچوونێكی ئەبولئەعلای مەودوودی دەكات لەبارەی دزەكردنی بێباوەڕیو شیرك یان بتپەرەستیو سۆفیگەری بۆ كۆمەڵگە موسڵمانەكان پاش سەردەمی خەلیفه ڕاشیدەكان، دوایش هاتنی فەلسەفەو ئەدەبو زانستی یۆنانیو ئێرانیو هیندی(....) هەروەها هونەرەكانی سەماو مۆسیقاو وێنەكێشان...(ئەبو زەید ١٠٣-١٠٤).

لێره میسری ناوی كتێبەكەی ئەبو زەید دەنووسێتو ناوی كتێبەكەی مەودوودی ((نابات)).. بۆچی؟ چونكه ئەبو زەید كه ئەم قسانەی مەودوودی نەقڵ دەكات ناوی سەرچاوەیەك بەزمانی عەرەبی نانووسێت تا میسری ((بیبات)) بەڵكو سەرچاوەكه لێره ئینگلیزییه، لێرەش پێویسته شایەتیی ((ئەمانەت))ی بۆ بدەین چونكه زۆر نووسەری لای خۆمان هەن چەند وشەیەكی ئینگلیزی دەزانن كەچی سڵ لەوه ناكەنەوه ناوی سەرچاوەی ئینگلیزی له نووسەری تر ((ببەن))... ئینگلیزی؟!! نەخێر! هەیانه بەوه ناوەستنو ناوی سەرچاوەی فەڕەنسیو ئەڵمانی.. تاد ((دەبەن)).

بگەڕێمەوه بۆ ((بەهرەكانی)) میسری. نموونەیەك لەسەر ئەو بەهرانه زیادكردنی (سینەما)یه بۆ هونەره كۆنەكان. ئەوەتا باس له هونەرەكانی سەردەمه كۆنەكان (هی پێش زیاتر له هەزار ساڵ) كراوه: سەماو مۆسیقاو وێنەكێشان كەچی میسری سینەمایان بۆ زیاد دەكاتو دەڵێت: (هونەرو سینەماو مۆزیكو وێنەكێشان)!!(ل٣٨٧).

چەمكی جاهیلیەت

بگەڕێنەوه سەر باسی دروشمی (ئیسلام چارەسەره)و ئەو باوەڕەی كه ئیسلام له ژیانی خەڵك دوورخراوەتەوه كه وتمان له ئەبو زەیدی ((بردووه))و

لێرە خێرێکی بەم نەکردووەو ناوی کتێبەکەی نەنووسیوە.

یەکێک لەوانەی لەبارەی دوورخستنەوەی ئیسلام لە ژیان دواین (سەید قوتب)ـە، خۆ ئەگەر سەیدیش نەبێتو هەرکەسێکی ترو بەچاوێکی بێلایەنانە تەماشای واقعی کۆمەلگە ئیسلامییەکان بکات دەبینێت زۆر شت لەو کۆمەلگانە دەکرێن لەگەلّ ئیسلام ناگونجێن، شتیش هەن دەبوایە بکرانایە بەلّام فەرامۆش کراون. بێگومان ئەوە هەموو کۆمەلگەکە ناگرێتەوە بەلّکو بەشێکی، هەروەها هەر کۆمەلگەیەک بەئەندازەیەک ئەو دیاردەیەی تیا دەبینرێت.

ئەو دوورکەوتنەوەیەش کۆمەلگە موسلّمانەکان ناگەیەنێتە ڕادەی کافریوون. ڕاستە خەلکانێکی کافر لەو کۆمەلگانە پەیدا بوون، بەلّام باسەکە لەبارەی چەند تاکێکەوە نییە، چەند ئەو تاکانە زۆر بن، بەلّکو دەبێت حساب بۆ زۆرینە بکرێت ئەو کاتە بڕیار بدرێت کە تێکڕای کۆمەلگە کافر بووە.

لەلایەکی ترەوە مەرج نییە (جاهلیەت) کە سەید قوتب وەکو تایبەتییەک لکاندوویەتی بە کۆمەلگەی بەشەریی هاوچەرخەوە یەکسان بێت بە کوفر[104]،

---

[104] سەید بەڕوونی لەنێوان کۆمەلگەی ئیسلامیو جاهیلی جیادەکاتەوە بەجۆرێک بەئاسانی دەتوانین کۆمەلگە ئیسلامییە هاوچەرخەکان بە جاهیلی بزانین. سەید دەنووسێت: ئیسلام تەنها دوو جۆر کۆمەلگە دەناسێت: ئیسلامیو جاهیلی یەکەمیان ئەوەی ئیسلام تێی لەڕووی عەقیدەو پەرستنو شەریعەتو نیزامو ڕەوشتو سلووکەوە دەچەسپێنرێت، جاهیلیش ئەوەیە کە تێی ئیسلام ناچەسپێنرێت نە لەڕووی عەقیدەو بۆچوونو نە لەڕووی بەها پێوانەکانی ئیسلام، نیزامەکەیو یاساکانی، ڕەوشتیو سلووکی....ئەوەش کۆمەلگەیەکی ئیسلامی نییە کە خەلکی تێی خۆیان بە موسلّمان ناوبنێنو هەتا نوێژو ڕووژوو و حەجیش بکەن، لەکاتێک شەریعەتی ئیسلام یاسای ئەو کۆمەلگەیە نییە(معالم فی الطریق، لـ١١٦). لە (فی ظلال القران) یشو لە باسی ئایەتی

کۆمەڵگە هەن کافرن لەبەرئەوەی بەپێی ئیسلام کافرن، بەڵام کە باس دێتە سەر کۆمەڵگەکانی جیهانی ئیسلامی چەمکی جاهلیەت واتا فراوانەکەی خۆی نیشان دەدات چونکە جاهلیەت تەنها لە عەقیدە نییە[105]، تەنانەت لەعەقیدەش هەموو کاتێک مرۆڤ ناگەیەنێتە کافر بوون. جاهلیەت لەرەفتاریش هەیە، هەر لەبەرئەوەشە پێغەمبەر بە (ئەبو ذەر)ی وت تۆ کەسێکیت جاهیلیەتت تیایە[106]، نە(سەید)یشو نە ئەوانەش کە ئاستی فیکرییان لە سەید کەمترە لەوە بێئاگا نین کە (ئەبو ذەر) صەحابییەکی بەرزی خاوەن باوەڕێکی پتەو بوو، ئەی بۆچی پێی وتبوو جاهلیەتێکت تیایە؟ بڕوانە پێغەمبەر نەیوتووە تۆ کەسێکی جاهیلیت چونکە وەسفی جاهیلی ئەو کاتە یەکسان بووە بە سەردەمی پێش ئیسلام، هەروەها حاڵی غەیری موسڵمانەکان لەو سەردەمە، لەجیاتی ئەوەش ئەبو ذەر لەو کاتە بەشیکی جاهلیەتی تیا

(افحکم الجاهلیة یبغـون-المائدة: ٥٠) باسی جاهیلییەت دەکات کە فـەرمانڕەوایی مرۆڤەکانە بەسەر مرۆڤەکانو کۆزیلایەتیی مرۆڤەکانو بۆ مرۆڤەکانو دەرچوونە لە کۆزیلایەتی بۆ خودا (بەرگی ٢، ل٩٠٤) . دواییش کاتێک باسی ئەوانە دەکات کە پاساو بۆ حوکمنەکردن بە شەریعەتی خودا دەهێننەوە دەڵێت: غەیری موسڵمان دەتوانێت هەرچییەك بێت بیلێت بەڵام موسڵمان یان ئەوانەی ئیدیعای موسڵمانێتی دەکەن چۆن دەتوانن شتی وا بلێنو لەدوای ئەوە لەسەر شتێکی ئیسلام بمێننەوە یان شتێکی ئیسلامییان بۆ بمێنێتەوە (ل٩٠٥)، لێرەش دەڵێت جاهیلییەت ماوەیەکی دیاریکراوی زەمەن نییە بەڵکو وەزعێکە یان حاڵەتێکی کۆمەڵایەتیی دیاریکراوە کە تەسەورێکی دیاریکراوی بۆ ژیان هەیە(بەرگی ٥، تەفسیری سوورەتی ئەلئەحزاب، ل٢٨٦١).
[105] پێشتر وتمان عەقیدە بەو واتایەی لە زانستە ئیسلامییەکان هەیە چەند بنەمایەکی فیکرییە پەیوەندییان بە ئیمانەوە هەیە. عەقیدە ئەو بنەمایانەیە کە باس لە هەبوونیو وەحدانیەتی خوداو سیفاتەکانیو لە قەدەرو ئیمانبوونو کافربوورن...تاد دەکەن.
[106] صحیح البخاری، ٨، کتاب الادب، باب ماینهی من السباب واللعان.

بووە، مۆکەشی ئەوە بوو قسەی بە دایکی پیاوێک وتبوو کە عەرەب نەبوو. بەم جۆرەش هەر کەسێک ئەگەر ئیمانداری تەواویش بێت هەر کاتێک قسە بە کەسێک بلّێت لەبەر ڕەگەز یان ڕەنگ یان زمانی...کارێکی جاهیلیی کردووەو ئەخلاقێکی جاهیلیی تیایە، فەرموودەش هەیە باسی هەبوونو مانەوەی هەندێک کاری جاهیلییەت لەناو ئوممەتی ئیسلامی وەک شانازی کردن بە ڕەچەلەکو تانەدان لە ڕەچەلەکی خەلکی ترو شیوەنکردن بۆ مردوو..تاد[107] بەهەمان شێوەش کوفری بەشەکی (جوزئی) هەیە وەک ئەو فەرموودەیەی دوو گوناه لەوەی سەرەوە، تانەدان لە ڕەچەلەکی خەلکو شیوەنکردن بۆ مردوو بە کاری کوفر ناودەبات.

ئەوەم وت کە دروشمی (ئیسلام چارەسەرە) پەیوەندیی بەو فیکرەوەیە هەیە کە ئیسلام لەژیانی کۆمەلگە دوورخراوەتەوە، میسری دەست بەسەر پرسیارەکانی (نەصر حامد ئەبو زەید) دەگرێتو دەیانکاتە پرسیاری خۆیو دەلّێت: ئەو وتارە لەخۆی ناپرسێت ئەو دابڕانەی کۆمەلگە لە ئیسلام کەیو چۆن ڕووی دا؟ میسری وەلامەدانەوەی ئەو پرسیارە بە خۆدزینەوە دەزانێت گوایە ئەو وتارە دەیەوێت لە موسلّمانانی بگەیەنێت گوایە ((ئیرادەی خواوەند بەو ئەنجامەی گەیاندوون))، شتێکیش ئیرادەی خوای لەسەر بێت لەتوانای ئادەمیزاد بەدەرەو بەم جۆرە ئەو وتارە دەیەوێت کۆمەلگەی موسلّمان بەداخراوی بهێلّێتەوە(ل٣٨٣ – ٣٨٤).

باس لە بیری ئوسوولّی ئیسلامی بەتایبەتی بیری ئیسلامیی هاوچەرخ باس

بڕوانە صەحیحی موسلم، ٣، کتاب الجنائز، باب التشدید فی النیاحە، بەشێوەیەکی نزیکیش لەوە لە صەحیحی بوخاری، ج٥، باب ایام الجاهلیة، القسامة فی الجاهلیة.

لەوە نییە کە دارمان ئیرادەی خودای لەسەرەو مرۆڤ لەتوانای نییە گۆڕانکاری
بکات، خۆ ئەگەر ئەوە بوایە ئیسلامییەکان سووچەکانی مزگەوتیان دەگرتو
تەنانەت تێکەڵیی خەڵکیشیان نەدەکرد، کێشەی نەیارانی ئیسلامییەکانیش
ئەوەیە ئەو ئیسلامییانە سووچی مزگەوتەکانیان جێهێشتووەو کەوتوونەتە
کار: بانگەواز، کاری سیاسی، رێکخستنی نهێنی، کاری راگەیاندن، تا دەگاتە
جیهاد.. تا دەشگاتە تێکدانی واتای جیهاد ئەویش کاتێک ئەو جیهادە لە بنەما
ئیسلامییەکانی دوورەدەخرێتەوەو لەجیاتی جەنگین (القتال) دەبێتە هاوتایەک
بۆ کوشتن (القتل)و کوشتن دیارترین پەیامی ئەو کەسەیە جیهادی شێواندووە.
هەروەکو بەشەکانی تری کتێبەکەی میسری هەڵەی زۆر ماوە باس بکرێت
بەڵام ناچارین لەبەر کورتبڕی ئەم چەند خاڵە کەمەی خوارەوە دەخەینە ڕوو:
١-میسری کە خۆی وەکو پارێزەرێکی دیموکراسی پیشان دەدات
نەشارەزایی خۆی لەبارەیەوە دەسەلمێنێت کاتێک دەڵێت، ئەوەش ئەگەر
بەڕاستی قسەی خۆی بێتو لە خەڵکی تر ئاوا بەسەقەتی وەرینەگرتبێت، کە
هەندێ تیۆریستی ئیسلامی هەوڵیان داوە دیموکراسی لە لیبڕالیزم
جیابکەنەوە، ئەوانیش باش ئەو حەقیقەتە دەزانن کە سیستەمی دیموکراتی لە
مناڵدانی لیبڕالیزم گەورە بووەو گەشەی کردووەو چاوی بە دونیا
هەڵهێنهاوە(ل٣٩٨). میسری هەبوونی دیموکراسیو لیبڕالیەت پێکەوە
دەبینێتو وا دەزانێت کۆنیش هەر وا بووە، بەڵکو لیبڕالیەت بە دایکی
دیموکراسی دەزانێت، ئەوەش کە میسری نەیزانیوە ئەوەیە دیموکراسیی، چ
ئەوەی یۆنانی کۆنو چ زیندووبوونەوەی لە ئەوروپا، دوور بووە لە لیبڕالیەت.
دیموکراسی تەرکیزی لەسەر کۆمەڵگە دەکرد لەکاتێک لیبڕالیەت بەو تەئکیدەی
لەسەر تاکو بەو سنوورەی بۆ دەوڵەتی دادەنێت داهێنانێکی نوێیە. لیبڕالیەت

تەنانەت لە سەدەی بیستیش نەیتوانی ببێتە مۆرکی تایبەتی دیموکراسی
بەجۆرێك هەردوو ئاوێتەی یەكتر بن چونكە ئەوەیان تەنها قوتابخانەیەك بوو،
قوتابخانەكەی تر کە تەئکیدی لەسەر کۆمەلگەو لەسەر دەوری دەوڵەت
بەتایبەتی لە بواری ئابووری دەکرد لە سەدەی بیست بەهێز بوو، ئەوە لە
ئەمەریکا پاش قەیرانە ئابوورییە گەورەکەی ١٩٢٩ ڕووی دا،[108] لە وڵاتانی تری
پێشڕاکردووش ڕووی داو تەنانەت حزبی لیبڕالی لە بەریتانیا، کە یەکێك بوو لە دوو
حزبە سەرەکییەکەی وڵات، بۆ پلەی سێیەم پاشەکشەی کرد.

٢-لاپەڕەیەك پێش ئەوە میسری بە یەکجار دوو سەرچاوە ((دەبات))
ئەوانیش: یەکەمیان کتێبەکەی بودۆنو بوریکۆ: المعجم النقدی لعلم الاجتماعو
دووەمیان کتێبەکەی میشێل متیاس، هیجل والدیمقراطیة، هەردووکیشیانو
هەموو باسەکەش لە کتێبەکەی د. حەیدەر ئیبراهیم عەلییەوە، التیارات
الاسلامیة وقضیة الدیمقراطیة(ل١٥٠-١٥١)، وەرگیراون، سەربارى ئەوەش
((بردن))ـەکانیشی هەڵەن. سەرچاوەی یەکەم باسی چەمکی ئازادی لە
دیموکراسیی لیبڕاڵی دەکات کە ئەوەیە دەسەڵات خۆی نەخنێتە بازنەی
بەرژەوەندییە تایبەتییەکان ((مەگەر لەبەر بەرژەوەندیی گشتی کە بەشەرعی
دانی پیا نراوە ئەویش بەشێوەیەکی ناڕێك))، مەبەستی ئەو دوو نووسەرەش
ئەوەیە ناڕێکییەك هەیە لەو بەکارهێنانەی پاساوی بەرژەوەندیی گشتی لە
باوەڕێك ڕێگە بە دەسەڵات نادات خۆی بخنێتە بەرژەوەندیی تایبەت.[109]

---

[108] قەیرانە ئابوورییەکەی ئێستای جیهانو بەتایبەتی ئەمەریکاو ئەوروپا جارێکی
تر مەسەلەی دەوری دەوڵەتی هێناوەتە پێشەوە.

[109] دوو نووسەرەکە باسی دیموکراسیی لیبڕاڵیەت دەکەن کە ئەولەویەت بە ئازادی
دەدات: بودۆنو بوریکۆ، المعجم النقدي لعلم الاجتماع، ل٣١١، لە ناواخنی ئەو باسەش

میسری بەشێوەیەکی عەشایەری مامەڵە لەگەڵ ئەو قسەیە دەکاتو باسی چەمکی ئازادی بەرەهایی دەکات (نەك لە دیموکراسیی لیبراڵی)و باسی ئەو ناڕێکییەش ناکات، سەربارى ئەوە ئەو لێرە مارکسیەتی خۆی لەبیر دەچێت چونکە ئەمەیان بێت یان ئەوەیان بێت باس باسی ئازادییە لە فیکری ((بورجوزای)).

باسی هێگلیش بەهەمان شێوە لە کتێبەکەی دکتۆر حەیدەرەوە ((براوە))و دیسان سەقەتکراوە چونکە ئازادی لای ئەو ئەوەیە مرۆڤ بەفعل بەرژەوەندییە سەرەکییەکی بەجێبهێنێت بەوەی که <u>بوونەوەرێکی مرۆڤانەیە</u> [110]، بەڵام میسری دیسان بەعەشایەری قسەکە وەردەگرێت: بەپێی هێگل بۆ ئەوەی ئادەمیزاد بەحەقیقەت ئازاد بێت دەبێت بەکردەوە وەك بنیادەم بەرژەوەندییەکانی بەڕێوە ببا (میسری، ل۳۹۷)، واتە مەسەلەکەی بچووك کردەوە بۆ ((بەرژەوەندی)) که دەچێتە سەر بەرژەوەندیی ئابووری نەك بەجێهێنانی بوونی مرۆڤانە.

خۆش ئەوەیە میسری دوای ئەوە دەنووسێت: ((مەبەستم لە نووسینەوەی ئەم تێزەی هیگلّ ئەوەیە بلێم..))، نەك تەنها ئەوەش بەڵکو ئەو مەبەستەی که لە بەشی زۆی ئەو پاراگرافە دەیلێت دیسان قسەی خۆی نییە بەڵکو لە د.

که بۆ دیموکراسی تەرخان کراوە باسی جیاوازیی نێوان دیموکراسیی ڕادیکاڵو دیموکراسیی لیبراڵ دەکەن. هەبوونی ئەو تەعبیرە، واتە بەشێوەیەکی ناڕێك (بصورة متناقضة)و تێگەیشتن لە مەبەستەکەی، که دوو نووسەرەکە بەپێویستیان نەزانیوە ڕوونی بکەنەوە، پێویستی به شارەزایی لە دیموکراسیو قوتابخانەکانیو بۆچوونەکان لەبارەیەوە، که میسری زۆر لەو شارەزاییە بێبەشو داماوە.

[110] د. حیدر ابراهیم علی، التیارات الاسلامیة وقضیة الدیقراطیة، ل۱۵۰-۱۵۱.

حـایـدەر ((بردوویــەتی))، ئـەویش وەك خوێنـەر چاوەرِیّ دەكـات بـە
سـەقەتكردنەوە، بـۆ نموونـە حـایـدەر باسـی فەلسـەفەو مەزهەبـە نوێكانی
كۆمەلّگە نوێكان دەكات بەتایبەت ئەوانەی بەرهەمی مِلملانەی نێوان كەنیسەو
ئاین لەلایەكو كۆمەلّگەو دەولّەتو تاك لەلاكـەی تـر بـوون(ل١٥١)، كەچی
میسری باسـی ئـەو فەلسـەفە نوێیانە دەكات كە لەلایەك دژ بـە دەسـەلّاتی
كەنیسەو ئاین وەستانو لەلایەكی ترەوە بەرهەمی مِلملانەی نێوان دەسەلّاتو
كۆمەلّگـەو تاكەكـەس بـوون(ل٣٩٨)، كـە ئەمـە سـەقەتكردنێكی تـەواوی
قسەكەیە.

٣-میسری دەلّێت كە دەقی قورئان تەنها ئەوانە بە موسلّمان دادەنێت كە
لە مەدینە بوونو لەسـەرەتا هیجرەت بـۆ مەدینە كرایە مـەرجی موسلّمان
بوون(ل٣٩٥). ئەوەش نەزانییە لەبارەی مێژووی ئیسلامو لەبارەی قورئانو
فەرمووده چونكە ئەوەندە دەق هەن بـەس بـن بـۆ مـرِۆڤ بزانێت كە ئەوانـەی
هیجرەتیان نەكردبوو بە موسلّمان دەزانران بەلّام بێبەش بوون لەو وەلایەتەی
لەنێوان موسلّمانانی مەدینە بە موهاجیرەكانو ئەنصارەكانەوە هەبوو، واتـه
ئەوانـە وەلیـی موسـلّمانانی مەدینـە نـەبوون وەك چـۆن هـەر موهاجیرێكو
ئەنصارییەك وەلیی یەكتر بوونو میراتیی یەكتریان وەردەگرت (تا ئەو كاتەی
ئایەتەكانی میرات دابەزین)، هەروەها ئەوانەی هیجرەتیان نەكردبوو بەشیان
نەبوو لە دەستكەوتەكانی شەرِ (مەگەر بەشداریی شەرِیان كردبێت)، لەگەلّ
ئەوەش قورئان فەرمانی بە موسلّمانانی مەدینە دا ئەگەر ئـەو موسلّمانانەی
هیجرەتیان نەكردووه داوای یارمـەتییان لێكردن ئـەویش بـەهۆی كێشەیەكی
ئاینەوە پێویستە بەهانایانەوە بچن مەگەر كێشەكەیان لەگەلّ كەسانێك بێت

موسڵمانانی مەدینە پەیمانیان لەگەڵ بەستبێت.[111] ئەشارەزاییەکەی میسریش دوو تۆێیە چونکە لەلایەك ئەو شتانەی نەزانیوەو لەلایەکی تر هەر خۆی لەهەمان پاراگراف ئەو ئایەتەی سوورەتی ئەنفال دەهێنێتەوە کە باسی ئەو پەیوەندییە دەکات کەچی ئەو ئایەتە دەکاتە بەڵگە لەسەر ئەوەی گوایە قورئان هەر ئەوانە بە موسڵمان دادەنێت کە لە مەدینە جێگیربوون! خۆش ئەوەیە ئایەتەکە نەك تەنها ئەو کەسانە بە موسڵمان دادەنێت بەڵکو بە ئیمانداریش ناودەبات (والذین امنوا ولمْ یهاجروا..)، ئیمانیش وەك زانراوە لە ئیسلام گەورەترە، بۆ نموونە وەك لە سوورەتی (ئەلحوجورات) هاتووە کە باسی عەرەبە کۆچەرەکان (ئەعراب) دەکات: (قالتِ الأعرابُ آمنّا قُل لمْ تؤْمنوا ولکن قولوا أسلمْنا ولمّا یدخلِ الایمانُ في قلوبكمْ-الحجرات١٤).

٤- میسری یەکسەر دوای ئەوە دەڵێت: دوای کۆنترۆڵکردنی مەککە دەبوایە هیجرەت بۆ دەرەوەی عەریستان بوایە واتە مەفهوومی هیجرەت گۆڕدرا بۆ جیهاد ئەویش وەك فەرموودە دەڵێت: لاهِجرةَ بعدَ الفتح ولکن جهادٌ ونیّة. ئەمەش نەشارەزاییەکی تر چونکە دوای فەتحی مەککە شوێنی نۆدی تر مابوون نەکەوتبووە دەستی موسڵمانان، واتە جیهاد لەناو نیوەدورگەی عەرەب مابوو، نەك یەکسەر دوای فەتحی مەککە هیجرەت بوو بە هیجرەت لە بەرگی جیهاد بۆ دەرەوەی عەرەبستان

٥- کتێبەکەی میسری بە کارێك کۆتایی پێ دێت کە نموونەی هەموو ئەو کارانەی باسم کردوون، واتا ((بردن))ی سەرچاوەو سەقەتکردنی زانیارییەکان

---

[111] بڕوانە تفسیر القران العظیم (تەفسیری ئیبنو کەثیر)، بەرگی٢، تەفسیری سوورەتی ئەنفال، ل٣٢٨-٣٢٩.

یان تێنەگەیشتن لێیان یان مەلگێڕانەوەیان.

میسری باسی جیاکردنەوەی دەسەلّاتەکان دەکات کە دژ بە بنەمای شووڕایەو ئیسلامییەکان دەسەلّاتی یاسادانان دەدەن بە خودا ئەویش بەپێچەوانەی سیستەمی دیموکراتی، جیاکردنەوەی دەسەلّاتەکانیش زامنی یەکەمی دیموکراسییەو دژ بە فیکری سیاسیی ئیسلامە کە بەناوی شەرعییەتی ئاینەوە دەسەلّاتێکی ڕەها دەداتە خەلیفەو لەهەولّی ئەوەیە سیستەمێک بژیێنێتەوە هاوشیوەی سیستەمی سەرەتای ئیسلام کە (هەموو دەسەلّاتەکان بریتی بوون لە دەسەلّاتی وەحیو دەسەلّاتی پەیامبەر، ڕۆلّی بنچینەیی وەحی دانانی یاسا بوو لەبەرئەوە موسلّمانان پێویستیان بە دەسەلّاتێکی دیکەی یاسادانان نەبووە. هەرچی دەسەلّاتەکانی ترە، پەیامبەر خۆی ڕاپەڕاندوونو جێبەجێی کردوون)(میسری، ل٤٠١-٤٠٢).

ئەوەی لەنێوان کەوانەیە گوایە میسری لە کتێبی (هاني الدرديري، نظام الشورى الاسلامي مقارنة بالديمقراطية النيابية المعاصرة) وەریگرتووە کە ڕاستەکەی ئەو کتێبەی نەبینیوەو ئەو قسەیەشو قسەکانی پێشووشی لە کتێبێکی تر ((بردوویەتی)) [112]، بێگومان پاش سەقەتکردن چونکە بەپێی د.حەیدەر نووسەرەکە، واتە الدرديري، دەلّیت کە کاتی پێغەمبەر دەزگا <u>فەرمانڕەواکان تەنها وەحیو پێغەمبەر بوون بەلّام دوای ئەو سەردەمە دەتوانرێت باس لە چەند دەزگایەکی نزیک لە سێ دەسەلّاتەکە لە نیزامی دیموکراتی بکرێت.</u> حەیدەر دەلّیت دەوری سەرەکیی وەحی یاسادانان بوو

---

[112] ئەویش: د . حيدر ابراهيم علی، التيارات الاسلامية وقضية الديمقراطية، ل١٦٠-١٦١.

بۆیە موسڵمانان پێویستیان بە هیچ دەسەڵاتێکی تری یاسادانان نەبوو، پاشان دەگەڕێتەوە بۆ قسەی الدردیری کە پێغەمبەر دەوری دووەمی پاش وەحیی دەبینیو تەبلیغی دەکرد لە بواری یاسادانان هەروەها ئیمامەتو قەزاو فەتوا لە بواری ڕاپەڕاندن.

قسەکەی میسریش کە فیکری سیاسیی ئیسلامی دەیەوێت نیزامی سەرەتای ئیسلام بژێنێتەوەو ئەوە دەسەڵاتێکی ڕەها دەداتە خەلیفە ڕاستەکەی قسەی حایدەرە کە بەشێوەیەکی ترە: ئەو دەڵێت کە بزافە ئیسلامییە سیاسییەکان بانگەشە بۆ کۆمەڵگەی دەوڵەتی مەدینە دەکەن ئەوەش بەشێوەیەکی ناڕاستەوخۆ گەڕانەوە بۆ ئەو نموونەیە دەگەیەنێت، لەمەشەوە ترسی ئەوە هەیە ئیمام قودسیەت یان عوسمەت بەخۆی بدات. حایدەر دەڵێت: زەمانەتی نەبوونی ئیستبداد، ناشڵێم دیموکراسی لە نیزامی سیاسی بریتی نییە لە جیاکردنەوەی دەسەڵاتەکان بەڵکو بەهێزی یان لاوازیی ڕێگرە ئاینییەکەیە، ئیسلامییەکانیش خۆیان لەوە دەترسن.

سەرچاوەکان

- ابو الاعلى المودودي، الجهاد في سبيل الله، دون مترجم، مؤسسة الرسالة، بيروت، ط۱، ۱۳۹۷-۱۹۷۷.

- ابو زهرة، محمد، اصول الفقه، دار الفكر العربي، ۱۳۷۷-۱۹۵۷.

- اسماعيل بن كثير القرشي الدمشقي(الحافظ) (ت ۷۷٤هـ)، تفسير القران العظيم، دار المعرفة، بيروت، ۱۳۸۸-۱۹٦۹.

- التهانوي، ظفر احمد العثماني، قواعد في علوم الحديث، حققه وراجع نصوصه وعلق عليه عبدالفتاح ابو غدة،ط۳، مكتب المطبوعات الاسلامية، بيروت، ۱۳۹۲-۱۹۷۲.

- حسين مروّة، النزعات المادية في الفلسفة العربية الاسلامية، ج۱-۲، دار الفارابي،بيروت، ط٦، ۱۹۸۸ (ط۱ ۱۹۷۸).

- حيدر ابراهيم علي (الدكتور)، التيارات الاسلامية وقضية الديمقراطية، مركز دراسات الوحدة العربية، بيروت، ط ۲، ۱۹۹۹ (ط۱ ۱۹۹٦).

- ريموند بودون و فرانسوا بوريكو، المعجم النقدي لعلم الاجتماع، ترجمة د. سليم حداد، المؤسسة الجامعية للدراسات والنشر والتوزيع،بيروت، ط۱، ۱۹۸٦.

- سنن ابن ماجة، حقق نصوصه ورقم كتب وابوابه واحاديثه و علق عليه محمد فؤاد عبدالباقي، دار الفكر، دون تاريخ.

- سيد قطب، في ظلال القران، دار الشروق، ط ۱۵، ۱٤۰۸-۱۹۸۸.

- سيد قطب، معالم في الطريق، ط۸، ۱٤۰۳-۱۹۸۳، طبعة دار الكتاب الاسلامي على الاصل، قم (ايران).

- السيوطي، جلال الدين، تاريخ الخلفاء، دار المعرفة، بيروت، ط٤، ۱٤۲۰-۱۹۹۹.

- الشافعي، محمد بن ادريس، الرسالة، تحقيق وشرح احمد محمد شاكر، شركة مكتبة ومطبعة مصطفى البابي الحلبي واولاده، القاهرة، ط۱،۱۳۵۸-۱۹٤۰.

- الشهرستاني، الملل والنحل، تصحيح وتعليق احمد فهمي محمد، مكتبة الحسين التجارية، القاهرة، ۱۹٤۸.

- صحيح البخاري، دار احياء التراث العربي.

- صحيح تاريخ الطبري، مجلد ۳، الخلافة الراشدة، تحقيق وتخريج الروايات وتعليق محمد بن طاهر البرزنجي، اشراف ومراجعة محمد صبحي حسن الحلاق، دار ابن كثير، دمشق-بيروت، ط۱، ۲۰۰۷.

- صحيح مسلم، دار الفكر بيروت.

فاضل قه‌ره‌داغى

– عبدالجواد ياسين، السلطة في الإسلام، العقل الفقهي السلفي بين النص والتأريخ، ط١، المركز الثقافي العربي، الدار البيضاء، ١٩٩٨.

– عبدالكريم زيدان (الدكتور)، الوجيز في اصول الفقه، طبعة دار (نشر احسان)، ايران، على الطبعة السادسة، ١٩٧٦.

– علي الوردي (الدكتور)، لمحات اجتماعية من تاريخ العراق الحديث، ج٣، مطبعة الشعب، بغداد، ١٩٧٢.

– فتحية النبراوي (الدكتورة)، محمد نصر مهنا (الدكتور)، تطور الفكر السياسي في الاسلام دراسة مقارنة، ج١–٢، ط١، دار المعارف، القاهرة، ١٩٨١.

– فهمي هويدي، القرآن والسلطان، هموم اسلامية معاصرة، دار الشروق، بيروت،–القاهرة، ط٢، ١٩٨٢.

– فيصل دراج وجمال باروت (محرران)، الأحزاب والحركات والجماعات الإسلامية، ج١، المركز العربي للدراسات الاستراتيجية، دمشق–صنعاء، ط٤، ٢٠٠٦.

– محمد بلتاجي (الدكتور)، مناهج التشريع الاسلامي في القرن الثاني الهجري، دار السلام، ط٢، طبعة دار السلام الاولى، ٢٠٠٤

– محمد حسنين هيكل، خريف الغضب، ط١١، شركة المطبوعات للنشر والتوزيع، بيروت، ١٩٨٥.

– محمود الطحان (الدكتور)، تيسير مصطلح الحديث، دون تاريخ.

– مناع القطان، تأريخ التشريع الاسلامي، التشريع والفقه، ط ٢، الطبعة الاولى لمؤسسة الرسالة، بيروت، ٢٠٠١.

– ميسرى، فوئاد مه‌جيد، كۆمه‌لگا له سايه‌ى ده‌ولّه‌تى خه‌لافه‌تدا، چاپى ٢، ٢٠٠٠.

– نصر حامد ابو زيد (الدكتور)، نقد الخطاب الديني، ط٢، سينا، القاهرة، ١٩٩٤.

– يوسف القرضاوي (الدكتور)، الاسلام والعلمانية وجها لوجه، مؤسسة الرسالة، ط٣، بيروت، ١٩٩٢.

– يوسف القرضاوي (الدكتور)، الصحوة الاسلامية بين الجحود والتطرف، طبعة (نشر ادب) على الاصل، قم (ايران)، ١٣٧١ هجري شمسي.

I0536127